김 성 동

천 자 문

김성동 천자문
동아시아 최고 인생 교과서, 천 개 글자로 풀어낸 인문 에세이

초판 1쇄 발행 2022년 3월 15일

지은이 | 김성동
펴낸곳 | (주)태학사
등록 | 제406-2020-000008호
주소 | 경기도 파주시 광인사길 217
전화 | 031-955-7580
전송 | 031-955-0910
전자우편 | thspub@daum.net
홈페이지 | www.thaehaksa.com

편집 | 김선정 조윤형 여미숙
디자인 | 한지아
마케팅 | 김일신
경영지원 | 정충만

값 22,000원
ISBN 979-11-6810-043-5 03150

책임편집 김선정 이상근
북디자인 캠프커뮤니케이션즈

동아시아 최고 인생 교과서
천 개 글자로 풀어낸 인문 에세이

김 성 동

천 자 문

김성동 쓰고 지음

태학사

글씨를
쓰고

글을
지은

사람
말

《천자문(千字文)》은 중국 남북조시대 양(梁)나라 문인
주흥사(周興嗣, 470?~521)가 지은 책이라고 합니다. 황제인
무제(武帝)가 왕희지(王羲之, 307~365) 글씨 가운데서 서로 다른
글자 1천 자를 뽑아 주흥사에게 주며 "이것을 가지고 운(韻)을
붙여 한 편 글을 만들라."고 하였답니다. 1천 자를 가지고 한
자도 겹치는 것이 없게끔 한 편 글을 만든다는 것은 황제 고임을
받을 만큼 빼어난 문인이었던 주흥사로서도 참으로 어려운
일이었으므로, 하룻밤 사이에 4자 1구로 2백50구를 이루어
1천 자를 채우고 나니, 머리칼이 다 세어 버렸다고 합니다.
《천자문》을 가리켜 《백수문(白首文)》 또는 《백두문(白頭文)》이라고
부르기도 하는 까닭이지요. 하룻밤 사이에 지어야만 했던 것은,
주흥사가 무슨 일로 황제 노여움을 사 죽음의 벌을 받게 되었는데
주흥사 재주를 아까워한 황제가 "하룻밤 안에 1천 자를 가지고
사언절구(四言絶句) 문장을 지어내면 죄를 용서해 주겠다."고 했기
때문이랍니다.
한문 하면 첫째로 떠오를 만큼 유명짜한 책이 《천자문》입니다.
그런데 이 《천자문》을 처음 짓고 쓴 사람이 누구인지는 뚜렷하게
알려져 있지 않습니다. 양무제가 옛 비석에 새겨져 있는
위(魏)나라 때 명필 종요(鐘繇, 151~230) 글씨를 얻어 주흥사가
운을 달아 지은 글이라고도 하고, 종요 글씨를 왕희지가 베껴
쓴 것을 보고 주흥사가 다시 지은 것이라고도 하며, 한(漢)나라
장제(章帝) 글이라고도 합니다. 글자 수도 처음부터 1천 자였던
것이 아니었습니다. 다만 미루어 짐작할 수 있는 것은 위나라
때 종요와 진(晉)나라 때 왕희지 다음부터 앞 시대 글과 글씨를
배우는 사람들이 글자를 덧붙이고 종요와 왕희지에 더하여 여러
명필들 글씨로 쓰이면서 오늘 우리가 볼 수 있는 《천자문》이 된 게
아니겠는가 합니다.
이 책이 언제 우리나라에 들어왔는지는 알 수 없습니다.
백제시대 박사 왕인(王仁)이 일본에 《천자문》과 《논어(論語)》를
전해 주었다는 적바림이 있지만, 그것이 누가 언제 짓고 쓴

것인지는 알 수 없습니다. 다만 우리나라에서 가장 널리 알려진 것은 조선왕조 선조(宣祖) 때 명필로 이름난 한석봉(韓石峰)이 낸 《석봉천자문》입니다.

《천자문》에는 중국 역사를 비롯해서 천문·지리·인물·학문·가축·농사·제사·송덕·처세·지혜·도덕과 자연현상에, 나라를 올바르게 다스릴 수 있는 제왕의 길과 백성을 다스리는 정치·행정가의 올바른 몸가짐, 그리고 바람직한 인간형인 군자(君子)의 길에서 식구와 이웃 사이에 지켜져야 할 예의범절에 이르기까지 두루 담겨 있습니다. 옛사람들이 한문을 배우는 데 첫걸음으로 여겼던 으뜸본 바탕책이었습니다. 반드시 이 책을 읽고 그 갈피를 똑바르게 익힌 다음에야 비로소 다음 차례로 나갈 수 있었던 길잡이책이었던 것입니다. 한글로 말하면 '가갸거겨'와 같고 셈본으로 말하면 '구구단'과도 같은 것이었지요.

1천 자 글씨를 쓰고 여덟 자마다 한 편씩 '군말'을 붙여 보았습니다. 할아버지 앞에 두 무릎 꿇고 배우던 52년 전을 떠올리며 먹을 갈고 또 글을 지어 보았는데, 놋재떨이에 떨어지던 할아버지 장죽(長竹) 소리 상기도 귓전에 맴돕니다.

"문즉인(文則人)이라……. 문즉인이요 문긔스심(文氣書心)이라……. 글은 곧 사람이라. 글은 곧 긔요 글씨는 곧 마음이니, 다다 그 긔를 똑고르게 모으구 그 마음을 올바르게 다스릴 수 있넌 사람만이 올바르게 글을 짓구 또 글씨를 쓸 수 있나니……."

단기 4336년 가을
청운(靑雲) 우벗고개
비사란야(非寺蘭若)에서
무유거사(無有居士) 김성동(金聖東)
손곧춤

차
례

천자문(千字文)

天 하늘 천
地 따 지
玄 검을 현
黃 누를 황

宇 집 우
宙 집 주
洪 넓을 홍
荒 거칠 황

天地는 玄黃이고 宇宙는 洪荒이라
천지 현황 우주 홍황

하늘은 검고 땅은 누르며,
우주는 넓고도 거칠다.

하늘은 아아라하게* 멀어 어두우며
땅은 누른빛이 나서, 얼안*과 때사이*는
넓고도 거칠다는 뜻이니 -
하늘과 땅 사이는 사람 꾀로는 헤아려
볼 수 없게 넓고 크며, 그리고 텅 비어서
끝이 없다는 말임.
《회남자(淮南子)》〈제속훈(齊俗訓)〉에
보면 「예로부터 지금에 이르기까지가
주(宙)이고, 동서남북 위아래가
우(宇)이다.」 하였음.

아아라하다 : 멀다. 아득하다. '아스라하다' 본딧말.
얼안 : 공간(空間).
때사이 : 시간(時間).
천현이지황(天玄而地黃) : '하늘은 검고 땅은 누르다'는 이 말은《역경(易經)》〈곤괘(坤卦)〉에 나옴.
저쑬다 : 신불(神佛)에게 절하거나 메를 올리다.
겁(劫) : 불교 경전에 얼추 나오는 쑴말로, 정해진 숫자로 나타낼 수 없는 아주 긴 시간을 가리킨다.

비롯됨도 없고 마침도 없이

"천지훤황, 천지훤황이라……."

할아버지는 혼잣말처럼 중얼거리시었습니다.

"하늘은 가맣구 따는 누르다. 천훤이지황(天玄而地黃)°이니, 하늘은 그 이치가 짚구
그윽해서 헤아리기 어려운디, 따는 또 흙이라 누른빛이 나는고여."

스스로 묻고 스스로 대꾸하던 할아버지는 후유우- 하고 긴 한숨을 내리쉬시었습니다.

"물리가 트진즉 이 도리를 알려니와, 이 책의 대원즉슨 천지훤황 이 늑 자 속에 들어 있다
헤두 과언이 아닐 것이니라. 아울러 이 늑 자 속에 천지이치 또한 들어 있음은 물론이며.
연인즉, 배우구 익혀서 스사로 그 몸을 세울진저."

그때부터 이 중생은 할아버지 앞에 두 무릎 꿇고 앉아 책을 읽기 비롯하였으니,
《천자문(千字文)》이었습니다. 다섯 살 때였지요. 1951년 정월 초하룻날 차례(茶禮)를
저쑵고° 난 제상 앞에서였습니다.

무시무종(無始無終)이라고 합니다. 비롯됨도 없고 마침도 없다는 뜻이니, 우주를 말합니다.
막막합니다.

시방은 이른바 '과학의 시대'라고 합니다. 과학이 모든 것을 풀어낼 것으로 굳게 믿고
있습니다. 그러나 참으로는 한 송이 꽃이 피게 되는 인과율(因果律)과 한 방울 물이 저
우주 얼안을 팔만사천 겁°씩 돌고 돌다가 다시 또 한 방울 물로 돌아오기까지 갈피 하나
밝혀내지 못하고 있는 게 과학이기도 합니다.

어떤 사람이 우주 비롯됨과 마침에 대하여 여쭈었을 때 부처님은 이렇게 말씀하셨다고
합니다.

"어떤 사람이 독화살을 맞고 그 목숨이 눈앞에 이르렀다고 합시다. 당장 급한 것은 화살을
뽑아내고 독을 없애 버리는 일이요. 그런데 독화살을 쏜 사람은 누구요 왜 쐈으며 또
화살에 발린 독은 무엇으로 만들어졌는가 하는 것을 따지고 있다면 그 사람은 어떻게
되겠습니까?"

박정만이라는 시인이 있었습니다. 조선 가락으로 조선 사람 그리움과 슬픔과 그리고
외로움을 노래했던 사람이지요. 박정만 종명시(終命詩)가 떠오릅니다.

　　나는 사라져 간다. 저 광활한 우주 속으로.

해와 달은 차고 기울며,
별과 별자리들은 고르게
펼쳐져 있다.

'일월영측(日月盈昃)'은 《역경(易經)》
〈풍괘(豊卦)〉에 나오는 「해는 중천에
뜨면 기울고, 달은 차면 이지러진다.
日中則昃月滿則虧」를 다시 풀어 쓴 것임.
황도(黃道)를 둘러싼 붙박이별떼 28개를
'28수'라 하고, 이 28수가 황도를 한 바퀴
도는 길을 12로 나누어 12차(次) 또는
12진(辰)이라고 부르니-
28수가 황도 테두리 안에 펼쳐져 있다는
말이 '진수열장(辰宿列張)' 뜻임.
이것은 길래 바뀌지 않을 우주 한울
갈피로서, 사람 또한 이러한 한울 갈피에
따라 살아가야 한다는 것을 넌지시 뚱겨
주고 있으니-
중국이 세계 복판이므로 중국 언저리에
있는 나라들은 다 중국 차례 안으로
들어와야 된다는 '중화(中華)주의
이데올로기'가 담겨 있는 글귀임.

日月은 盈昃하고 辰宿는 列張이라

일월 영측 진수 열장

日 날 일
月 달 월
盈 찰 영
昃 기울 측
辰 별 진
宿 별자리 수*
列 벌릴 렬
張 베풀 장

宿 : '묵을 숙(宿)'으로 읽는 때가 많지만 별자리를 뜻할 때는 '수'로 읽어야 함.
장 : 늘, 항상(恒常).
남의살 : '고기' 변말.
아그려쥐다 : 엉거주춤 쭈그리다.
허릿바 : '허리띠' 충청도 내포 말.
산모롱이 : 산모퉁이 빙 둘린 곳. 산기슭이 나와서 휘어져 돌아가는 곳.
넉넉살이 : 넉넉한 삶. 행운(幸運). 행복(幸福).
하늘 밑에 벌레 : 사람.
숨탄것 : 하늘과 땅한테서 숨이 불어넣어졌다는 뜻에서 '동물'을 일컫는 말임.
아퀴짓다 : 일을 마무르는 끝매듭을 짓다. 결정(決定)하다.

별을 찾아서

언제나 배가 고팠습니다. 흙이라도 파먹고 싶고 돌멩이라도 깨물어 먹고 싶었으며
잠자리라도 잡아먹고 싶게 장* 배가 고픈 것이었습니다. 정말로 잠자리를 잡아먹어 본
적도 있는데, 날개를 떼어 내고 짚불에 살짝 구워 낸 보리잠자리는 통통하게 살이 올라
있어 여간 맛있는 것이 아니었으니, 정월 초하룻날과 가윗날 그리고 제삿날 밤 말고는
처음 먹어 보는 남의살*이었던 탓이었습니다.

그러나 6·25 바로 뒤 어린 넋을 못 견디게 했던 것은 배고픔 따위가 아니었습니다.
배고픔보다 견디기 어려운 것은 외로움이었고, 외로움보다 더욱 견디기 어려운 것은
그리움이었습니다. 뒷동산 산소마당에 아그려쥐고* 앉아 신작로만 바라보았습니다.
붙여 세운 두 무릎을 가슴에 대고 가슴에 댄 두 무릎 사이에 턱을 올려놓은 채 하염없이
아버지를 기다렸습니다. 아버지는 그러나 오시지 않았고, 허릿바*처럼 길게 줄대어진
신작로 끝 산모롱이*를 적셔 오는 것은 놀이었습니다. 놀을 밀어내며 발등을 적시는 것은
그리고 어둠이었습니다. 달은 없었습니다.

「별무리 총총 박혀 있는 저 밤하늘이 우리가 갈 수 있고 또 가야만 하는 길의 지도일 수
있던 시대. 하늘의 별빛과 인간 영혼 속 불꽃이 하나이던 시대」의 흐뭇한 넉넉살이*를 가슴
뭉클하게 말한 것이 루카치였습니다. 《소설의 이론》이라는 책 앞머리에 나오는 말이지요.
시방은 누구도 별자리를 보고 길을 가지 않습니다. '컴퓨터'가 모든 길과 그 길에 이르는
꾀를 가르쳐 주므로 그럴 쓸모가 없어졌기 때문이지요. 별은 이제 사람들에게 꿈을 주는
것이 아니라 다만 무찔러 이겨야 할 맞수일 뿐입니다. 그런데 사람들 삶은 보람차고
즐거워서 흐뭇한가요?

꿈속에서 별을 헤며 살아왔던 게 사람이라는 이름 하늘 밑에 벌레*였습니다.
숨탄것*이었습니다. 그런데 오늘을 사는 사람들한테는 꿈이 없습니다. 꿈이 없으니
앞날 또한 있을 수 없습니다. 모든 것이 남김없이 까발려지고 있기 때문입니다. 다만
'돈'이 골칫거리 일뿐이지요. 돈만 있으면 달나라도 갈 수 있고 별나라도 갈 수 있으며
무엇이든지 손에 넣을 수 있습니다. 돈이 모든 것 주인이고 모든 것을 아퀴짓는*
오늘입니다. 올려다보는 밤하늘에 별은 보이지 않습니다.

추위가 오면 더위는 가니,
가을에는 거둬들이고 겨울에는
갈무리하여 둔다.

되풀이하여 돌고 도는 사철을 말하고
있는 것이 '한래서왕(寒來暑往)'이고,
'추수동장(秋收冬藏)'은 《사기(史記)》
〈태사공자서(太史公自敍)〉 가운데
「무릇 봄에는 살아나고, 여름에는
자라나고, 가을에는 거둬들이고,
겨울에는 갈무리하는 것이 천도(天道)
큰길이다. 여기에 잘 따르지 않으면
천하 기강(紀綱)을 세울 수 없다. 夫春生
夏長 秋收 冬藏 此天道之大經也 弗順
則無以爲天下紀綱」를 다시 쓴 것임.

한래서왕
寒來暑往하니 秋收冬藏이라
추수동장

秋 가을 추
收 거둘 수
冬 겨울 동
藏 감출 장

寒 찰 한
來 올 래
暑 더위 서
往 갈 왕

대모하다 : 온통 줄거리가 되게 대수롭다.

힘담없다 : 풀이 죽고 기운이 없다.

소낙눈 : 큰 눈. 폭설(暴雪).

시드럭부드럭 : 차츰 시들어 힘없이 된 꼴.

살터 : 자연생태계. 대자연(大自然).

소드락질 : 등치다. 등쳐먹다. 빼앗다. 빼앗아 가다. 뜯어내다. 뜯어먹다. 약탈(掠奪).

인과응보(因果應報) : 전생에 지은 선악에 따라 현재 행과 불행이 있고, 현세에서 선악 결과에 따라 내세에서 행과 불행이 있는 일. 인과보응. 종과득과 종두득두(種瓜得瓜 種豆得豆).

글지 : 중세어 '글지이'에서 온 말로 왜말 '작가'를 말함. 개화기 때까지 쓰였던 말임.

대마루판 : 일 되고 안 됨과 싸움 판가름이 못박히는 마지막 판.

사라진 삼한사온(三寒四溫)

봄이 왔으므로 꽃이 피는가? 꽃이 피었으므로 봄이 왔는가?

대모하다면 아주 대모한* 철학 첫걸음인데, 이러한 철학적 물음 또는 생각이 아무런 쓸모도 없게 될 날이 멀지 않았습니다. 아니, 벌써 그렇게 되었는지도 모릅니다.

봄이라고 해서 꽃은 피었으나 꽃 빛깔이 전처럼 그렇게 밝지가 못하고 그 가짓수가 시나브로 줄어들고 있으며, 무엇보다도 그리고 벌과 나비가 날아들지 않습니다. 눈 또한 마찬가지입니다. 겨울이라고 해서 눈이 오기는 오는데 목화송이를 퍼붓는 것처럼 소담스레 평평 쏟아지는 것이 아니라 수전증 걸린 할머니 키질에 흩날리는 싸래기처럼 힘담없이* 떨어지고, 단풍도 끝나지 않았는데 소낙눈*이 쏟아집니다. 평생 눈 구경 한번 못 해 보던 유럽 어딘가는 소낙눈에 길이 끊어지고 모래벌판에 눈이 내린다고 합니다. 무엇보다도 철이 없어져 버렸습니다. 시드럭부드럭* 꽃이 피는가 하는데 숨이 컥컥 막히는 찜통더위가 오고, 나뭇잎에 물이 드는가 싶은데 칼바람이 몰아쳐 옵니다. 삼한사온(三寒四溫)이 없어진 것은 물론이고 봄가을이 사라졌습니다. 하늘 밑에 벌레들 보다 더 걱정 없고 즐거우며 그리고 푸짐한 삶을 위하여 살터*를 소드락질*하고 마구 죽이고 망가뜨리고 찢어발긴 앙갚음을 받고 있는 것이니, 무섭고여. 인과응보* 어김없음이라니.

가끔 글지*가 되어 보겠다는 이들 소설을 읽어 볼 때가 있는데, 놀라운 것은 하나같이 '컴퓨터'로 찍혀 있다는 점입니다. 소설을 쓰는 것이 아니라 찍습니다. 붕어빵을 찍어 내듯이 대량생산으로 찍어 내고 있습니다. 지필묵(紙筆墨)이 사라진 것은 하마 옛날 일이고 원고지까지 사라져 버렸습니다. 소설을 긴 문학이야말로 마지막까지 버텨 내야 할 '가내수공업'일 것이라고 굳게 믿고 있는 사람으로서는 쓸쓸한 일이 아닐 수 없습니다. 어찌 또 문학만이겠습니까. 농촌이 사라졌고 계급으로서 농민 또한 사라졌습니다. 사라지게 될 것입니다. 공해에 국경이 없다는 말은 이미 낡아 버렸고 전 지구적 덩치에서 몸부림치고 있는 오늘입니다.

왜 이렇게 되었는가? 사사로운 느낌을 말하자는 것이 아니라 이른바 '문명'을 말하고 있는 것입니다. 문명사적·인류사적으로 크게 바뀌는 대마루판*에 올라 있습니다.

김치냉장고가 나오면서 김장이 사라졌고 '햄버거'와 '콜라'가 들어오면서 쌀뒤주와 장항아리가 사라졌으니, 가을걷이를 해서 겨우내 꼭꼭 갈무리하여 둘 일 또한 없어진 오늘입니다.

윤달로 하여 해를 이루고,
육률°과 육려°로 음양(陰陽)을
어우러지게 한다.

'윤여성세(閏餘成歲)'는《서경(書經)》
「1년은 366일이다. 여기에 윤달이
있어 사시(四時)를 정하고 해를 이룬다.
朞三百有六旬有六日 以閏月定四時成歲」를
다시 쓴 것임.
'율려조양(律呂調陽)'은 '율려(律呂)', 곧
네 철에 맞는 가락으로 음양 기운을
어우러지게 함으로써 사람과 자연
사이를 어우러지게 만든다는 뜻임.
'조양(調陽)'은 '음과 양을 어우러지게
한다'는 '조음양(調陰陽)'이 맞는 말이니-
압운(押韻)상 두 자로 줄일 수밖에
없으나, '음'을 빼고 '양'을 보였다는 데서
'남성우위 이데올로기'를 읽어 낼 수
있음.

閏餘로 成歲하고 律呂로 調陽하니라
윤 여 성 세 율 려 조 양

律 법률
呂 법려
調 고를 조
陽 볕 양

閏 윤달 윤
餘 남을 여
成 이룰 성
歲 해 세

육률(六律) : 십이율(十二律) 가운데 양성(陽聲)에 딸리는 여섯 가지 소리로, 대나무를 잘라 통을 만들었으니 - 태주(太蔟)·고선(姑洗)·황종(黃鐘)·이칙(夷則)·무역(無射)·유빈(蕤賓)을 말함.
육려(六呂) : 음성(陰聲)에 속하는 여섯 가지 소리로, 대려(大呂)·협종(夾鐘)·중려(仲呂)·임종(林鐘)·남려(南呂)·응종(應鐘)이라 함.
율려시대 : 단군사상에 바탕을 둔 상고사 바로 세우기 운동을 율려운동(律呂運動)이라고 한다. 시인 김지하(金芝河, 1941~)가 목대잡이가 되어 환경파괴, 물질만능주의 고비에 빠진 현대문명을 되살리기 위해서는 우리 몸 깊이 박힌 자연질서, 곧 율려를 되살려야 한다는 것을 그루박는 운동. 율려운동은 율려와 신인간으로 간추려 풀이할 수 있다.

흔들리는 음양지리(陰陽之理)

송화가루 날리는　　　　　산지기 외딴집
외딴 봉우리　　　　　　　눈먼 처녀사
윤사월 해 길다　　　　　　문설주에 귀 대이고
꾀꼬리 울면　　　　　　　엿듣고 있다.

박목월 〈윤사월(閏四月)〉입니다. 가난한 산지기 딸로 태어난 눈먼 처녀가 꾀꼬리 울음에
제 설움 얹어 숨죽여 슬픔을 삼켜 깨무는 이 서정시 고갱이는 '윤달'입니다. 배고프고
외로우며 그리고 슬픈 사람에게 무엇보다도 첫째로 견디기 어려운 것은 해가 길다는
것입니다. 아무리 이를 옥물고 손가락을 꼽아 가며 마음속으로 숫자를 헤아려 보며
기다리고 또 기다려 봐도 해는 지지 않는데, 이처럼 그립고 슬프고 외롭게 남은 시간이
모여 윤달이 되는 것입니다. 자투리로 남은 짧은 때가 모여 윤달이 되고 윤달이 모여 해를
이루니, 사람들은 그렇게 또 일하고 싸우면서 늙고 병들어 죽어 가는 것이지요.
음양지리(陰陽之理)가 흔들리고 있습니다. 음과 양 갈피가 어그러져 뒤죽박죽이 되고
있습니다. 한 치 어긋남도 없이 똑바르게 맞물려 돌아가야만 천지만물이 푸근해지는
것인데, 음양 낌새가 어그러져 버린 지 하마 오래인 것입니다.
하늘을 양이라 하고 땅을 음이라 하며, 여자를 음이라 하고 남자를 양이라 합니다. 남자는
불이고 여자는 물입니다. 물 없는 불이 없고 불 없는 물은 있을 수 없습니다. 하늘 없는
땅이 없고 땅 없는 하늘이 있을 수 없는 것과 마찬가지 갈피로 여자 없는 남자 없고 남자
없는 여자가 있을 수 없다는 것은 만고불변의 참일 것입니다. 한 몸뚱아리 두 얼굴인
것입니다. 김지하(金芝河) 시인은 노래합니다.

아아　　　　　　　　　　그만
그만　　　　　　　　　　만사천년 그 너머
중앙아시아로 가고저!　　律呂時代*로 가고저!
아아

구름이 올라 비가 되고,
이슬이 엉키어 서리가 된다.

'구름과 비'·'이슬과 서리' 사이
인과(因果)관계를 풀어 말해 주고
있음.《역경(易經)》〈건시전(建象傳)〉에
이르기를 「구름이 움직이고 비가 내려야
물건들이 됨됨이를 이룬다. 行雲雨施
品物流形」 하였으니, 음양(陰陽) 두 서슬
쓰임새를 말하는 것임.
여기까지 ─ '천지현황(天地玄黃)에서
노결위상(露結爲霜) ─ 하늘[天]에 딸린
것을 풀어 이야기하고 있음.

雲騰하야
致雨하고
露結하야
爲霜하니라

운 등
치 우
노 결
위 상

雲 구름 운
騰 오를 등
致 이를 치
雨 비 우

露 이슬 로
結 맺을 결
爲 할 위
霜 서리 상

찔레꽃머리 : 초여름 찔레꽃이 필 무렵. 찔레꽃머리에는 보릿고개에 가뭄까지 겹쳐서 년중 가장 힘든 때였음.

언턱거리 : 언터구. 핑계.

꽐 : 고함.

빠방틀다 : 극장에 몰래 들어가거나, 기차를 몰래 타는 것. 1950년대 끝에서 1960년대 첫 때 쓰였던 변말임.

대전발 영시 오십분

잊히지 않는 그림이 있습니다. 고등공민학교 2학년 때였습니다. 5·16이 일어나던
해였습니다. 찔레꽃머리*였습니다. 산지기 집으로 피란을 갔다 온 다음이었습니다.
할아버지가 예비 검속으로 잡혀가셨을 때였습니다. 입학금이 없고 월사금이 헐하다는
언턱거리* 한 가지로 들어가게 된 그 학교는 제칠일안식일 예수재림교회에서 세운
곳이었습니다. 중학과정을 배우기는 하지만 정식 중학교가 아니므로 졸업을 하더라도
고등학교 입학자격 검정고시에 붙어야 고등학교에 갈 수 있는 곳이었지요.
"이으쮀 볼 게 있넌듀."
이 중생은 조심스럽게 손을 들었습니다. 일주일에 두 번씩 있는 성경 시간이었습니다.
성경을 가르쳐 주시는 것은 교장 선생님이었는데, 믿을 수가 없었습니다. 심판의 그날이
오면 악인을 멸하고 의인을 구하기 위해서 천사들이 구름을 타고 내려온다고 교장
선생님이 말씀하셨을 때였습니다.
"저 거시기 …… 운등치우허구 노궐위상이라구 헸넌듀."
"뭬야?"
"땅 위 짐이, 거시기 수증긔가 하늘루 올러가서 이뤄진 게 구름이라구 헸넌듀."
"그래서?"
"그란디 찬물이 증발헤서 이뤄진 수증긔 구름을 타구 네려오면 츤사덜이 거시기 걸리지
않을라나유? 고뿔."
하는데, "뭬야?" 안경테를 밀어올리는 평안도 출신 목사 교장 선생님 손끝이 가느다랗게
흔들리고 있었습니다.
"지금 한 말 다시 한번 해보라우. 머이가 어드래?"
"운등치우헤야 노궐위상헌다구……."
"머이가 어드래?"
"백수문서 그렇긔 배웠넌디,"
하는데, "나오라우!"
교장 선생님 꽝* 소리가 교실을 흔들었고, 쭈빗거리며 걸어나간 이 중생 두 볼따구니에서
도리깨질 소리가 났습니다. 독성(瀆聖)에 대한 벌로 일주일간 뒷간 청소를 하게 되었는데,
사흘인가 하다가 그만두었습니다. 가출을 해 버렸던 것입니다. 대전발 영시 오십분 차를
'빠방틀어*' 타고 간 곳은 목포(木浦)였습니다.
땅 끝으로 가고 싶었습니다. 그 끝의 끝에 서 보고 싶었습니다. 그곳에는 무엇인가 있을
것만 같았습니다.

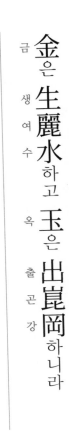

금 生 여 수 옥 출 곤 강

金은 生麗水하고 玉은 出崑岡하니라

金 쇠 금
生 날 생
麗 고울 려
水 물 수

玉 구슬 옥
出 날 출
崑 뫼 곤
岡 뫼 강

금은 여수(麗水)에서 나고,
구슬은 곤륜산(崑崙山)에서
나온다.

중국 고전에서 형남(荊南)과 더불어
사금(沙金) 고장으로 자주 말 나오는
여수(麗水)는 오늘날 운남성(雲南省)
여강납서족(麗江納西族) 자치현으로 흘러
들어오는 북녘 금사강(金沙江)을 말하고,
곤강(崑岡) 또는 촉강(蜀岡)이라고도
부르는 곤륜산(崑崙山)은 강소성(江蘇省)
강도현(江都縣) 서북녘에 있음.

가리사니 : 철. 셈. 깨달음. 지각(知覺).
난바다 : 큰바다. 한바다. 넓은 바다. 허허바다. 대해(大海).
투그리다 : 짐승이 싸우려고 으르대며 잔뜩 노려보다.
상기도 : 아직도. 여태도.
진서(眞書) : 중국 한(漢)나라 때 만들어진 글자라고 해서 쓰이는 말인 '한문(漢文)'·'한자(漢字)'는 일본사람들이 만들어 낸 말이고 우리 조상들은 '참글' 곧 '진서(眞書)'라고 하였음. '진서'라는 말도 '한글' 곧 '언문(諺文)'이 만들어지면서 쓰이게 되었고, 그 전에는 그냥 '글'이라 하였으니– 고조선 때 '고글(高契)'이라는 현인이 '음운(音韻)'을 만들어 읽는 수를 알린 데서 말미암는다는 적발이 전하고 있다 함(박문기《한자는 우리 글이다》비춰볼 것).

절망 뒤에 오는 것

여수(麗水)로 가고 싶었습니다. 금을 캐 보자는 것은 아니었습니다. 중국 운남성(雲南省)에 있는 금 명산지가 여수요, 곤강(崑岡)이 중국 곤륜산(崑崙山) 산기슭이라는 것을 알지도 못하였습니다. 여수에서는 금이 나오고 곤강에서는 옥이 나온다고만 배웠을 뿐이었습니다만, 여수였습니다. 여수라는 땅 이름만이 떠나지 않는 것이었습니다. 그냥 여수로 가 보고 싶었습니다. 그렇다고 해서 이른바 '여순반란사건'에 대해서 무슨 참모습을 알아보자는 것도 아니었고, 또 그럴 만한 가리사니*가 있는 나이도 아니었습니다. 다만 그 남겨진 자식들을 만나 보고 싶었을 뿐이었습니다. 만나서 네 설움 내 설움을 나눠 보고 싶었을 뿐이었습니다. 그래서 목포(木浦)까지 갔던 것이었습니다. 목포에서 다시 기차나 배를 '빠방틀어' 타고 여수로 가 볼 작정이었습니다. 그런 마음을 남몰래 간직하고 있었습니다. 꿈에라도 하마 남들한테 들킬까 봐 마음속 깊은 곳에 '짱박아' 둔 채 바라다본 난바다* 한복판에 섬처럼 떠 있는 외항선이었습니다. 끝의 끝으로 가서 그 끝의 끝에 서 보고자 할진대 무엇보다도 먼저 저 커다란 외항선을 타야 할 것이었는데, 저 섬처럼 떠 있는 외항선을 타고자 할진대 거기까지 갈 수 있는 작은 배를 타야만 되는 것이었고, 아. 작은 배를 빠방틀 수 있는 수를 모르는 것이었고, 아아. 절망이었습니다. '항쟁의 여순'을 다룬 소설로 전병순의《절망 뒤에 오는 것》이 있다는 것을 알게 된 것은 그로부터 많은 세월이 흐른 다음이었습니다. 알 수 없는 일이었습니다. 사람들은 왜 걸핏하면 성내면서 서로 미워하고 투그리다가* 마침내는 죽이고 죽어야 되는 것인지, 열다섯 난 아이 머리통은 터질 것만 같았습니다.

모르겠는 것은 그것만이 아니었습니다. 이 중생 성은 김가(金哥)인데 왜 '금'을 '김'이라고 하는지. 왜 '금해(金海)'를 '김해'라 부르고, '금산사(金山寺)'는 그런데 왜 또 '김산사'라 안 부르며, '금룡사(金龍寺)'는 '김룡사'라고 부르는 것인지.

남녘 끝 항구인 여수에 갔던 것은 산에 있을 때였습니다만, 할아버지 걱정이 상기도* 귓전을 두드립니다. 진서* 공부에 꾀를 부릴 때면 터져 나오고는 하던 탄식 같은 혼잣말씀이었습니다. 제아무리 귀한 옥이라도 다듬지 않으면 쓸데없다는 뜻이니, 아무리 재주가 있다 하더라도 힘써 파고들지 않으면 훌륭한 사람이 될 수 없다는 뜻이었습니다. 구슬이 서 말이라도 꿰어야 보배라는 말과도 같습니다.

"옥불탁(玉不琢)이면 불성기(不成器)라."

칼 가운데는 '거궐(巨闕)'을 입에 올려 부르고, 구슬 가운데는 '야광(夜光)'이라 일컫는 것이 있다.

'거궐'은 오나라 구야자(歐冶子)가 만든 것으로 구천이 오나라를 없애버리고 얻은 여섯 자루 보검인 '오구(吳鉤)' '담로(湛盧)' '간장(干將)' '막야(莫耶)' '어장(魚腸)' '거궐(巨闕)' 가운데 하나라고 함.
'야광(夜光)'은 조개가 품고 있던 것으로 용 턱·뱀 입·고기 눈·상어 가죽·자라 발·거미 배에서 나오는 것보다 그 빛이 뛰어나게 밝았다고 함.

劍 칼 검
號 부를 호
巨 클 거
闕 대궐 궐

珠 구슬 주
稱 일컬을 칭
夜 밤 야
光 빛 광

오월동주(吳越同舟) : 서로 적의를 품은 사람들이 한자리에 있게 된 경우나 서로 협력하여야 하는 상황을 비유적으로 이르는 말. 중국 춘추시대에, 서로 적대 관계인 오나라 왕 부차와 월나라 왕 구천이 같은 배를 탔으나 풍랑을 만나서 서로 담합하여야 했다는 데에서 말미암음. 따온 책(출전)은 《손자(孫子)》〈구지편(九地篇)〉임.
네둘레 : 곳곳. 여기저기. 동서남북(東西南北). 사방(四方).
버히다 : 베다. 자르다.
잠개 : 싸움이나 전쟁에 쓰이는 연장. 병장기. '무기(武器)'는 왜식 한자말임.
목대잡다 : 채잡다. 이끌다. 주도(主導)하다. 지휘(指揮)하다.
땅별 : 지구(地球).

멋진 신세계

구천(句踐, 재위 ?~B.C. 465)이라는 이가 있었습니다. 중국 춘추시대 월(越)나라 제2대 왕으로 '와신상담(臥薪嘗膽)'·'오월동주(吳越同舟)'* 같은 고사성어(故事成語)를 남겼을 만큼 유명짜한 사람이지요. 서력 기원전 496년에 오(吳)의 합려를 무찔렀으나 그 2년 뒤 오왕(吳王) 부차에게 크게 져 회계산(會稽山)에서 무릎을 꿇었고, 그 뒤 장작더미 속에서 자고 짐승 쓸개를 빨며 앙갚음할 마음을 다지던 끝에 범려(范蠡) 같은 이 도움에 힘입어 부차를 죽이고 오나라를 없애 버려 뼈에 사무치던 부끄러움을 씻은 것이 21년 만이었다고 합니다. '의지의 사내'였던 것이지요.

그런 구천이 받들었던 보검이 '거궐(巨闕)'이라고 합니다. '야광(夜光)'은 수후(隨侯)가 가지고 있던 것을 초왕(楚王)한테 바쳤던 것으로, 밤이면 눈부시게 밝은 빛으로 네둘레*가 낮과 같이 밝았다고 합니다. 밝은 구슬을 가리켜 '야광주(夜光珠)'라고 일컫게 된 까닭이지요.

세상에 버히지* 못할 것이 없게 뛰어난 보검이 '거궐'이었습니다. 그런 '거궐'이 총한테 자리를 뺏기더니 총은 또 대포한테 자리를 빼앗겨야 했습니다.

대포며 로켓 같은 무서운 폭탄 자리를 빼앗은 것은 원자탄입니다. 원자탄 무서운 힘은 히로시마·나가사키에서 이미 밝혀진 바 있지요. 그런데 원자탄도 모자라서 수소탄이 나오고 수소탄도 모자라서 사람만 골라 죽이는 무슨 새로운 잠개*도 나왔다고 합니다.

깊게 생각하는 이들이 한결같이 걱정하는 것은 '중미 전쟁'입니다. 앞으로 세계는 중국과 미국이 그 으뜸자리를 놓고 크게 한판 붙을 것이라는 말이지요. 이미 그렇게 되고 있습니다. 있지도 않은 핵무기를 찾아낸다는 터무니없는 구실로 이라크에 쳐들어가 크게 때려 버린 미국 속셈은 '검은 진주'에 있습니다. 석유 말씀이지요. 평양을 때릴 듯 을러대는 속셈은 중국에 있습니다. 미국이 목대잡는* 이른바 '일극패권주의'를 넘보는 중국을 잡도리하겠다는 것이지요.

새로운 세기가 오면 '멋진 신세계'가 될 것이라고 떠들어 쌓더니만 온 것은 전쟁밖에 없습니다. 이른바 '9·11 테러' 곧 '바벨탑 사태'는 무엇을 말해 주고 있는 것인지요. 북미합중국 처지에서는 '테러'일지 모르지만 아랍민족 처지에서는 '독립운동'일 수 있는 그 끔찍한 일 앞에 땅별* 위 뭇 목숨들은 벌벌 떨고 있는 오늘입니다.

실과 가운데서는 오얏과
능금을 보배롭게 여기고,
나물 가운데는 겨자와 생강이
종요로우니라.

'오얏'은 오늘날 '자두'라는 이름으로
불리고, '벗 내(奈)' 자는 '버찌'로
풀이하지만, 「능금과 막상 같은
갈래인데 능금보다는 조금 크다.」는
《본초강목(本草綱目)》적바림이
있으므로 '능금'으로 풀이하였음.

果에는 珍李奈하고 菜에는 重芥薑하니라
과 진 이 내 채 중 개 강

果 실과 과
珍 보배 진
李 오얏 리
奈 벗 내

菜 나물 채
重 무거울 중
芥 겨자 개
薑 생강 강

종요롭다 : 긴요(緊要)하다. 보배롭다.
적바림 : 적발. 자국. 기록(記錄).
철장 지르다 : 열 수 없게끔 방문을 안에서나 밖에서 닫아걸다.
낟알기 : 밥. 밥기운. 곡기(穀氣).
달소수 : 한 달이 조금 지난 때.
이뉘 : 이승. 이 세상 살아 있는 동안.
장강대필(長杠大筆) : 긴 장대와 같은 큰 붓이라는 뜻으로, 힘 있고 웅대한 글씨를 이르는 말.
비백(飛白) : 십체(十體) 하나. 중국 후한(後漢) 때, 채옹(蔡邕)이 만든 서체로, 팔분(八分)과 비슷하지만 획을 나는 듯이
그어 그림처럼 쓴 글씨체. 비백서(飛白書).
돈아(豚兒) : 자기 아들을 낮춰 부르는 말.
묵정밭 : 곡식을 갈지 않고 오래 버려두어 거칠어진 밭. 묵밭.

"아아, 오얏꽃이 떨어졌고녀!"

"사륭칠월 이화락이고녀!"

한 소리 긴 한숨처럼 부르짖고 나서 융희황제(隆熙皇帝)가 옥새(玉璽)를 빼앗긴 경복궁 우러러 북향삼배(北向三拜)한 다음, 방으로 들어가 철장을 지르셨다°고 합니다. 저 갑오년 마지막 사마시에서 열다섯 도령문장(道令文章)으로 진사(進士)를 하고 성균관에 거재(居齋)하며 문과 채비를 하던 이 중생 증조부께서는 그렇게 낟알기° 끊기 달소수°만에 이뉘°를 버리셨으니, 자진(自盡)이었지요.

"사륭칠월 이화락(四隆七月 李花落)이라- 융희 4년 7월에 오얏꽃이 떨어졌구나." 하는 그 마지막 부르짖음은, 조선왕조 5백 년이 길러 낸 마지막 선비가 낳고 길러 준 왕조에 바치는 마지막 충성 소리였습니다. 증조부께서는 절창(絶唱)을 남기기에 앞서 당신이 보던 모든 서책과 시문(詩文) 들을 불태워 버리셨다고 하는데, 미처 태우지 못한 글씨 몇 점만 전해지고 있습니다.

고조부 큰사랑에 있던 글씨 가운데 〈石龜〉라는 것이 있습니다. 어른 키로도 한 길이나 되게 크고 힘찬 장강대필(長杠大筆)°로 살아 움직이는 것 같은 필세(筆勢)와 비백°이 아름다운데, 증조부께서 여섯 살 때 쓰신 것이지요. 글씨 곁에는 대한제국 시절 외부주사(外部主事)를 하신 고조부 발(拔)이 적혀 있습니다.

> 이삼만은 김생 뒤로 오랫동안 끊어졌던 저 왕우군 필법을 이어 받은 청구 명필이다. 내가 일찍이 이삼만한테서 붓 잡는 법을 배웠으나, 터럭이 희어진 지금에 이르러서야 비로소 붓 쥔 손이 흔들리지 않을 만큼이 되었다. 그런데 돈아° 아희가 여섯 살에 쓴 이 석귀 두 글자가 벌써 이러하니, 안타깝고녀. 이삼만이라도 여섯 살에는 오히려 이처럼 쓰지 못하였으리니. 이 아희 획력이 이와 같거늘, 하늘은 어이하여 그 목숨을 짧게 하였는고. 애통한 아비 마음을 이에 적어 두노니, 글 아는 자손이 나오거든 족자로 만들어 걸어 두기 바라노라.

배가 고픕니다. 먹어도 먹어도 채워지지 않는 이 헛헛함은 어디서부터 비롯된 것일는지요. 죽을힘을 다해서 어떻게 간신히 몸을 일으켜 밥을 지었는데, 반찬이 없습니다. 묵정밭°에서 시들어 가는 푸성귀 몇 가닥 뜯어 왔지만, 양념이 없습니다. 장건건이도 없고 소금도 없는데 겨자와 생강이야 일러 무삼하리오. 바람이 붑니다.

바닷물은 짜고 민물은
심심하며,
비늘 달린 물고기들은
물속 깊이 잠기고 깃털 달린
새들은 날아다닌다.

'금생여수(金生麗水)'에서
인잠우상(鱗潛羽翔)'까지는– 산과 바다와
냇물에는 금·옥·실과·채소·새·물고기가
있다는 것을 말하고 있으니, 지도(地道)
곧 땅 위 큰일을 나타내고 있음.
여기까지 '천지(天地)'에 관한 이야기가
끝났음.

海는 鹹하고 河는 淡하며 鱗은 潛하고 羽는 翔하니라

해 함 하 담 인 잠 우 상

鱗 비늘 린
潛 잠길 잠
羽 깃 우
翔 날 상

海 바다 해
鹹 짤 함
河 물 하
淡 맑을 담

함(鹹) : 호수에서 건져지는 '돌소금'을 가리킬 때 얼추 쓰임.
하(河) : '황하(黃河)'를 가리키는 홀로이름씨임.
린(鱗) : 물속에 사는 물고기들을 가리키는 말임.
우(羽) : 하늘을 나는 날짐승들을 가리키는 말임.
든사람 : 지식인(知識人). 먹물.
씨 : 갈래. 종(種).
이지가지 : 갖가지.

남은 시간이 많지 않다 1

'지구'라는 이름 땅별은 앞으로 어떻게 되는지요?

이른바 과학자들이며 많이 배웠다는 든사람*들은 뭐라고 뭐라고 알아듣기 어려운 말들을 하고 있습니다만, 절멸입니다. 모조리 없어져 버릴 것이라는 말이지요. 사람이라는 이름 씨* 절멸과 땅별이라 이름하는 떠돌이별 절멸이 그것입니다.

오존층이 구멍났고 그것이 시나브로 커지고 있다는 것이야 신문줄이라도 읽는 사람이라면 다들 알고 있으면서도 짐짓 모른 체하고 있지만, 하늘에 뭉게구름이 일어나지 않는다는 것을 알고 있는 이들은 또 그렇게 많지 않은 듯합니다. 이지가지* 오염물질로 공기가 더럽혀져 구름이 뭉쳐지지 않기 때문인데, 우리나라만이 아니라 세계적으로 드러나고 있는 꼴입니다. 뿐인가요. 땅은 더럽혀져 한번 더럽혀지면 되살아날 수 없는 땅속물이 오염 첫 마디를 넘어서고 있으며, 바다에서 잡히는 물고기 가운데 종양 곧 암에 걸려 있지 않은 것은 '스쿠알렌'이라는 타고난 항암체를 지니고 있는 상어 말고는 없습니다. 하늘과 땅과 바다가 모두 망가져 버려 되살아날 싹수가 노랗게 되었으니, 그 사이에서 살고 있는 사람 또한 망가져 마침내는 사라져 버리게 될 것 또한 두말할 나위 없는 것이겠지요.

섬진강 아랫녘에는 시방 은어와 재첩이 보이지 않는다고 합니다. 광양만을 파 제낀 인과응보로 바닷물이 밀고 올라옴으로써 맑은 물에서만 사는 은어가 사라지게 되는 것이지요. 흑산도 앞바다에서는 홍어가 잡히지 않고 연평도에서는 조기가 잡히지 않으며 동해바다에서는 오징어가 잡히지 않습니다. 고래들은 떼 지어 뭍으로 나와 스스로 그 목숨을 끊고 있습니다. 바닷물은 짜지 않고 민물 또한 맑지 않으니 무슨 재주로 그 중생들이 배겨 낼 수 있겠는지요.

깊은 물속에는 물고기가 잠기지 않고 하늘에는 새가 없습니다. 끝없이 밀려드는 중금속에 숨 막혀 바다 밑으로 내려갈 수 없고 온갖 공해물질에 나래 눌려 날아오를 수가 없기 때문입니다. 엄살이나 문학적 꾸밈말이 아니고 보이는 것들이 그렇습니다. 무엇을 정말 어떻게 해야 되는지요? 남은 시간이 많지 않습니다.

복희씨는 용으로
벼슬 이름을 하였고 신농씨는
불로 하였으며,
소호씨는 새 이름으로 하였고,
황제는 사람 문화(文化)를
열었다.

중국 옛날 삼황오제(三皇五帝)인
복희씨(伏羲氏) 때 황하(黃河)에서 등에
그림이 새겨진 용마(龍馬)를 보고 용으로
벼슬 이름을 적었으므로 복희씨를
'용사(龍師)'라 하고, 신농씨(神農氏)는
좋은 낌새가 보이는 불로 하였으므로
'화제(火帝)'라 하며, 소호씨(少昊氏)는
임금자리에 오를 때 봉황새가
이르렀으므로 새 이름으로 벼슬자리를
적었고, 이때부터 사람 문화(文化)가
갖추어졌으므로 황제(黃帝)를
'인황(人皇)'이라 불렀음. 여기서부터
사람[人]에 관한 이야기가 비롯됨.

龍師火帝와 鳥官人皇이라
용사화제 조관인황

龍 용 룡
師 스승 사
火 불 화
帝 임금 제

鳥 새 조
官 벼슬 관
人 사람 인
皇 임금 황

드므 : 불을 끄기 위하여 물이나 모래를 담아 두었던 크고 넓적한 독.
가람 : 강(江).
믿음뼈대 : 신앙체계(信仰體系).
어섯 : 곳. 갈래. 조각. 부분(部分).

미륵을 기다리며

절집에 가면 용과 얽힌 장엄물들이 숱하게 많습니다. 불탱(佛幀) 속은 물론이고 벽화며 수미단(須彌壇)에 업경대(業鏡臺)와 촛대며 용두관음(龍頭觀音), 사천왕상(四天王像), 부도, 비석, 당간, 깃봉, 범종, 목어, 가마, 드므˙, 전돌, 막새, 닫집, 공포, 뺄목, 보머리, 대공, 섬돌, 소맷돌, 문짝에다 절로 들어가는 돌다리까지 용이 서려 있지 않은 곳이 없습니다. 미륵사, 통도사, 선운사, 각연사, 황룡사 같은 절들은 숫제 용이 살았다는 못을 메워 절을 지었을 만큼이었습니다.

왜 그랬을까요?

용이라는 말이 붙어 있는 산이며 가람˙이며 절이며 골짜기며 바위며 못이며 내가 숱하게 많습니다. 임금이 앉는 자리를 용상(龍床)이라 하고 임금이 입는 정복을 곤룡포(袞龍袍)라고 합니다. 용정(龍定)이나 용분삼매(龍奮三昧)라는 말도 있는데, 참선(參禪)을 해서 아주 높은 깨침에 이르는 것을 말합니다. 화랑을 용화향도(龍華香徒)라 하고 미륵님이 도를 이루는 곳을 용화수(龍華樹)라 하며 미륵님 길라잡이를 용녀(龍女)라고 합니다. 여기에는 훌륭하고 아름답게 이루어진 세상을 그리워했던 풀잎사람들 애타는 꿈이 담겨 있습니다.

용 우리 본딧말이 '미르' 또는 '미리'입니다. 은하수를 '미리내'라 하고 미륵님이 계시다는 도솔천을 '미르하늘'이라고 합니다.

용은 물을 뜻합니다. 농사짓는 데 가장 대모한 것이 물입니다. 농본주의사회였던 우리 겨레는 용을 우러러 받들었고 이 용이 변해서 미륵이 되었습니다. 쌀농사를 비롯하면서부터 우리 겨레가 가장 상서로운 상징동물로 꼽았던 게 바로 용입니다. 불교가 들어오기 훨씬 앞서부터 있어 왔던 우리 겨레 믿음뼈대˙였던 것입니다.

그런데 눈앞에 보이는 임금은 가짜 용이었습니다. 가짜 미륵이었던 것입니다. 불교가 이 땅에 들어와 지배계급 통치 이데올로기로 쓰일 때 용신왕과 비슷한 어섯˙을 찾아내서 그 속으로 파고들어 갔던 것이 바로 미륵신앙입니다. 불교 껍데기를 빌려 그 목숨을 이어 온 우리 겨레 믿음뼈대라고 봐야겠지요.

역사가 크게 일렁일 때마다 꼭 미륵신앙이 크게 일어나고 스스로 미륵이라는 이들이 나오는데- 궁예, 묘청, 신돈, 독보, 여환, 일해 스님이 그들입니다.

비로소 글자를 만들었고,
처음으로˙ 윗옷과
치마를 입었다.

아득한 옛날에는 새끼에 매듭을 지어
그 꼴과 숫자로 서로가 뜻을 통하고
일몬을 간직하는 구실로 삼았는데,
복희씨(伏羲氏)가 서계˙를 만들어
결승문자(結繩文字)를 대신하였으며, 그
신하인 창힐(蒼頡)이 새 발자국을 보고
글자를 만들었다고 함.
《설문해자(說文解字)》에 「옷이란
그것에 기대어 몸을 가리게 하는
것이니- 윗옷이 옷이요, 아래옷이
치마이다.」하였음.

처음으로 : '이에 내(乃)'자는 어찌씨 쓰임새나 이음씨 쓰임새 따위 여러모로 쓰이고 있는 뜻 없는 말이지만, 여기서는
'始制文字'와 짝을 이루고 있으므로 '始'와 같은 뜻으로 봄.

서계(書契) : 글자로 일몬 생김새를 나타내는 것.

수클 : 한문. 사내 글이라고 해서 예전에 쓰던 말임. 배운 대로 잘 써먹어야 한다는 뜻이 있었음. 한글은 '암클'이라고
하였는데- 계집 글이라는 것과, 배워 알기는 하나 써먹을 줄 모르는 헛글이라는 뜻이 있었음. '중클'이라고도 하였음.

흰목 잦히다 : 잘난 체하다. 터무니없이 자기 힘을 뽐내다.

그러나 책을 읽어야 한다

"독서지유환지시(讀書之有患之始)니 절학무우(絶學無憂)라."

대저 이 세상에서 일어나는 온갖 근심걱정은 다 책을 읽는 데서부터 비롯되니, 마침내 책을 없이하지 않고서는 세상 근심걱정이 사라지지 않을 것이라는 이 말이 상기도 귓전을 맴돕니다. 할아버지가 한숨처럼 중얼거리시던 말씀이었지요. 그러면서도 다섯 살짜리 핏덩어리를 무릎 꿇려 놓고 수클˚을 가르치신 뜻 또한 어디에 있는 것인지, 생각하면 명치끝이 타는 것 같습니다. 명치끝이 타는 것 같으면서 눈앞은 또 부옇게 흐려 옵니다. 《백수문(白首文)》을 배우던 때로부터 어언 50여 년 세월이 흘러갔습니다. 그동안 이 중생은 무릇 몇 권 책을 읽게 되었던가. 아마도 기천 권은 읽지 않았나 싶습니다. '남아수독 오거서(男兒須讀五車書)'라고 하였습니다. 사내라면 모름지기 다섯 수레에 가득 차고도 넘칠 만한 부피 책을 읽어야 한다는 것이 동양 전통적 독서관이니, 비록 기천 권 아니 기만 권 책을 읽었다고 한달지라도 구우일모(九牛一毛) -아홉 마리 소에서 터럭 한 오라기- 에 지나지 않는 것이겠지요. 같잖게 책권이나 읽었다는 것을 감히 흰목 잦히자는˚ 것이 아니올시다. 책이야말로 이 답답하고 힘겹기만 한 티끌세상을 헤쳐 나갈 수 있는 오직 하나 뗏목이었다는 말씀이지요.

그렇습니다. 책이 있어 외롭지 않았습니다. 책이 있어 배고프지 않았습니다. 아아, 책이 있음으로 해서 슬픔을 달랠 수 있었습니다.

자기 자신을 읽을 수 있는 사람이라야만 비로소 만물만상(萬物萬象)을 읽을 수 있다고 옛사람은 말하였습니다. 책을 읽기는 쉽지만 자기 자신을 읽기는 참으로 어렵다는 뜻이고, 내가 책을 보는 것이 아니라 책으로 하여금 나를 보게 하여 마침내는 내가 책을 읽는 것이 아니라 책으로 하여금 나를 읽게 하지 못하고 눈으로만 기껏 글자나 좇아가서 무엇하겠느냐는 채찍 말씀이기도 합니다.

겨울입니다. 내복을 입은 위에 두꺼운 덧거리를 걸쳐 보지만 여전히 춥습니다. 속에 든 것이 없어 더 추운 것인지도 모르겠습니다.

推位讓國은 有虞陶唐이니라

퇴위양국 유우도당

推 밀 퇴
位 자리 위
讓 사양 양
國 나라 국

有 있을 유
虞 나라이름 우
陶 질그릇 도
唐 당나라 당

자리를 물려주어 나라를
넘겨준 것은, 요임금과
순임금이다.

천자(天子) 자리를 자식에게 물려주지
않고 도덕(道德)이 높은 성인(聖人)에게
넘겨주었다는 것으로, 유가(儒家)에서
가장 좋은 정치제도 본보기로 삼는
이른바 '요순지치(堯舜之治)'를 말하고
있음. 이러한 '요순지치 설화'는 요·순
다음 우(禹)임금까지만 이어졌고,
그 다음부터는 힘으로 천자 자리를
차지하는 권력쟁투 시대로 접어들게
되었으니— '추위시대'는 가고
'퇴위시대'가 비롯되는 것임.
'유(有)'는 뜻 없는 토씨이고, '우(虞)'는
순(舜)임금이 다스리던 옛 중국 마을
이름임. 요(堯)임금이 처음 다스리던
것이 도 땅이고 뒤에 나라를 세운
것이 당 땅이므로 요 나라이름을
'도당(陶唐)'이라고 부름.《설문해자》에
보면「요란 지극히 높다는 말이고,
순이란 지극히 크다.」는 말임.

꼭뒤 : 뒤통수 한가운데.
서숙(書塾) : 글방.
해행문자(蟹行文字) : 게걸음처럼 가로지게 쓰는 글자라고 해서 '영어'를 가리킴.
칠서(七書) : 사서삼경(四書三經). 곧《논어》《맹자》《중용》《대학》네 경전과《시경》《서경》《역경》세 경서.
위편삼절(韋編三絕) : 공자가《역경》을 즐겨 읽어 책 가죽끈이 세 번이나 끊어졌다는 뜻으로, 책을 열심히 읽음을 이르는 말.《사기(史記)》〈공자세가(孔子世家)〉에서 말미암음.
원형이정(元亨利貞) : ① 하늘이 갖추고 있는 네 가지 덕. 세상 모든 것이 생겨나서 자라고 이루어지고 거두어짐을 뜻함. ② 일몬 바탕이 되는 참길.
날탕 : 아무것도 없는 사람.
건깡깡이 : 아무런 뜻도 재주도 없이 살아가는 사람.
구덕새 : 안달뱅이.
접구더기 : 겁이 많은 사람. 겁쟁이.
둔패기 : 아둔한 사람. 아둔패기.
빙충바리 : 똑똑하지 못하고 어리석으며 수줍기만 한 사람. 빙충이.

아버지

"예전 같으먼 호패를 찰 나인듸…… 크흐음."

할아버지는 다시 한번 천장이 내려앉을 것 같은 긴 한숨을 뱉고 나서 물러가라는 손짓을
하시었습니다. 열다섯 살 때였습니다. 첫 가출이 있은 뒤였습니다. 놋재떨이가 깨어지라고
장죽을 두드려대는 소리가 꼭뒤˚를 찔러 오고 있었습니다.

"증조할아버님께서는 그 춘추에 승균진사(成均進士)를 허셨구, 그 나이에 애비는
스숙˚을 열어 근동 내외 몽학(蒙學)덜을 훈육했더니. 뿐인가. 진서(眞書)루 율(律)을 짓구
《당음(唐音)》을 짚었으며 그것을 다시 해행문자˚루 욍겼더니…… 애통쿠나. 하날은 그
재조를 튀기허야 츤재넌 일찍 데려가시구, 무지렝이덜만 남어 시상을 더구나 난세루
맨드넌고녀."

등줄기로 식은땀이 흐르면서 입천장에 적이 않는 느낌이었습니다. 어디론가 끌려가신
채로 상기도 돌아오지 않는 아버지는 요컨대 생이지지(生而之知)한 두남재(斗南才)였다는
말씀이었습니다.

열 살 전에 칠서(七書)˚를 떼고, 주역(周易)을 위편삼절(韋編三絶)˚로 읽어 저 우주
삼라만상 원형이정(元亨利貞)˚과 인간사 길흉화복을 두루 알았으며, 유성기판으로
영어를 배워 스스로 지은 한시를 영역했는가 하면, 독궁구로 수리(數理)를 깨쳐 서울에
있는 아무여자전문학교에서 수학을 가르쳤고, 붓을 잡으면 글씨는 왕우군(王右軍)
왕희지(王義之)요 그림은 또 김단원(金檀園) 김홍도(金弘道)인데, 잡기 또한 수일(秀逸)해서
돌을 잡은 지 석 달 만에 군기(郡棋)한테서 백돌을 넘겨받았고, 대나무를 꺾어 입에 대면
구만리 장천 기러기가 춤을 추었고…….

그런데 이 중생은 아무것도 아닌 것이었습니다. 날탕˚이었습니다. 건깡깡이˚였습니다.
구덕새˚였습니다. 겁구더기˚였습니다. 둔패기˚였습니다. 아아, 빙충바리˚였습니다.

까마득한 옛날 천하를 다스렸던 성천자(聖天子)인 요순이 그들 어리석은 아들 단주(丹朱)와
상균(商均)을 깨우쳐 주고자 만든 것이 바둑이라고 합니다. 요순은 동이족(東夷族), 곧 우리
조상이었다고 하지요.

백성들을 어루만지고 죄지은
사람을 친 것은,
주무왕 발과 은왕(殷王)
탕이다.

하은주(夏殷周) 삼대 시절 역사를 말하는
것으로, 하 걸왕(桀王)과 은 주왕(紂王)이
모질게 백성을 짓밟으므로 발(發)이
이를 무찌르고 주나라를 세웠다는
것이 중국 쪽 역사기록임. 하은(夏殷)은
그러나 동이족(東夷族)이 중원에 세운
나라로서 한족(漢族)과 싸움에서 밀려
동북아시아로 그 터전을 옮긴 것이었고,
이로부터 중원 대륙 패권은 한족한테로
넘어가게 됨.
천자(天子) 자리를 넘보는
제후(諸侯)나 야심가들이 쿠데타를
일으키며 내세웠던 구실이 언제나
'조민벌죄(弔民伐罪)'였음.
이것은 그러나 구실에 지나지 않았고,
참으로는 생산력을 드높이기 위하여
노동력(백성)을 차지하자는 데 그 본디
뜻이 있었음.

弔民伐罪는 周發殷湯이니라
조 민 벌 죄 주 발 은 탕

周 두루 주
發 필 발
殷 성할 은
湯 끓을 탕

弔 조상할 조
民 백성 민
伐 칠 벌
罪 허물 죄

고구리 : 高句麗에서 '麗' 자는 '아름다울 려'가 아니라 '나라이름 리'로 읽고 써야 함.
테안 : 모든 곳. 얼안. 일판. 테두리 안. 일원(一圓).
일떠서다 : 기운차게 일어나다.
머릿수 : 돈머릿수. 액수(額數).
후제 : 내일. 하제.

아, 고구리*!

"지옥이었습네다."

년전에 어떤 조선족 여인이 한 말이라고 합니다. 그 여인은 남조선에서 온 관광객들한테 만주 테안* 고구리 유적 길라잡이를 해 주었는데, 중국 공안에게 잡혀가 졸경을 치렀던 것입니다. 남자 죄수방에 집어넣어져 갖은 끔찍한 꼴을 당했다고 합니다.

중국을 이끌어 가는 이들이 가장 손에 땀을 쥐는 것이 소수민족 문제입니다. 대표적인 것이 티베트 티베트족과 신강성 위구르족과 외몽골 몽골족과 만주 조선족으로, 이들이 분리독립하겠다고 일떠서는* 것을 두려워하는 것이지요. 티베트 수도 라싸에 한족을 옮겨 살게 하고, 위구르족을 모질게 억누르며 몽골족을 짓밟고, 동북삼성 상권을 손아귀에 넣는 것들이 다 그런 까닭에서입니다. 미국에서 달라이 라마를 띄우는 것은 소수민족을 부추겨서 중국을 쪼개 놓자는 속셈에서입니다. 그 속셈을 파고들어 가보면 소수민족들이 살고 있는 땅속에 묻혀 있는 석유·가스·광물에 눈독을 들이는 것이고요.

한중수교가 비롯된 것은 김영삼 정권 때였는데, 동북삼성문제를 꺼내지 않은 것이 안타까움으로 남습니다. 엄청난 머릿수* 수교기념 사례비를 주었다는데, '동북삼성은 고구리 옛 땅이다'라는 것을 적바림으로라도 남겼어야 했다는 말이지요.

무릇 역사라는 것은 무엇인가요? 있었던 일들을 낱낱이 적어 어제를 거울삼아 오늘 잣대로 세움으로써 후제* 꿈으로 삼자는 것이 아니겠는지요. 뿌리 없는 나무 없고 어제가 없는 오늘은 있을 수 없습니다. 오늘 삶이 그대로 역사가 되는 것이므로 역사 앞에 사람들은 옷깃을 여미게 되는 것입니다. 그런데 국사를 선택과목으로 만들었다고 합니다. 국사 시간을 없애 버린 것이나 마찬가지지요. 역사를 모르는 민족이 될까 두렵습니다.

조정에 앉아 도(道)를 물으니, 옷자락을 늘어뜨리고 팔짱만 끼고 있어도 밝게 다스려진다.

'좌조문도(坐朝問道)'는 임금은 정사(政事) 본바탕 도리를 묻고 듣기만 하면 스스로 원칙을 세우지 않아도 잘 다스려진다는 뜻으로, 황로*에서 말하는 꿈 같은 임금상(像)을 가리키고 있음. '수공평장(垂拱平章)'은 《서경》〈무성(武成)〉편에 나오는 「믿음을 두텁게 하고 의리를 밝히며, 덕을 높이고 쌓은 애씀을 갚는다면, 옷을 드리우고 손을 마주잡고도 천하가 다스려진다. 惇信明義 崇德報功 垂拱而天下治」를 다시 쓴 것임.

坐 앉을 좌
朝 아침 조
問 물을 문
道 길 도

垂 드리울 수
拱 팔짱낄 공
平 평탄할 평
章 밝을 장

좌 조 문 도
수 공 평 장
坐朝問道하니 垂拱平章하니라

황로(黃老) : 황제(黃帝)와 노자(老子)를 다르게 일컫는 말.
정사(政事) : '정치'라는 왜식 한자말이 들어오기 전에 썼던 우리 본딧말.
목예반 : 나무로 둥글고 납작하게 만들어 칠을 한 그릇. 목왜반(木倭盤).
빽빽이 : 마땅히.
퍼들껑 : 새나 물고기가 날개나 꼬리를 치는 소리.
우듬지 : 나무 꼭대기 줄기. 우두머리 가지 끝.
다다 : '될 수 있는 대로'·'모름지기' 충청도 내포 말.

"정사(政事)란 곧 올바름이라"

"정즉정야(政卽正也)니라."

정사°가 무엇이냐고 여쭈었을 때 할아버지가 하신 말씀이었습니다. 죽산 조봉암 선생이 죽음터 이슬로 사라졌을 때였습니다. 할아버지와 손자 사이에는 찐 보리감자 몇 알이 담긴 목예반°이 놓여 있었습니다. 식은 숭늉 한 모금으로 입가심을 하고 난 할아버지는 지그시 눈을 감으시었습니다.

"정사란 곧 올바름이라. 뻑뻑이° 올바른 법으루써 시상을 바루잡어 백성들 살림살이를 택윤허게 허넌 것이라. 정사를 베푸넌 베슬아치덜은 그러므로 반다시 먼저 저 자신 몸과 맴을 바르게 험으루써 시상에 있넌 모든 물건을 바루잡어야 허며, 백성을 애호허기를 자기 처자를 애호허듯기 허넌 것으루 주장을 삼어야 허넌 것이지."

할아버지는 잠깐 말씀을 끊더니 장죽을 입에 물으시었고, 이 중생은 목예반을 바라보았습니다. 찐 보리감자는 한 알밖에 남아 있지 않았습니다. 어금니에 힘을 주었습니다. 무엇이든지 마지막 한 개 달랑 남아 있는 것을 내 것으로 집어와서는 안 되는 것이었습니다. 어금니에 힘을 주는데, 담비란 놈이 또 올라갔나? 퍼들껑° 소리에 놀라 돌아다본 토방 위로는 누렇게 병 먹은 감잎이 떨어지고 있었습니다. 저만치 무너진 토담 가로 보이는 늙은 감나무 우듬지°에는 홍시감 한 알이 매달려 있었습니다. 할아버지가 말씀하시었습니다.

"연인즉 다다° 백성들 택윤헌 살림살이를 위해서넌 비록 횡벌을 당해서 죽넌 한이 있더래두 곧게 임금 잘못을 간헐 것이며, 설혹 기름솥에 삶어 죽넌 한이 있더래두 백성들 핀에서 올바른 말을 헤야 되넌 것이니……. 이렇긔 정사를 허넌 사람을 가리켜 왈 충신이라구 허넌 것이니라."

"시방은 임금님이 다스리던 시상이 아니구 거시긔넌듀. 거시긔 민주시상인듀. 민쥐지."

"마찬가지니라. 정사를 베풀구 나라를 다스리넌 방도에 있어서는 왕조시대든 민주시대든 그 근본에 있어 하나두 다를 게 읎넌 이치인즉."

입 가진 사람마다 민주주의에 대해서 떠들어 쌓는 세상입니다. 저마다 청와대로 가고 여의도로 가겠다고 입에 거품을 물고 있는데, 못살겠다고 아우성치는 풀잎사람들 목쉰 소리 높이 떠서 흩어지고 있습니다.

백성을 친자식처럼
아껴 기르면,
모든 오랑캐들도 신하가 되어
엎드리고,

'여수(黎首)'는 '검은 머리'라는 뜻인데,
옛 백성 자리는 귀족을 뺀 거지반이
노예와 농노(農奴) 얼굴로 논밭에서
생산활동에 매여 있어 살갗이 꺼멓게
그을렸으므로 '백성(百姓)'을 가리키는
말로 되었음.
'신(臣)'은 상형문자(象形文字)로서
무릎을 굽혀 쭈그리고 있는 꼴이고,
'복(伏)'은 회의문자(會意文字)로서
개[犬]가 제 주인한테 굽실거려 믿는
것과 같으니, 곧 '신복(臣伏)'은 엎드려서
임금한테 좇는 뜻임. 융(戎)과 강(羌)은
중국 북서쪽 고장에 있던 유목민족
이름이지만, 글자를 맞추고자 쓰인
것이므로 네둘레 모든 오랑캐를
대표하는 낱말로 보아야 함.

愛育黎首하면 臣伏戎羌하고
애육여수　신복융강

愛 아낄 애
育 기를 육
黎 검을 려
首 머리 수

臣 신하 신
伏 엎드릴 복
戎 오랑캐 융
羌 오랑캐 강

너름새 : 어떤 일 또는 말을 떠벌려서 뒤스르는 솜씨. 구실. 노릇. 재주. 재간. 융통성. 기능(技能).
치우천황(蚩尤天皇) : 4천5백 년 전 고조선 14대 왕으로 한족 왕이었던 황제(皇帝)와 74회에 걸친 전쟁을 벌여 74회
전부 이겼다고 함. 결정적이었던 것이 '탁록(涿鹿)벌 싸움'이었고, 그때부터 한족들은 치우를 무서운 전쟁 신으로 여
겨 제사를 지내게 되었음.
안시성(安市城) 싸움 : 고구리 보장왕 4년(645) 이제 만주 요동(遼東) 영성자(英城子) 곁에 있던 안시성에서 고구리와
당나라 사이에 있었던 싸움. 당나라 태종 군대를 성주(城主) 양만춘(楊萬春)이 물리쳤음.

큰 활을 멘 동쪽 사람

중국 사람들이 우리나라를 가리키는 말인 '동이(東夷)'에 대해서 생각해 봅니다. 글자 그대로 '동쪽 오랑캐'라는 말인데, 이 오랑캐 이(夷) 자는 '大'와 '弓'을 합친 것입니다. '큰 활'이라는 뜻이지요. 곧 '큰 활을 차고 있는 동쪽 사람'이라는 말입니다. 여기서 쓰인 '大'는 홑되게 활 크기만을 말한 것이라기보다 활 너름새*가 뛰어나다는 뜻에서 붙여진 것이라는 생각입니다.

재미있는 것은 '동이(東夷)'를 뺀 나머지 세 민족은 다 벌레나 짐승으로 미루어 봤다는 점입니다. 융(戎)은 개[戈], 만(蠻)은 벌레[虫], 적(狄)은 이리[犭]를 나타냅니다. 자기들보다 크기도 작고 솜씨도 모자라는 잠개를 지닌 민족이라는 뜻에서 그렇게 이름 붙였던 것이지요. 그런데 우리 민족만은 '동이(東夷)'입니다. 자기네보다 더 크고 세서 솜씨도 뛰어난 잠개를 만들 줄 알고 다룰 줄 아는 민족이라고 해서 '큰활 이(夷)' 자를 붙였던 것이지요.

중국에서 군신(軍神)으로 우러르는 치우천황이라고 있습니다. 신농씨(神農氏) 때 난을 일으켜 황제(黃帝)와 탁록(涿鹿)벌에서 싸우다가 죽었다고 되어 있는 사람이지요. 그런데 참으로는 황제가 져서 장강 이남으로 쫓겨 갔던 것입니다.

치우천황*이 중원을 일통하였던 고조선 이전까지는 그만두고 고구리가 동아시아 우두머리가 될 수 있었던 까닭이 다 이처럼 큰 활로 대표되는 잠개 뛰어남에 있었던 것입니다. 고구리 병정이 쏜 화살이 천보(千步) 밖까지 나갔고, 양만춘(楊萬春) 장군이 안시성* 위에서 쏜 화살이 당태종(唐太宗) 한쪽 눈을 꿰뚫었다는 것들이 다 여기서부터 비롯됩니다.

전쟁에서 이기고 짐이 잠개 나음과 못함에 따라 아퀴지어진다는 것은 끝없이 바뀌지 않을 참입니다. 돌칼·돌화살이 푸른구리로 된 창칼에 무너졌고, 푸른구리로 만든 잠개는 또 쇠로 된 잠개한테 밀려났습니다. 북미합중국 패권주의는 또 무엇이겠습니까? 멀쩡한 나라를 찍어 '악의 축'이라고 '핵공갈'을 때리는 것도 다른 나라보다 뛰어난 잠개를 지녔기 때문이지요.

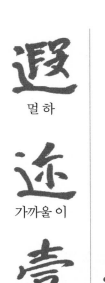

遐 멀 하

邇 가까울 이

壹 하나 일

體 몸 체

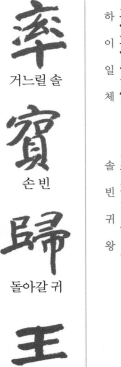

率 거느릴 솔

賓 손 빈

歸 돌아갈 귀

王 임금 왕

遐邇壹體하야 率賓歸王하니라

하 이 일 체 솔 빈 귀 왕

멀고 가까운 데가 다
한몸이 되어,
거느리고 와서 천자에게
기대고 굽실거린다.

먼 곳에서나 가까운 곳에서나
한몸이 되어 가까이는 모든 백성과
제후(諸侯)들까지, 멀게는 딴 나라에까지
임금 덕이 미쳐 굽실거린다는 말임.
영수증이나 계약서에서 '一' 자 대신
'壹' 자를 쓰는 것은 숫자 고침을 막기
위한 것일 뿐이고, 똑같은 한몸이 되어
나뉘지 않는 것이 '일체(一體)'라면,
'일체(壹體)'는 모인 사람들 제빛깔이 잘
어우러진 한몸을 뜻하니— '중화(中華)
이데올로기'가 담겨 있는 글귀임.
《시경(詩經)》〈소아(小雅)〉에 나오는
「널리 하늘 아래 있는 땅 가운데 왕
땅 아닌 것이 없고, 모든 땅 바닷가까지
왕 신하 아닌 이가 없다. 溥天之下
莫非王土 率土之濱 莫非王臣」를 다시 쓴
것임.

덧방나무 : 수레 양쪽 변죽에 덧댄 나무.

삼전도(三田渡) : 서울 송파동에 있던 나루. 조선시대에, 서울과 남한산성을 이어주던 나루였음. 조선 인조가 병자호란 때 이곳에서 청나라 태종에게 항복하였음.

청사(靑史) : 역사상 기록. 예전에 종이가 없을 때 푸른 대 껍질을 불에 구워 푸른빛과 기름을 없애고 사실(史實)을 기록하던 데서 말미암음.

우리나라와 중국

"메이관시."

중국 사람들이 이야기할 때 자주 쓰는 말이라고 합니다. 한자로는 '沒關係'라 쓰니 '관계없다'·'상관 안 한다'는 뜻이지요. 끝없는 천재(天災)와 인재(人災) 그리고 북방 유목민한테 시달리면서 '만만디[慢慢的]'로 길들여진 마음씨를 잘 보여 주는 말이지요. 우리나라와는 예로부터 순치(脣齒)·보거(輔車) 사이입니다. 입술과 이 또는 수레 덧방나무°와 바퀴처럼 떼려야 뗄 수 없는 사이라는 말이지요. 고조선과 진(秦)·한(漢)·위(魏), 고구리·백제·신라와 수(隨)·당(唐), 대진(大震)·신라와 당(唐)·송(宋), 고리와 금(金)·원(元), 조선과 명(明)·청(淸), 그리고 이제 대한민국·조선민주주의인민공화국과 중화인민공화국 사이가 그렇습니다. 대륙 우두머리 자리를 놓고 밀고 당기었던 저 고조선과 고구리 때를 빼놓고는 거의 좋은 이웃으로 지내 왔습니다. 우리 민족에게 부마국(駙馬國) 부끄러움을 주었던 대원제국은 몽골족이 세운 나라였고, 삼전도° 씻을 수 없는 부끄러움을 주었던 대청제국은 만주족이 세운 나라였습니다. 임진왜란 때는 명군 도움이 있었고, 똑같이 침략을 당했던 왜제시대에는 항왜 민족해방투쟁을 위하여 함께 싸웠던 선렬들 피가 청사°에 빛나고 있습니다.

동북아시아 움직임이 예사롭지 않습니다. 소비에트가 헤쳐지면서 세계는 북미합중국 혼자서 쥐락펴락하는 일극체제로 되었습니다. 미국이 가장 크게 눈을 부릅떠 보는 곳은 중국입니다. 세계 판을 다시 짜는 데 가장 먼저 헤아려 보는 것이 중국이라는 말이지요. 미국에 덤벼들 오직 한 나라가 중국이라고 보고 그때를 20년 뒤로 보며, 모든 정책이 여기에 맞춰져 있습니다. 대한반도 정책은 대중국 정책 한 가장자리에 지나지 않습니다. 미국 주적 1호가 중국인 까닭에서입니다.

중국 영토는 우리나라 크기 43배이고 사람 숫자는 18배나 되는 큰 나라입니다. 예로부터 '대국(大國)'이라며 '사대(事大)'하였던 까닭입니다. 중국 사람 숫자는 13억인데 55개 소수민족 수는 1억이 조금 넘으며 조선족은 2백만이 안 됩니다. 앞으로 세계는 미국과 중국이 그 우두머리 자리를 놓고 서로 다투게 될 터인데, 우리 겨레 앞날은 어떻게 될는지요.

우는 봉황새는
나무에 깃들어 있고,
흰 망아지는 마당에서
풀을 뜯는다.

명군성현(名君聖賢)이 나타나면 세상이
푸근해져 가장 상서로운 상상 속 새인
봉황새가 나타나고, 망아지 같은 네발
달린 짐승들도 사람을 잘 따르게 된다는
것이니– 태평세(泰平世)를 말한 것임.

鳴鳳은 在樹하고 白駒는 食場하니라

명 봉 재 수 백 구 식 장

鳴 울 명
鳳 새 봉
在 있을 재
樹 나무 수

白 흰 백
駒 망아지 구
食 밥 식
場 마당 장

젓대 : 가로로 불게 되어 있는 관악기를 통틀어 이르는 말.

대붕(大鵬) : 하루에 구만 리를 날아간다는, 매우 큰 상상의 새. 북해(北海)에 살던 곤(鯤)이라는 물고기가 바뀌어 되었다고 함.

새납 : 태평소(太平簫). 나팔 모양으로 된 우리나라 토박이 관악기. 나무로 만든 관에 여덟 개 구멍을 뚫고, 아래 끝에는 깔때기 놋쇠를 달며, 부리에는 갈대로 만든 서를 끼워 붐.

용장(龍欌) : 용 꼴을 새겨 꾸민 옷장.

봉장(鳳欌) : 봉황 꼴을 새겨 꾸민 옷장.

후젯일 : 내일 일.

의견모하다 : 살아 나갈 밑그림을 그리다.

뒤발하다 : 무엇을 온몸에 뒤집어써서 바르다.

어– 여– 루– 상사뒤여

난간 양옆으로는 무지개꼴 구름다리가 잇달아 세워져 있는데 거기에는 대금과
생황(笙簧)과 젓대˚를 불며 너울너울 춤추는 선녀들 모습이며 나는 새와 기는 짐승과
스스로 피었다가는 지고 졌다가는 또다시 피어나는 온갖 아름다운 꽃들 모습이며 일해서
거두어들여 먹고 잠자는 사람들 모습이며 일하고 먹고 잠자는 데 쓰이는 온갖 살림살이
모습이며 풀밭에서 배를 깔고 엎드려 되새김질하고 있는 누런 황소며 황소 등에 등을
대고 체금 불고 있는 동자 모습이며 어쨌든지 사람과 살터가 서로 어울려 살아가는 온갖
평화로운 모습들이 금방이라도 살아서 움직일 듯 생생하게 새기어져 있었는데–
파란 하늘에는 대붕˚ 봉황 공작 백학 원앙 꾀꼬리 두루미 기러기가 너울너울 춤을 추고
늘어진 낙락장송과 펑퍼진 떡갈나무와 참나무 상수리나무 도토리나무 벚나무 황경피나무
물푸레나무와 엉클어진 담쟁이 으름덩굴 사이로는 소쩍새 따오기 떠저구리 까마귀 까치
참새들이 저마다 다른 목소리로 지저귀고 콸콸 촤르르 도란도란 흘러가는 물가에는
진달래 철쭉 모란꽃 복사꽃 살구꽃 능금꽃 같은 붉은 꽃 푸른 잎 온갖 꽃들이 활짝활짝
피었고 누렇게 고개 숙인 벼이삭이 출렁이는 들판에는 손에 손에 낫 든 농군들이 두리둥둥
꽹매꽹 어널널 상사뒤여– 어– 여– 루– 상사뒤여 북 치고 장구 치고 징 치고 새납˚
불면서 알곡을 거두어들이고 거두어들인 알곡이 집채만큼 쌓여 있는 집집마다 방 안에는
자개함롱 반닫이 용장˚ 봉장˚ 귀두주 대금들이 삼층장 게자다리 옷걸이며 쌍룡 그린
비접고비 용두머리 장목비 놋촛대 백통유기 샛별 같은 요강 타구 줄줄이 놓여 있는데 손발
씻고 저녁 먹고 아이들 재우고 난 내외는 햇솜 넣은 원앙금침 속에서 도란도란 후젯일˚을
의건모하며˚ 이윽고는 슬그머니 촛불을 눌러 끄는 것이었다.

태평성대 모습을 그려 본 것인데, 꿈이런가. 시멘트콘크리트로 뒤발된˚ 쪽마당에
얼씬거리는 것은 도둑고양이입니다. 중국산 농축수산물 수입 결사반대를 외치는 농군들
목쉰 소리 높이 떠서 흩어지고 있습니다.

化
될 화

被
입을 피

草
풀 초

木
나무 목

賴
힘입을 뢰

及
미칠 급

万
일만 만

方
모 방

化는 被草木하고 賴는 及萬方하니라
(화 피 초 목 / 뢰 급 만 방)

덕화(德化)는
푸나무*에까지 미치고,
힘입음이 온 누리에 미친다.

명군(名君), 곧 똑똑하고 슬기로운
임금이 용상(龍床)에 앉으면 그
베풀어 주는 힘이 백성뿐만 아니라 땅
위에 있는 모든 미적이*들한테까지
미쳐 태평세상이 된다는 것이니-
정치지도자에 대한 종교적 믿음을
말하고 있음.
'천지현황(天地玄黃)'에서부터 여기까지
천(天)·지(地)·인(人) 참길을 새겨
말하였음.

푸나무 : 풀과 나무. 초목(草木).
미적이 : 동식물을 통튼 생물(生物).
계강자(季康子) : 중국 춘추시대 제나라 지도자.

풀과 바람

계강자[*]가 공자에게 정사(政事)에 대하여 물으니, 공자가 대답하였습니다.

"정사(政事)라는 것은 바르게 한다는 것입니다. 당신이 바르게 거느린다면 누가 감히 바르지 않겠습니까."

계강자가 도둑을 걱정하여 물으니, 공자가 대답하였습니다.

"진실로 당신 자신이 갖고자 하는 욕심이 없다면 비록 상을 준다고 할지라도 백성들은 도둑질하지 않을 것입니다."

계강자가 다시

"만약 무도(無道)한 자를 죽여 없애고 백성들로 하여금 도(道)를 지켜 나가게 한다면 어떻겠습니까?"

하고 물으니, 공자가 대답하였습니다.

"그대는 어찌 정사를 하는 데 있어 사람을 죽이는 일을 하려 하십니까? 그대가 선(善)을 행하고자 하면 백성들도 선해질 것을. 군자의 덕이 바람이라면 인민의 덕은 풀과 같습니다. 풀 위에 바람이 불면 풀은 반드시 바람 부는 쪽으로 쏠리게 마련이지요."

이른바 지도자가 쓸데없는 세상이 가장 좋은 세상일 것입니다. 사람사람마다 다 주인이 되어 올바르게 움직이고, 올바르게 생각한 바탕을 따라서 움직이는 것들이 모여 이루어지는 세상이라면 굳이 앞장서 이끌어 주는 사람이 쓸 데가 있겠는지요. 이것은 그러나 꿈이겠지요. 헛되이 품어보는 망상번뇌(妄想煩惱). 그러나 꿈을 현실로 만들기 위해서 살아가는 것이 사람 아닐까요. 그러기 위해서 우리는 책을 읽는 것이겠지요. 김수영 〈풀〉이라는 시가 있습니다. 어섯만 적어 봅니다.

날이 흐리고 풀이 눕는다
발목까지
발밑까지 눕는다
바람보다 늦게 누워도
바람보다 먼저 일어나고
바람보다 늦게 울어도
바람보다 먼저 웃는다
날이 흐리고 풀뿌리가 눕는다

무릇 이 몸과 터럭은,
네 가지 큰 것과 다섯 가지
떳떳함으로 이루어졌다.

사대(四大)는 천지군부(天地君父)를
말하고, 오상(五常)은
인의예지신(仁義禮智信)을 말함.
사람 몸뚱이 짜임새는
지수화풍(地水火風) 4대 원소이고,
그것을 다스리는 힘은 '마음'임.

개차신발 사대오상
蓋此身髮은 **四大五常**이라

四 넉 사
大 큰 대
五 다섯 오
常 떳떳할 상

蓋 덮을 개
此 이 차
身 몸 신
髮 터럭 발

개차신발(蓋此身髮) 사대오상(四大五常) : 한문 문장에서 '蓋'로 비롯되는 것은 '온통 뭉뚱그려서 말하다'는 뜻으로, 다음에 말하고자 하는 속내가 두루 통하고 또 마땅한 것이라는 점을 뚱겨 줌. '此' 자는 '저곳 피(彼)' 자와 가름하는 짝을 이루어, 시간과 공간적으로 가까운 데 있다는 '이곳' 또는 '이제'라는 뜻으로 쓰임. '신발(身髮)'은 몸뚱이·머리칼과 터럭·살갗을 뜻하는 '신체발부(身體髮膚)'를 줄여서 쓴 것임. '사(四)'와 '오(五)'는 중국 사람들 남다른 말꾸밈새이자 형이상학적 뜻일 뿐, 사람으로서 살아가기 위해 갖추어야 할 것들은 '사대(四大)'와 '오상(五常)'만이 아니라 숱하게 많다고 봐야 할 것임.
맴돌아 : 드디어. 마침내. 막상. 그예. 결국(結局).
층층대 : 때. 차례. 마다. '계단'·'단계'는 왜말임.
물리굽다 : 물려서 싫증이 나다.
고른값 나이갓수 : 평균 수명(平均壽命).

'사람'에 대한 생각

무릇 허깨비 같은 꿈속에서 살아가는 것이 사람이라는 이름 중생일 것입니다. 그것을
걷어내 버린 매섭게 차디찬 이제 바로 여기야말로 세계 참모습이며 진리 본디자리라는
것이야 깨달음을 얻은 이들 법어(法語)일 것이고, 거지반 중생들은 꿈속에서 살아가게
마련입니다. 사람이 이 세상을 살아간다는 것은 맴돌아˚ 꿈이 깨져 가는 층층대˚인 것이며,
나이를 먹을수록 사람들은 그리하여 세상이 재미없다고들 합니다.

이미 물리굽게˚ 보고 겪었던 것들이 펼쳐질 뿐이므로 새로울 것도 없고 놀라울 것도
없는 것이지요. 다만 고달플 뿐입니다. 적어도 땅을 어머니로 알고 살았던 시대, 씨 뿌려
보살펴서 거두던 '농본주의' 시대에는 그러하였습니다.

그러한 생각 또한 이제는 할 수조차 없게 되었으니, '컴본주의' 시대이기 때문입니다.
모든 것들이 남김없이 까발려지고 있습니다. 비 오시고 눈 내리고 바람 부는 까닭 또한
속속들이 밝혀지고 있습니다. 그 까닭을 몰라 다만 두려워하고 떠받들며 조심하던 그
무엇들 또한 한갓 자연물이요 자연현상에 지나지 않는다는 것이 밝혀지고 있습니다.
그럴수록 사람들은 못 견뎌 합니다. 꿈도 없고 바랄 것도 없으며 놀라운 남모를 세계도
없으니 그리움 또한 있을 수 없기 때문입니다. 사람이라는 이름 중생은 마침내 '단백질
최고 형태'에 지나지 않는다는 것이 밝혀진 마당에 무슨 꿈이 있고 그리움이 있을 수
있겠는지요. 스산하면서 참으로 머리칼이 하늘로 솟구쳐 오르는 이야기지만 우리는
그것을 끄덕여 주지 않을 수 없습니다.

그렇다면 무엇이 남는가요? 돈이 모든 것 주인이므로 모든 것을 아퀴짓는 '자본 법칙'만이
남는가요? '컴퓨터'와 '유전공학'으로 대표되는 '과학'만이 남는가요? 사람들은 과학이
모든 것을 다 풀어내 줄 것으로 굳게 믿어 마지않습니다. 그 과학은 이제 중생 하나일 뿐인
사람 손으로 또 다른 생명체를 만들어 낼 수 있는 자리에까지 와 있습니다.

고른값 나이갓수˚가 1백50세 되는 세상이 곧 온다고 합니다. 그러나 사람답게 살지
못한다면 천 년을 살고 만 년을 살아 본들 무슨 보람이 있겠는지요. 사람다운 삶에 대해서
생각해 보는 까닭이 참으로 여기에 있습니다.

살피고 길러 주신 것을
직수굿하게 생각할지니,
어찌 함부로 헐고 다치게 할 수
있으랴.

자식된 자는 부모가 자기 몸을 길러
준 괴로움과 어려움을 늘 생각해서
자발없이˙ 움직이지 말아야 한다는 말임.
'기감훼상(豈敢毀傷)'은《효경(孝經)》
〈개종명의(開宗明義)〉편「몸뚱이와
머리칼과 살갗에 이르기까지
부모한테서 받은 것이므로 이를 어찌
함부로 헐거나 다치지 않게 하는 것이
효 비롯됨이다. 身體髮膚 受之父母 不敢毀傷
孝之始也」를 다시 쓴 것임.

恭惟鞠養할지니　豈敢毀傷하리오
공 유 국 양　　기 감 훼 상

恭 공손할 공
惟 오직 유
鞠 칠 국
養 기를 양

豈 어찌 기
敢 굳셀 감
毀 헐 훼
傷 다칠 상

자발없다 : 몸짓이 가볍고 참을성이 없다. 자발맞다. 자발머리없다. 자발스럽다. 자발질.
치레거리 : 노리개. 몸꾸미개. 치렛감. 장신구(裝身具). 장식품(裝飾品).
내림줄기 : 전통(傳統).
지어 : '심지어' 본딧말.
앞부끄리 : 불이틀. 생식기(生殖器).
뒷부끄리 : 밑. 밑구멍. 똥구멍. 항문(肛門).
불집 : 바드러움. 아슬아슬함. 간간함. 위험(危險).
싹수 : 늘품. 할 수. 될 수. 가능성(可能性).

무서워라, '배꼽티'여

"신체발부(身體髮膚)는 부모한테서 받았으므로 감히 훼상하지 않는 것이 효 시초라 하였거늘, 우리나라 대소 남녀는 반드시 귀를 뚫고 고리를 만들어 걸고 있어 중국 비웃음을 받고 있으니 부끄러운 일이다. 지금부터 알아듣게 타일러 없이하도록 하라." 조선왕조 때 선조(宣祖)임금이 승정원에 하교(下敎)했다는 말로 김주신(金柱臣, 1661~1721) 《수곡집(壽谷集)》에 나옵니다. "천자(天子)를 모시는 신하는 귀를 뚫지 않는다."는 장자 말이 전하는 것을 보면 중국 사람들은 아주 옛날부터 귀고리를 달았던 것 같고, 우리나라 또한 삼국시대 무덤에서 많은 귀고리가 나오고 있습니다. 그러던 것이 주자 이데올로기가 지배계급 통치철학으로 굳어지면서 남자는 물론하고 여자까지 귀고리를 못 하게 하였던 듯합니다.

'피어싱'이라는 것이 저잣거리에 퍼지고 있답니다. 귓살을 생으로 뚫고 갖은 치레거리*를 다는 것이야 겨레 옛 내림줄기*를 이어받은 것이라고 하더라도 팔다리를 뚫고 입술과 혓바닥을 째서 온갖 치레거리를 매다는가 하면 지어* 앞부끄리* 뒷부끄리*까지 칼로 찢고 송곳으로 뚫은 다음 또 갖은 치레거리를 매단다고 하니, 선조임금이 보았다면 까무라칠 일이겠지요.

'배꼽티'가 퍼진다는 것은 이미 옛말이 되었고 요즈음에는 '배꼽피어싱'이라는 것을 하는 사람들이 생겨난다고 합니다. 배꼽에 갖은 단장을 하고 무슨 쇠붙이며 플라스틱으로 된 치레를 걸어 남다르게 튀는 배꼽임을 뽐내는 여성까지 있다고 합니다.

'배꼽티'를 입고 '배꼽피어싱'을 하고 다니는 여성들이 한 가지 모르고 있는 것이 있으니, 건강입니다. 배꼽을 드러내 놓고 다니면 그 배꼽 속으로 바람이 들어갑니다. 바람 속에는 온갖 맹독성으로 범벅이 된 중금속이 들어 있습니다. 뱃속에 중금속이 쌓이고 보면 그 배꼽 임자가 어떻게 되겠습니까. 갖은 암을 비롯해서 아직 그 이름이 밝혀지지 않은 끔찍한 병에 걸릴 불집*이 높은 것은 그만두고 우선 불임(不姙) 싹수*가 큽니다. 저마다 아름답고 훌륭한 목숨을 낳고 길러야 될 어머니로서 이보다 더 불행한 일이 어디 있겠는지요. 골똘하게 생각해 볼 골칫거리입니다.

계집은 지조가 곧고
굳셈을 그리워하고,
사내는 재주 있고
어진 사람을 본받아야 한다.

사람에게 가장 견디기 어려운
괴로움인 '정렬(貞烈)'을 여자한테만
굳게 지키라고 뜽겨 주고, 사내한테는
'재사현인(才士賢人)'을 본받아
천하만물을 먹여 살려야 한다는 이
말에는, 사내들만이 권력 기술인 지식을
독차지하겠다는 가살진(간교한) 남성
지배 이데올로기가 들어 있다고 봐야 할
것임.
남자나 남자에 알맞은 낱말이 앞에
놓이는 것이 남존여비(男尊女卑)에 따른
한문 문법임에도 '女' 자를 앞에 놓은 것
또한 같은 뜻으로 봐야 할 것임.

女는 慕貞烈하고 男은 效才良하니라
녀 모 정 렬 남 효 재 량

女 계집 녀
慕 사모할 모
貞 곧을 정
烈 매울 렬

男 사내 남
效 본받을 효
才 재주 재
良 어질 량

손붙이다 : ① 무슨 일에 손대다. ② 힘들여 일하다.
캄파 : '캠페인' 그때 말.
압운(押韻) : 시(詩)에서 시행(詩行)과 같은 자리에 같은 운(韻)을 틀에 맞추어 다는 일. 또는 그 운.
질기굳다 : 끈덕지다. 끈질기다.
모둠살이 틀거리 : 사회형태(社會形態).
줄밑걷다 : 일 실마리나 말이 나온 데를 더듬어 찾다. 밑걷다. 줄걷다.

"녀남평등 이룩하자!"

"봉건유제 타파해서 녀남평등 이룩하자!"

8·15 바로 뒤에 나왔던 부르짖음 가운데 하나입니다. 왜제가 물러가고 모든 것을 새 판으로 손붙여야* 하는 그때에는 온갖 '캄파*'가 많았는데, 뜻있는 여성들 모꼬지에서 많이 나왔던 말입니다.

'녀남평등'이라는 말이 낯설지만 그때에는 그렇게 말했습니다. '남녀평등'이 아니고 '녀남평등'입니다. 그때 여성운동가들이 무슨 한시를 짓자는 것이 아니었으므로 압운*상 여자를 앞에 둔 것이 아닙니다. 종속관계에 놓여진 남녀문제를 바로잡아 보자는 것이었지요. 조선왕조 5백 년 동안 질기굳게* 다져진 나쁜 버릇을 하루아침에 고칠 수는 없다고 하더라도 고칠 수 있는 실마리라도 잡아 보자는 비원(悲願)에서였습니다.

'여성해방'을 외치는 목소리가 드높습니다. 남성과 똑같은 사람대접을 해달라는 것이지요. 남성 또한 참된 뜻에서 사람대접을 못 받고 있는 모둠살이 틀거리*지만, 마침내는 그리하여 '인간해방' 저 언덕에 올라서야만 하는 것이지만, 우선 남성만큼 자리에라도 올라가야 한다는 것이지요.

그런데 한 가지 조심스러운 걱정이 있습니다. '여성운동'을 하는 이들이 바탕 삼고 있는 이론이 서구에서 온 것이라는 점입니다. 서구 중산층 이상 백인 여성들한테서 나온 이론입니다. 그렇지 않아도 많은 혜택을 받고 있는 백인 상층 여성들이 더 많은 혜택을 받겠다는 데서 나온 이론이라는 말씀이지요.

우리 마당에는 꼴이 다릅니다. 살아온 역사와 살아가고 있는 살림 속내가 다르다는 말씀이지요. 모든 골칫거리가 다 그렇지만 여성문제 또한 줄밑걷어* 가 보면 농촌과 닿아 있습니다. 산업화 뒤끝으로 농촌이 뜯어헤쳐지면서 사람들은 살길 찾아 도시로 밀려왔습니다. 달동네가 생기면서 도시빈민문제가 비롯되었고, 농민들이 공장으로 몰려들어 가면서 노동문제가 비롯되었으며, 여성문제 또한 자연스레 떠오르게 되었던 것입니다. 여기에 모든 골칫거리 뿌리가 되는 '분단문제'가 있습니다. 분단시대 여성들은 겹사슬에 묶여지게 된 것이지요.

모든 골칫거리가 다 한 고리로 이어져 있습니다. 여성문제를 올바르게 풀어 나가기 위해서는 무엇보다도 먼저 농촌문제를 풀어내야 하고, 분단문제를 풀어내야 하며, 그러기 위해서는 생명 문제를 풀어내야 합니다. 생명이란 무엇인가?

허물을 알았으면 반드시
고쳐야 하고,
할 수 있게 된 다음에는
잊지 않아야 한다.

이 글귀는 《논어(論語)》〈학이(學而)〉편
「허물이 있다면 고치기를 꺼려하지
마라. 過則勿憚改」와, 〈자장(子張)〉편
「날마다 모르는 바를 알고 달마다 할
수 있게 된 바를 잊지 않는다면 가히
배우기를 좋아한다고 할 수 있다.
日知其所亡 月無忘其所能 可謂好學也已矣」는
글귀를 다시 쓴 것임.

知過면 必改하고 得能이면 莫忘하라

지 과 필 개 득 능 막 망

知 알 지
過 지날 과
必 반드시 필
改 고칠 개

得 얻을 득
能 능할 능
莫 말 막
忘 잊을 망

보꾹 : 지붕 안쪽, 곧 지붕 밑과 천장 사이 빈틈.
반자 : 방이나 마루에 나무로 반반하게 만든 천장.
시러금 : 능히.

056

도덕정치가 조광조(趙光祖)

"알면서두 악을 헹허넌 자는 악이 되구, 아지 못허구서두 악을 행허넌 자는 허물이 되나니……."

할아버지는 잠깐 말씀을 끊더니 보꾹*을 올려다보시었습니다. 할아버지는 긴 한숨을 뿝아내시었고, 파리똥이 더뎅이져 있는 반자*는 초배만 되어 있었습니다.

"능개위귀(能改爲貴)라구 헸거널……."

할아버지가 다시 한번 올려다보시는 보꾹으로 올라가는 것은 담배연기였습니다.

할아버지는 장죽을 뿝으시었습니다.

"만약 시러금 깨닫구 시러금 고친즉슨 허물읎넌 디루 돌어가넌 것이어널…… 인수무과(人誰無過)리오마는 단이능개(但以能改)루 위귀(爲貴)라. 사람이 누군들 허물이 읎으리오마는, 다만 시러금* 고치넌 것이 귀헌 것이니라."

조정암 조광조(趙光祖, 1482~1519) 선생 말씀이라고 하시었습니다. 일월(日月)같이 광명정대한 도덕정치를 펼쳐 보려다가 간신들 무함에 걸려 돌아가신 정인군자(正人君子)였다고 하시었습니다. 열다섯 살 때였습니다. 첫 가출이 있었던 때였습니다. 무슨 잘못인가를 저질렀을 때였습니다.

"군자는 긔거딩작에 있어 핑소에 수양을 쌓어 조심헤서 안이루 그 마음을 지키구, 의리루 써 밖에서 침노허넌 그 간사헌 것을 막넌다 허였구나."

또한 조정암 선생 말씀이라고 하시었습니다.

"또 말허기를 도리를 오직 한결같이 허면 따러서 덕을 밝히지 않음이 읎게 되구, 나라를 다스리는 데 오직 순정허게 허면, 나라가 다스려지지 않음이 읎게 된다구 헸구나. 또 말허기를 나라 정사를 의론허넌 석상에서는 모든 일을 공정무사허게 헤서 오직 슨(善)으루써 추진헌다면, 이것을 일러 왈 예양(禮讓)이라 헌다구 헸구나."

할아버지 말씀은 길게 이어지고 있었는데, 이 중생은 손바닥으로 얼른 입을 막았습니다. 하품이 나왔던 것입니다. 골백번도 더 듣는 이야기였습니다. 책 잘못 읽은 죄로 늬 애비는 그렇게 되었다고 장탄식을 하면서도 손자아이한테는 책을 읽으라고 하시던 할아버지였습니다.

"책을 읽을 때는 손구락에 침을 묻혀서 책장을 넹기지 말구, 손톱으루 줄을 긁지두 말며, 책장을 접어서 읽던 곳을 표시허지두 말구, 책머리를 말지 말구, 책을 베지두 말며, 팔꿈치루 책을 괴지두 말구……."

罔談彼短

망 담 피 단
미 시 기 장

罔談彼短하고 靡恃己長하라

말 망 · 罔
말씀 담 · 談
저 피 · 彼
짧을 단 · 短

없을 미 · 靡
믿을 시 · 恃
몸 기 · 己
긴 장 · 長

남 모자란 점을 말하지 말고,
내 좋은 점을 믿지 마라.

남을 높여 주고 스스로를 낮추라는
말이니— 뻐기어 남을 업신여기면
덕(德)이 깎인다는 뜻으로, 군자(君子)
길을 말한 것임.
《서경》〈열명(說命)〉편에「스스로
잘났다고 여기면 그 잘남을 잃게 된다.
厥善 喪厥善」고 하였으니— 남 못난 점을
따지며 잘났다고 거들먹거리지 말라는
말임.

검열(檢閱) : 예문관 정9품 벼슬. 사초(史草)를 꾸미는 자리로서 직분은 낮으나 홍문관과 함께 출세가 보장되는 곳이 었으므로 그 임명 절차가 까다로웠음.
옛살라비 : 시골. 고장. 보금자리. 태어난 곳. 자라난 곳. 고향(故鄕).
꼲다 : 값 치다. 값 매기다. 평가(評價)하다.
《대동기문(大東奇聞)》 : 1925년 강효석(姜斅錫)이 엮어 '한양서원(漢陽書院)'에서 펴낸 책으로, 우리나라 옛 인물들에 얽힌 이야기가 담겨 있음.

한쪽 다리가 길 뿐이다

상진(尚震, 1493~1564)이 문과(文科)에 올라 검열°이 되어 옛살라비°에 갔을 때였습니다.
농군이 소 두 마리를 먹이는 것을 보고 "어느 소가 더 좋으냐?"고 물었더니 농군이
귓속말로 말하기를 "짐승이나 사람이나 마음은 마찬가지여서 저를 꿇는° 소리를 들으면
좋은 말을 듣는 소는 기뻐하겠지먼 그렇지 못한 소는 골을 낼 것입니다. 참으로는 나이가
적은 것이 낫습니다." 하였습니다. 상진은 잘못을 빌면서 "공은 숨어서 사는 군자입니다.
삼가 가르치신 대로 따르겠습니다." 하였습니다.
이때부터 남한테 거슬리는 짓을 하지 않았습니다. 다리 한쪽이 짧아서 저는 사람이
있었는데 어떤 사람이 그를 가리켜 '절름발이'라고 하니 공은 "짧은 다리는 다른 사람이나
마찬가지인데 다만 한쪽 다리가 길 뿐이다." 하였습니다. 평생에 남 허물을 말하지
않았다는 한 보기라고 볼 수 있지요.
판서(判書) 오상(吳祥, 1512~1573)이 다음과 같은 시를 지었습니다.
「상고시대 즐거운 풍속이 쓸어버린 듯 없어졌는데 다만 봄바람이 부는 듯한 술잔 속에서
볼 수 있다.」
공이 그것을 보고 "어쩌면 그렇게도 박한 말로 드러내는가?" 하며, 이렇게 고쳐
주었습니다.
「상고시대 즐거운 풍속이 아직도 남아 있으니 봄바람 부는 듯한 술잔 속에서 볼 수 있다.」
벼슬이 영의정(領議政)에 이르렀습니다.

《대동기문》°이라는 책에 나오는 이야기인데, 많은 것을 생각하게 하여 줍니다.
다른 사람들한테는 모질고 자기 자신한테는 너그럽습니다. 모든 잘못이 다 남 탓이지 내
탓은 없습니다. 날카롭게 꼬집기는 잘 하지만 추어줄 줄은 모릅니다. 그래서 세상이 더욱
메마른 것인지도 모르겠습니다.

언약(言約)은 지킬 수 있게
하고,
그릇은 헤아리기
어렵게끔 되고자 하라.

'신사가복(信使可覆)'은 《논어》
〈학이(學而)〉편 「언약이 의로움에
가까우면 그 말은 해낼 수 있다. 信近於義
言可復也」는 글귀를 다시 쓴 것임. '사람
인(人)'과 '말씀 언(言)'으로 이루어진
것이 '믿을 신(信)' 자이므로, '신(信)' 자는
'사람과 사람 사이 말, 곧 언약은 믿을 수
있어야 된다'는 뜻임.

信은 使可覆이오 器는 欲難量이니라

신 사 가 복 기 욕 난 량

信 믿을 신
使 부릴 사
可 옳을 가
覆 덮을 복

器 그릇 기
欲 하고자할 욕
難 어려울 난
量 헤아릴 량

기욕난량(器欲難量) : 《논어》에 보면 「군자는 그릇이 아니다. 君子不器」고 하였는데— 이 말은 쓸 데가 정해진 틀 속 인간이 되지 말고 웅숭깊은 큰 그릇이 되라는 것이지, 실살 없이 통 큰 체 헛장이나 떨라는 뜻이 아님. 가리(경우)에도 맞지 않게 '큰 대(大) 자' 붙이기를 좋아하는 이른바 '큰 것 콤플렉스'에 걸려 있는 사람들은 새겨 들어야 할 말일 듯.
땅뜀 : 무거운 것을 들어 땅에서 뜨게 하는 일.
말다짐 : 입다짐. 언약(言約). '약속(約束)'은 왜말임.

언어는 존재의 집

현애철수 장부아(懸崖撤手 丈夫兒)라는 말이 있습니다. 벼랑 끝을 잡고 있던 손마저 놓아
버릴 수 있어야 왈 대장부라는 뜻이지요. 천 길 낭떠러지 끝에 솟아난 나뭇가지를 잡고
있던 손마저 탁 놓아 버릴 수 있는 사람만이 마침내 사내답게 씩씩한 사람이라는 말이니,
그런 마음가짐이어야만 진정한 사람이 될 수 있다는 말이겠습니다.

한 발 더 내딛으라고 합니다. 끝으로 가라고 합니다. 끝으로 갔다면 그 끝의 끝에 서 보라고
합니다. 거기서 한 발 더 나가라고 합니다. 무엇이 있는지 알 수 없는 캄캄한 어둠 속으로
몸을 던져 보라는 것입니다. 필사즉생(必死卽生), 곧 죽음을 다짐해야만 살 수 있는 길이
열린다는 말과 같고, 떠난 사람만이 돌아올 수 있다는 말과도 같습니다. '그 무엇'인가를
얻거나 이루기 위해서는 죽을 작정을 하고 달려들어야 된다는 말이겠습니다.

그러기 위해서는 먼저 믿어야 됩니다. 바라는 바 그 무엇인가를 얻을 수 있고 그
무엇인가를 이룰 수 있다는 금강(金剛)처럼 굳센 믿음이 있지 않고서는 땅띔*도 할 수 없는
일이지요. 필사즉생(必死卽生) 필생즉사(必生卽死)라는 말은 이순신(李舜臣) 장군이 썼던
말이라고 하는데 요즘은 엉뚱하게도 '정상배'들이 즐겨 쓰는 말이 되었습니다. 말 본디
뜻이 그러합니다. 믿음이 없고서는 움직임이 안 나옵니다.

믿음을 주는 것은 '말'입니다. 사람과 사람 사이에 믿음을 주고 믿음을 받는 낱낱 연모는
말일 수밖에 없습니다. 언어도단(言語道斷)이라고 합니다. 말이 안 된다는 뜻으로 쓰이는
이 말은 본디 선불교(禪佛敎)에서 나온 것이지요. 깨침을 얻기 위해서는 말길이 끊어져야
한다는 말입니다. 말길만 끊어져서는 안 되고, 심행처멸(心行處滅)이라고 합니다.
마음길까지 없어져야 한다는 뜻이지요. 그랬을 때만이 깨침으로 가기 위한 첫 발짝이
떨어질 수 있다는 말입니다.

'언어는 존재의 집'이라고 어떤 서양철학자는 말했습니다. 말이 없으면 살 수가 없다는
말이겠지요. 말처럼 귀한 것이 없습니다. 말을 제대로 할 수 있어야만 비로소 사람일
수 있는 것입니다. 말이 많은 세상입니다. 말로써 모든 것을 다 할 것처럼 말들이
많지만, 그러나 말다짐*을 지키는 사람은 그렇게 많지 않습니다. 그래서 세상은 더욱
어지러워지고 있습니다. 박경리《불신시대(不信時代)》라는 소설 이름이 떠오릅니다.

墨 먹 묵

悲 슬플 비

絲 실 사

染 물들일 염

詩 글 시

讚 기릴 찬

羔 염소 고

羊 양 양

墨은 悲絲染하고 詩는 讚羔羊하니라

묵 비 사 렴 시 찬 고 양

묵자는 흰 실이 물들여진 것을
슬퍼하였고,
시(詩)에서는 고양편(羔羊篇)을
기렸느니라.

사람은 어떻게 사느냐에 따라
선악(善惡)이 갈라지니 악풍(惡風)에
물들지 말도록 다잡는° 말이고,
《시경》〈고양(羔羊)〉편에 문왕(文王) 덕을
입은 사람들 거짓 없음을 추어주었다는
말임.

다잡다 : 살피다. 잡도리하다. 경계(警戒)하다. 견제(牽制)하다.

시에 대한 생각

시(詩)란 무엇일까요?

아름답고 깨끗한 '그 무엇'을 노래하는 것이 시라고 알고 있는 사람들이 많은데, 맞습니다. 사람은 누구나 아름답고 깨끗한 것을 좋아하는 본덧마음을 가지고 있으니까요. 그렇다면 아름답고 깨끗하다는 것은 무엇일까요?

아름답고 깨끗하다는 것은 저 혼자서 아름답고 깨끗할 수 있는 절대적 개념이 아니라, 이것이 있음으로 해서 저것이 있고 저것이 있음으로 해서 이것 또한 있을 수 있다는 상대적 개념일 뿐입니다. 더러움이 있음으로 해서 깨끗함이 있고 아름다움이 있음으로 해서 추함이 있는 것입니다. 그렇다면 더럽고 추악한 세상 모습 또는 세계 현상이야말로 우리가 침 뱉고 눈 돌려야 할 악(惡)이 아니라 온몸으로 부둥켜안고 뒹굴어야 마땅할 선(善)일 수도 있겠지요. 그렇습니다. 진흙 속에서 피어나는 연꽃만이 아름다운 것이 아닙니다. 그 아름다운 연꽃을 피워 내는 진흙창 더러움까지를 우리는 끌어안아야만 하는 것입니다.

이 세상 아름다운 자연이나 사물과 현상 또는 사사로운 기쁨과 슬픔만을 노래하는 것이 시가 아닙니다. 아름다운 현상이나 사사로운 느낌을 노래하지 말자는 것이 아니라, 그런 것들이 어떠한 조건 아래서 기쁨과 슬픔을 느끼게 되는가 하는 것을 알아보자는 말이지요. 이런 뜻에서 시는 직관(直觀)이 아니라 차분하게 따져서 밝혀내는 객관(客觀)이어야 합니다. 시를 보는 옛사람 마음입니다.

무릇 천지 정기를 얻어서 이 세상에 태어나게 된 것이 사람이요, 그렇게 태어나게 된 사람 몸을 맡아 다스리는 것이 마음이다. 그 마음이 몸 밖으로 펴 나온 것이 말이요, 그 말 가운데서 가장 알차고 맑은 것이 시이다. 그러므로 마음이 바르면 시가 바르고 마음이 간사하면 시 또한 간사해지게 되는 것은 너무도 당연한 이치로 된다.

景
별 경

行
다닐 행

維
벼리 유

賢
어질 현

尅
이길 극

念
생각할 념

作
지을 작

聖
성인 성

景行은 維賢이요 尅念은 作聖이니라
경 행 유 현 극 념 작 성

큰길을 걸어가는
사람은 어진 사람이 되니,
자잘한 생각을 이겨 나간다면
성인(聖人)이 될 수 있다.

《시경》에 이르기를 「높은 산을
우러러보고 마땅한 도리를 행한다.
高山仰止 景行行止」하였고,
《서경》에 이르기를 「성인(聖人)도 잘못된
마음을 가지면 광인(狂人)이 되고,
광인이라도 생각을 잘 하면 성인이 될
수 있다. 維聖 罔念作狂 維狂 克念作聖」고
하였으니- 올바른 마음가짐으로 수양을
잘 쌓으라는 말임.
불가(佛家)에는 「모든 것이 다 마음으로
짓는 바 一切唯心所造」라는 말이 있음.

안갚음 : 효도(孝道).
띠앗머리 : 의초. 사랑. 띠앗. 우애(友愛).
빛접다 : 광명정대(光明正大)하다.

어렸을 때 바로잡아야

어질고 슬기로운 사람이 되고자 하였습니다. 어질고 슬기로워서 세상일 갈피를 그 밑뿌리에서부터 꿰뚫어 알아 반듯하게 살아가고자 하였습니다. 그리하여 마침내는 어질고 슬기로움이 뛰어나 길이길이 받들어 본받을 만한 사람이 되고자 하였습니다. 글을 읽던 옛 어른들이 되고자 하였던 가장 좋은 사람을 말하니, 현인(賢人)과 성인(聖人)이 그것입니다.

「집에 들어와서는 부모에게 효도하고, 밖에 나가서는 어른에게 고분고분하고, 낮에는 힘써 농사짓고, 밤에는 글 읽는 것」이 선비가 지켜야 할 네 가지 큰일이라고 하였습니다. 조선왕조 뒷녘 실학자였던 이덕무(1741~1793)가 쓴《사소절》에 나오는 대문입니다. 올바르게 책을 읽고 몸가짐을 바르게 하고 부모에게 안갚음˚하며 동기간에 띠앗머리˚ 있고 사람으로서 지켜야 할 본데를 닦아 빛접어서˚ 어질고 된 사람이 되고자 했던 이덕무가 되풀이해서 말한 것이 '교육'이었습니다. 어린이를 바른 길로써 기르는 것이 성인(聖人)을 만드는 첫걸음이라고 하였습니다.

> 어릴 때 반듯하게 앉는 몸가짐을 익히지 않으면 자라서는 뼈가 굳어져 반듯하게 앉는 것을 견디지 못하여, 두 다리를 쭉 뻗고 앉거나 한쪽으로 기우뚱하게 앉게 된다. 그렇게 되면 움직임이 거칠어지며, 마음 또한 비뚤어지고 모습이 흐트러질 것이니, 슬픈 일이다. 앉으면 반드시 기대앉고, 오래 앉아 있는 것을 견디지 못하고, 무릎을 흔들고 손을 잠깐도 가만두지 못하며, 어른을 늘 피하고, 버릇없고 거칠어서 늘 높이 날고 멀리 달아나려고만 하는 뜻을 가진 아이는 좋은 사람바탕이 아니다. 만일 그런 버릇을 바로잡지 않으면 뒤에 사람답지 못한 짓을 하지 아니할 자 적을 것이다.

망아지는 길들이지 않으면 좋은 말이 될 수 없고, 어린 소나무는 가꾸지 않으면 아름다운 쓸나무를 이룰 수 없다고 하였습니다. 그러므로 자식을 두고서 잘 가르치지 않으면 버리는 것과 같다고 하였습니다. 세상이 바뀌고 사람들 살림살이 또한 많이 바뀐 오늘이지만, 귀를 씻고 들어야 할 말씀입니다. 어진 사람이 되고 거룩한 사람이 되는 것은 그 다음 일이겠지요.

德 큰 덕
建 세울 건
名 이름 명
立 설 립

形 형상 형
端 바를 단
表 겉 표
正 바를 정

德건이면 名立하고 形端이면 表正하니라
덕 건 명 립 형 단 표 정

덕이 세워지면 이름이
서게 되고,
몸매가 깔끔해야 겉모습이
똑바르게 된다.

덕(德)이란 알맹이를 말하고 명(名)이란
그 알맹이를 나타내는 이름이니,
속이 알차면 이름은 저절로 드러나게
마련이라는 것이 '덕건명립(德建名立)'임.
'형단표정(形端表正)'은 《예기(禮記)》
「겉모습이 똑바르면 그림자 또한
똑바르다. 形正則 影必端」를 다시 쓴 것임.

효제(孝悌) : 부모에 대한 효도와 형제에 대한 우애를 통틀어 이르는 말. 효우(孝友).
그루박다 : 힘주다. 다지다. 다짐하다. 강조(强調)하다.
한뉘 : 평생. 한평생. 한세상. 일세(一世). '일생(一生)'은 왜말임.

책을 읽어야 사람이다

독서에는 먼저 반드시 근기(根基)를 세워야 한다. 무엇을 근기라 하는가. 학문에 뜻을 두지 않으면 독서를 할 수 없으니, 학문에 뜻을 둔다면 반드시 먼저 근기를 세워야 한다. 무엇을 근기라 하는가. 효제(孝悌)가 그것이다. 모름지기 먼저 힘써 근기를 세운다면 학문은 자연히 몸에 배게 되는 것이다. 학문이 몸에 배게 되면 독서는 따로이 그 층절(層節)을 논할 것이 없다. 나는 천지간에 외롭게 살면서 의지하여 운명으로 삼는 것은 오직 문묵(文墨)일 뿐이다. (……) 너희들이 만일 독서하려고 하지 않는다면 이는 내 저서가 쓸모없게 되는 것이요, 내 저서가 쓸모없게 되면 나는 할 일이 없게 되어, 장차 눈을 감고 마음을 쓰지 않아 흙으로 만들어 놓은 우상이 될 것이니, 그렇게 되면 나는 열흘도 못 되어 병이 날 것이요, 병이 나면 고칠 수 있는 약도 없을 것이다. 그렇다면 너희들이 독서하는 것이 내 목숨을 살리는 일이 아니겠느냐.

정약용이 유배지(流配地)에서 자식들에게 보낸 편지입니다. 18년 동안 유배생활을 하던 강진(康津)에서 엄청나게 많은 책을 쓰는 틈틈이 두 아들에게 편지를 하였습니다. 모두가 한결같이 '사람답게 살아갈 수 있는 길'에 관한 것이었는데, 되풀이해서 다짐두는 것은 독서였습니다.

반드시 처음에는 경학(經學)을 궁구하여 밑바탕을 다진 다음 옛날 역사책을 두루 읽어 옛 정사(政事) 득실과 잘 다스려진 까닭과 어지러웠던 까닭 뿌리를 캐 볼 뿐 아니라 또 모름지기 쓸모 있는 학문 곧 실학(實學)에 마음을 두고 옛사람들이 나라를 다스리고 세상을 구했던 글들을 즐겨 읽도록 해야한다고 하였습니다. 마음에 늘 만백성에게 혜택을 주어야겠다는 생각과 만물을 자라게 해야겠다는 뜻을 가지고 있은 뒤라야만 바야흐로 참다운 독서를 한 군자라고 할 수 있다고 하였습니다.

다산(茶山)이 그루박아* 말하였던 것은 올바른 사람이 되라는 것이었습니다. 한마디로 군자(君子)가 되라는 것이었는데, 학식과 덕망이 높은 사람을 말합니다. 도성덕립(道成德立)한 사람, 곧 덕을 세워 도가 이루어진 사람을 말하지요. 군자가 되고자 할진대 무엇보다도 먼저 책을 읽어야 하니, 세상일 갈피를 그 밑뿌리에서부터 알아야 하기 때문입니다.

한뉘*를 울리는 큰선비였던 다산이지만 '홍경래란(洪景來亂)', 곧 관서농민전쟁이 일어났을 때 "가차 없이 토멸시켜야 한다."는 연판장을 돌렸으니 어쩔 수 없는 '계급적 한계'였습니다.

텅 빈 골짜기에서도
소리는 전해지듯,
빈 대청에서는 들림이
겹쳐지듯,

《역경》에 이르기를 「군자가 집안에서 하는 말이 훌륭하면 천 리 밖에서도 따르게 마련이니, 하물며 가까운 곳에서이겠는가? 집안에서 하는 말이 훌륭하지 못하면 천 리 밖에서도 어기게 마련이니, 하물며 가까운 곳에서이랴? 易曰 君子居其室 出其言善 則千里之外應之 況其邇者乎」하였으니, 군자는 누가 보고 듣는 것과 걸림없이 언제나 올바른 말과 짓을 해야 된다는 말임.

空谷에 傳聲하고 虛堂에 習聽하니
공곡 전성 허당 습청

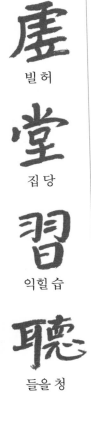

虛 빌 허
堂 집 당
習 익힐 습
聽 들을 청

空 빌 공
谷 골 곡
傳 전할 전
聲 소리 성

가이색기 : '개새끼' 충청도 내포 말.
삼정(三政) : 전정(田政)·군정(軍政)·환곡(還穀)을 이름. 전정은 조선시대에, 토지에 대한 전세와 대동미 및 그 밖 여러 가지 세를 받아들이던 일이며, 군정은 정남(丁男, 16세에서 60세까지 농민 장정들)으로부터 군포를 받아들이던 일임. 또한 환곡은 곡식을 사창에 저장하였다가 백성들에게 봄에 꾸어주고 가을에 이자를 붙여 거두던 일임.
홀태질 : 가렴주구(苛斂誅求).
본쉬(本倅) : 수령이 스스로를 일컫던 말. 여태도 쓰여지고 있는 '본관(本官)'·'본인(本人)' 또는 '이 사람'·'본의원(本議員)'과 같은 뜻으로, '아랫것들'을 다스리는 자리에 있다는 지배의식, 곧 '관료주의'에서 나온 말.
장자방(張子房) : 중국 한(漢)나라 때 고조(高祖)를 도와 천하를 일통하게 한 장량(張良).
구렁이 아래턱 같다 : 옛날 상평전(常平錢), 곧 상평통보(常平通寶)를 가리키던 말.

산에서 외치는 소리

"야아아아, 이 천수히 날도적늠 같은 가이색긔*덜아! 군포 잘러먹넌 도둑괭이와
쥐색긔덜아! 군포가 뭔 가래떡이라구 바치넌 족족 잘러먹으니, 이게 뭔느믜 사람 사넌
시상이냐아!"

이른바 삼정* 문란이 그악하던 조선왕조 끝무렵에 있었던 일입니다. '도둑고양이'라고
불리던 수령과 '쥐새끼'라고 불리던 아전 홀태질*에 숨 막힌 백성들 가운데 핏종발이나
있는 이들이 밤이면 관아가 내려다보이는 뒷산에 올라 소리치던 것으로서,
'산호(山呼)'라고 하였습니다. 이제로 말하면 '일인 시위'와도 같은 것이었지요.

"간밤 뒷산에서 해괴한 소리가 났던 것은 귀신이 노했기 때문이로다. 마땅히 제를 올려
귀신의 노여움을 달래야 할 것인즉."

이튿날 아침 일찍 동헌(東軒) 누마루 높이 좌기(坐起)한 수령이 이방(吏房)을 불러 놓고
하는 말이었습니다. 뜰아래 모꺾어 선 아전이 눈을 깜박입니다.

"얼마나 거둘깝쇼? 사또오."

"얼마면 되겠느뇨?"

"귀신이 노하지 않게 차리고자 할진대 호당 열 푼씩은 거둬야 하지 않겠습지오니까요, 네."

"알아서 하거라."

"네, 사또오. 네네."

집집마다 열닷 푼씩 거두어 닷 푼은 제가 먹고 나머지를 가지고 도야지 한 마리를 사서
시늉만 제를 지낸 다음 그 나머지를 모두 수령에게 바치니,

"어허, 기특한지고. 과시 본쉬* 장자방*이로다."

삼정 괴로움이 덜하여지는 것은 그만두고 구렁이 아래턱 같은* 생돈 열닷 푼씩만 더 물게
된 백성들이 다시 산호를 하니, 수령이 말하기를

"제를 박하게 지낸 탓이로다."

"이번에는 얼마씩 거둘깝쇼?"

"알아서 하거라."

열 돈이면 한 냥이고 한 냥이면 좁쌀이 말가웃이요 보리가 서 말이며 무명을 끊어도
어지간한 장정 바지저고리 한 벌 감은 좋이 장만할 수 있는 큰돈이니, 더 이만 산호를 하는
백성이 없는 것이었습니다.

그때도 책을 읽는 사람은 많았지만 군자(君子)가 없었던 탓이었던가. 산호마저 못 하게
된 농군들은 죽창을 들었고, 이른바 역사를 적는 먹물들은 그것을 일러 갑오봉기라고
불렀습니다.

禍는 因惡積이오 福은 緣善慶이라

화 인 악 적 복 연 선 경

禍 재앙 화	福 복 복
因 인할 인	緣 인연 연
惡 악할 악	善 착할 선
積 쌓을 적	慶 경사 경

언짢은 일은 못된 짓을 쌓는 데서 말미암는 것이요, 복은 착한 일을 쌓은 경사로움에서 말미암는 것이다.

이 글귀는《역경》「착한 일을 많이 한 집에는 반드시 좋은 일이 있고, 착하지 못한 일을 많이 한 집에는 반드시 언짢은 일이 있다. 積善之家 必有餘慶 積不善之家 必有餘殃」를 다시 쓴 것이니— 어떻게 사느냐에 따라 좋은 일과 나쁜 일이 오게 된다는 말임.

애짓다 : 창조(創造)하다.
돋되다 : 진화(進化)하다.
해보기 : 실험(實驗).
터무니 : ①터를 잡은 자취. ②떳떳하게 내세울 만한 바탕이나 까닭. 근거(根據).
고대 : 이제. 요때. 지금.
몬 : 물건(物件).
일몬 : 사물(事物).

가짜로 만들어지는 생명

'창조론'과 '진화론'을 단박 덮어 버린 것이 '조작론'입니다. 생명은 애짓어*지거나
돋된* 뒤끝이 아니라 '디엔에이'를 짜맞추는 데 따라서 만들어질 수 있다는 것. 그렇게
만들어지고 있습니다. '로봇' 자리가 아니라 애짓는 생각과 그에 따른 짓거리를 할 수
있는 생명체를 만들어 낼 수 있는 해보기*가 끝난 것이 하마 30년도 넘습니다. 사람무리
모둠살이를 버텨내 온 복판기둥인 종교와 철학이며 도덕률과 모든 예술행위들이 무너져
버릴 수밖에 없는 일찍이 없던 일 앞에서 두려움을 느낀 과학자들이 먼저 덮어 버려서
그렇지, 책권이나 읽는 이들은 다 알고 있는 일입니다.

이른바 '복제양 돌리'가 세상을 떠들썩하게 하였지만 그것은 조그만 낌새에 지나지
않습니다. 어쩌면 그렇게 만들어진 '인조인간'들이 우리네 같은 '원인간'들 사이를 누비고
다니는지도 모릅니다. 이른바 새로운 세기 새로운 먹을거리로 만들어지고 있다는 갖가지
돌연변이 현상들이 이 머리칼이 하늘로 솟구쳐 올라가는 생각에 터무니*를 주고 있습니다.
어처구니없게 엄청난 집짐승과 알뿌리들이 그것이고, 배추뿌리에 무청이 돋고 무뿌리에
배추가 돋아나는 것들이 이러한 짐작에 무게를 더해 줍니다. 고대*도 무슨 이상야릇한
것들이 만들어지고 있는지 모릅니다. 더구나 끔찍한 것은 한번 만들어진 몬*은 반드시
쓰이게 되어 있다는 일몬* 존재법칙입니다.

"어허, 옛사람 말씀두 증녕 허언이었더란 말인고?"

할아버지는 하늘을 올려다보고는 하시었습니다. 기막히는 일을 당하거나 성현들
가르침대로 세상이 돌아가지 않는 것을 볼 때면 땅이 꺼질 것 같은 긴 한숨과 함께 언제나
하늘을 바라보시던 할아버지였는데, 하늘에는 아무것도 없었습니다. 타는 듯 붉은
새털구름 몇 점만 자맥질하고 있을 뿐이었습니다.

"종과득과(種瓜得瓜)허구 종두득두(種豆得豆)니, 천망(天網)이 회회(恢恢)허나
소이불루(疎而不漏)니라."

할아버지가 즐겨 쓰시던 이 말씀은《명심보감》에 나옵니다. 오이를 심으면 오이를 얻을
것이요 콩을 심으면 콩을 얻으리니, 하늘그물이 성긴 듯하나 빠트리는 법이 없다고
했는데, 하늘에는 별이 보이지 않습니다.

한 자 되는 구슬이라고 해서
보배는 아니니,
마디 그늘이라도
다퉈 아껴야 한다.

홀륭한 사람이 되려면 반드시
광음(光陰), 곧 시간을 소중히 여겨야
한다는 말임.
'경행유현(景行維賢)'부터 여기까지는,
어질고 훌륭한 사람이 되려면 어떻게
해야 되는가를 말하고 있음.

尺璧은 非寶이니 寸陰을 是競하라
척 벽 비 보 촌 음 시 경

尺 자 척
璧 구슬 벽
非 아닐 비
寶 보배 보

寸 마디 촌
陰 그늘 음
是 이 시
競 다툴 경

울세다 : 일다. 일어서다. 일어나다. 피어나다. 한창 잘되다. 눈부시게 잘되다. 번창(繁昌)하다.
고르롭다 : 한결같이 고른 느낌이 있다.
합뜨리다 : 완전히 합치다.
간살부림 : 알랑댐. 알랑거림. 빌붙음. 비나리침. 들맞춤. 발라맞춤. 따리붙임. 아첨(阿諂).
언걸 : 동티. 지실. 나쁜 일. 언짢은 일. 재앙(災殃).
《미륵상생경(彌勒上生經)》 : 도솔천 아름다움과 그곳에 태어나는 방법을 설명하는 불교 경전. 경전 분명한 이름은《불설관미륵보살상생도솔천경(佛說觀彌勒菩薩上生兜率天經)》으로 455년 유송(劉宋) 저거경성(沮渠京聲)이 번역하였음. 그러나 인도에서는 이 제목에 당해하는 산스크리트 경전 이름이 발견되지 않기 때문에 현재 중앙아시아 지역에서 성립된 것으로 추정함. 신라 때 사대 불교 저술가인 원효(元曉)·원측(圓測)·경흥(憬興)·태현(太賢)이 모두 이 경전에 대한 주석서를 남겼음.

미륵세상 꿈나라

미륵부처님 세상에서는 곡식이 넉넉하고 사람이 올세서° 모든 보배가 수없이 많고 마을과 마을이 잇닿아서 닭 우는 소리가 서로 들린다 하였습니다. 아름답지 못한 꽃과 나쁜 실과나무는 다 없어지고 더러운 것들도 다 없어지며 달콤한 실과와 아름다운 풀과 나무만 자란다 하였습니다.

미륵세상 날씨는 사람 살기에 아주 알맞고 네 철은 고르로와서° 백여덟 가지 병이 없고, 탐내고 성내고 어리석은 마음이 슬며시 잠겨 있을 뿐 크게 드러나지 않으며, 사람들 마음은 따뜻하고 착해서 착한 말만 주고받으므로 서로 뜻이 다르거나 어긋나는 말이 없어 다툼이 없다 하였습니다. 티라고는 오직 먹이를 먹어야 하는 것과 걸러내야 하는 것과 늙어 죽는 것인데 똥오줌을 눌 때마다 땅이 저절로 갈라졌다가 마치고 나면 다시 합뜨리면서° 붉은 연꽃이 피어 나와 더러운 것을 가려 주며, 농사를 짓지 않아도 껍질이 없고 향기로운 곡식이 저절로 생겨나는데 먹고 나서 병들고 괴로워하는 일이 없다 하였습니다.

거짓과 간살부림°이 없고 척짐과 도둑 근심이 없어 집에 자물쇠가 없으며 불이나 물 언걸°이 없고 싸움이 없고 굶주림이 없으며 말과 짓거리가 더없이 얌전하여 서로 떠받들기를 자식이 어버이를 모시듯 어미가 자식을 사랑하듯 하며 금·은·자거·마노·진주·호박 같은 보배들이 땅 위에 흩어져 있지만 하나도 주워 가는 사람이 없는데, 그때에 사람들은 이런 보배들을 손에 들고 이렇게 말한다 하였습니다.

"옛사람들은 이런 것들 때문에 서로 싸우고 수없이 괴로워했다는데 오늘날에는 이런 것들을 흙이나 돌처럼 여길 뿐 가지려는 사람이 없다."

《미륵상생경》°이라는 책에 나오는 말입니다. 미륵세상이라는 것은 모든 것이 남김없이 이루어진 극락세계를 말하니, 까마득한 옛날부터 우리 겨레가 그리워해 왔던 '꿈나라'이지요.

이러한 세상을 만들기 위해서 떨쳐 일어났던 이가 궁예(弓裔)·묘청(妙淸)·신돈(辛旽)입니다.

그런데 이른바 '정사(正史)'라고 하는 역사책에는 이들을 모두 몹쓸 사람으로 적어 놓았습니다. 왜 그랬을까요? 그 까닭을 알기 위해서도 우선 마디그늘을 아껴 가며 책을 읽어야 하겠습니다.

어버이 섬기는 것을 바탕 삼아
임금 섬기는 것을,
팽팽함˙과 우러름˙이라 하니,

이 글귀는《효경》「아비 섬기는 마음을
바탕으로 임금을 섬긴다. 資於事父
以事君」는 글귀를 다시 쓴 것이니-
'가부장제'가 '군왕통치체제' 밑바탕이
된다는 것을 말해 주고 있음.
여기서부터는 부모에 대한 '효'와 임금에
대한 '충성'을 적고 있음.

資父事君에 曰컨대 嚴與敬이니
자 부 사 군   왈   엄 여 경

資 밑천 자
父 아비 부
事 섬길 사
君 임금 군

日 가로 왈
嚴 엄할 엄
與 더불 여
敬 공경 경

팽팽함 : 엄숙(嚴肅)함. 긴장감(緊張感).
우러름 : 공경(恭敬)함.
입김 : 힘. 손길. 그늘. 영향(影響).
벼리 : ① 그물 위쪽 코를 꿰어 오므렸다 폈다 하는 동아줄. ② 일이나 글 뼈대가 되는 줄거리.

삼강오륜(三綱五倫)

아버지 날 낳으시고 어머니 날 기르시니, 애달프고 또 애달프구나.

부모님이시여, 날 기르느라 얼마나 애쓰셨는가. 그 은혜를 갚으려 하나 하늘보다 더 넓어 끝이 없고여.

《시전(詩傳)》에 나오는 말씀입니다. 《시전》은 《시경(詩經)》을 풀이한 책으로, 공자님께서 엮어 만들었다고 합니다. 은대(殷代)부터 춘추시대(春秋時代)까지, 그러니까 서력 기원전 1천 년 무렵부터 인민들이 부르던 노래를 모아 기원전 5백 년 무렵부터 엮어 낸 사람무리 가장 오래된 시가선집(詩歌選集)이지요. 중국과 우리나라 시가문학이 뻗어 나가는 데 큰 입김*을 미친 책입니다. 《시경》에 담겨 있는 3백11닢 시가는 거지반 일하고 싸우면서 늙고 병들어 죽어 가는 인민들 노래가 그 뼈대를 이루고 있습니다.

"천지지간(天地之間) 만물지중(萬物之衆)에 유인(唯人)이 최귀(最貴)허니 소귀호인자(所貴乎人子)는 이기유오륜야(以其有五倫也)라."

할아버지가 즐겨 쓰시던 말씀으로, 하늘과 땅 사이 만물 가운데 오직 사람이 가장 높고 귀한 것은 오륜(五倫)이 있기 때문이라는 것이었습니다.

"오륜자(五倫者)넌 부자유친(父子有親)허며 군신유의(君臣有義)허며 부부유별(夫婦有別)허며 장유유서(長幼有序)허며 붕우유신(朋友有信)이니라."

오륜이라 함은 아버지와 아들 사이 친함, 임금과 신하 사이 의리, 남편과 아내 사이 분별, 어른과 어린이 사이 차례, 벗 사이 믿음을 일컫는 말입니다.

"우유삼강(又有三綱)허니 부위자강(父爲子綱)허며 군위신강(君爲臣綱)허며 부위부강(夫爲婦綱)이니라."

또 세 가지 근본 벼리, 곧 도리가 있는데- 아버지는 아들 벼리*가 되고, 임금은 신하 벼리가 되며, 남편은 아내 벼리가 되는 것입니다.

그러므로 어버이는 자식을 사랑하여야 하고, 자식은 어버이께 효도해야 하며, 임금은 신하에게 의리가 있어야 하고, 신하는 임금에게 충성하여야 하며, 남편은 아내에게 화목하여야 하고, 아내는 남편에게 화순하여야 하며, 형은 아우에게 우애가 있어야 하고, 아우는 형에게 공손하여야 하며, 벗 사이에는 어짐으로 서로 도운 다음에야 비로소 사람 도리를 다하였다 할 수 있다 하였습니다.

孝는 當竭力하고 忠은 則盡命이니라

효 효도 효
당 마땅 당
갈 다할 갈
력 힘 력
충 충성 충
즉 곧 즉
진 다할 진
명 목숨 명

孝 효도 효
當 마땅 당
竭 다할 갈
力 힘 력

忠 충성 충
則 곧 즉
盡 다할 진
命 목숨 명

효도는 마땅히 그 힘을
다하여야 하고,
충성은 목숨을 다해야만 한다.

'효당갈력(孝當竭力)'은《논어》〈학이〉편
「부모를 섬기는 데는 시러금 그 힘을
다해야 된다. 事父母 能竭其力」를 다시 쓴
것이고, '충즉진명(忠則盡命)' 또한《논어》
〈학이〉편「임금을 섬기는 데는 시러금
그 몸을 다 바쳐야 된다. 事君 能其致身」를
다시 쓴 것임.
여기서 '효(孝)'와 '충(忠)'이 갈라지니-
효는 그 힘만 다 하면 되지만, 충은 그
목숨까지 다 바쳐야 되기 때문임.
'가족이기주의'가 나오게 되는 밑그림임.

쇠물레 : 기계(機械).
힘짐 : 권위(權威).
드레짐 : 틀짐. 틀거지짐. 무게짐. 점잖음. 위엄(威嚴). 진중(鎭重)함.

아버지 없는 세상

이 세상에서 가장 가까운 것이 부모 자식 사이입니다. 하많은 세월을 두고 헬 수 없게 수많은 인연이 모여 이루어진 것이므로, '피의 인연'이라고 하지요.

아버지는 낳으시고 어머니는 기르셨습니다. 그러므로 자식은 어버이가 가르쳐 주시는 뜻을 받들어 안갚음으로써 모셔야 합니다. 만에 하나라도 어버이가 그 자식을 자식으로 여기지 아니한다든가 자식이 그 어버이를 어버이로 여기지 아니하는 일이 있다고 한다면, 부끄럽고 또 부끄러워 어찌 이 세상을 살아갈 수 있겠는지요.

"무릇 사람들이 어버이한테는 마땅히 효도를 해야 된다는 것을 알면서도 효도를 하는 자 심히 드문 것은 진실로 깊이 어버이 은혜를 알지 못하는 데 있다."

율곡 선생이 하신 말씀입니다. 율곡 선생은 또 말씀하시었습니다.

"사람 목숨과 피와 살은 모두 어버이한테서 물려받은 것이다. 그러므로 숨을 내쉬고 들이쉬는 데도 어버이 기운과 혈맥이 서로 통하니 이는 자기 자신 몸이 자기 자신 것이 아니며 …… 사람은 부모가 아니면 태어날 수가 없으며, 또 태어난 지 세 살이 된 다음에야 비로소 부모님 품 안에서 벗어남으로 걱정을 면하게 되는 것이다. 효도를 다하려고 하면 부지런히 부모 일을 도와드려야 하며, 부모님이 돌아가시면 삼 년을 예를 다하여 낳고 길러 주신 은혜에 보답하여야 한다."

아버지가 없는 세상이라고 합니다. 다만 돈 벌어다 주는 쇠물레*에 지나지 않으므로 자식들한테 힘짐*과 드레짐*이 서지 않습니다. 무엇보다도 그리고 부모 자식 간에 서로 얼굴을 마주할 틈이 없습니다. 아버지는 새벽같이 일터로 나가고 자식 또한 별을 보고 학원에 가서 학교와 학원을 헤매다가 별을 보고 들어오니, 겸상해서 밥을 먹을 수도 없습니다. 이른바 '무한경쟁 시대'에 살아남기 위해서 저마다 앞으로만 달려가야 하기 때문이지요. 충성 또한 마찬가지입니다. 임금은 임금답지 않고 신하는 또 신하답지 않으니, 누가 누구한테 충성을 하고 충성을 받는다는 말입니까? 자기 자신한테 충성하는 것만이 참으로 충성 본뜻이니, 사람사람마다 나라 주인이 되어야 하는 까닭에서입니다.

深 깊을 심

臨 임할 림

履 밟을 리

薄 얇을 박

夙 이를 숙

興 일어날 흥

溫 따뜻할 온

凊 서늘할 정

임 심 이 박 숙 흥 온 정

臨深이 履薄하고 夙興하야 溫凊하라

깊은 물가에 다다른 듯
살얼음을 밟듯이 하고,
일찍 일어나 따뜻한가
서늘한가를 살펴라.

모든 몸가짐 밑바탕이 효(孝)이므로
효를 행하는 사람은 덕을 갖춘
군자(君子)가 될 수 있다는 뜻으로서,
이 글귀 아래부터는 군자 모습을
그리면서 기리고 있음. 《천자문》에서
되풀이하여 '효'를 그루박는 까닭은,
임금에 대한 '충(忠)'을 이끌어 내기 위한
이데올로기적 밑받침이 바로 '효'였기
때문임.

凊 : '얼음 빙(冫)' 자와 '푸를 청(靑)' 자로 이루어진 이 글자는- 물이 아시(애초)로 살얼었을 때처럼 푸른빛 나는 얼음
결을 뜻하므로 '서늘할 정' 자가 됨. 요즘에는 '맑을 청(淸)' 자와 뒤섞여 쓰고 있지만, 본디부터 서로 다른 글자임.
구실 : ①관청에서 실무를 맡아보던 것. 구실아치. ②온갖 세금을 도틀어 일컫던 말. ③마땅히 해야 할 맡은 바 책임.
템 : 쯤. 남짓. 만큼. 푼수. 정도(程度).
달소수 : 한 달이 좀 지나는 동안.
개력 : 산천이 바뀌어 옛 모습이 없어지는 것.

자식된 도리

추본성(鄒本成)이라는 사람이 있었습니다. 중국 명나라 끝무렵 사람인데 효자로 이름이 높았지요.

추본성 아버지는 술을 즐기는 사람이라 집안을 돌보지 않았습니다. 본성 아내 속씨(束氏)는 부지런히 길쌈을 해서 살림을 돕고, 본성은 힘써 농사를 지으며 뽕나무를 가꾸고 짐승을 기르며 물고기를 잡아 아버지를 받들어 모셨습니다. 그는 아침마다 채소 반찬이나마 정갈하게 밥상을 차리고, 낮에는 반드시 따뜻한 술에 안주를 갖추어 아버지한테 잡숫기를 권한 다음 부드러운 얼굴로 모시고 앉아 술을 쳐올렸습니다. 그리고 아버지가 취하면 노래를 불렀는데 노래가 끝나면 대야를 받들어 얼굴을 씻어 드린 다음 부축하여 잠자리에 드시게 하였습니다.

밤에는 반드시 이불을 덮어 드리고 가림막을 내렸으며, 잠든 다음에는 병풍 뒤에 서서 코 고는 소리를 듣고서야 물러났습니다. 첫닭이 울면 곧 일어나 아버지 곁으로 가 모셨으며, 제철에 맞는 싱싱하고 아름다운 몬을 만날 때마다 반드시 온갖 솜씨로 사다 드렸습니다. 구실*을 내는 일이나 반찬을 마련하는 일 아니면 저자에 가지 않았고, 농사짓고 나무하는 일 아니면 아버지 곁을 떠나지 않았습니다. 이렇게 30년을 이어 가는 동안 조금도 게을리 하지 않았습니다. 또한 아버지가 돌아가시자 몹시 슬퍼한 나머지 뼈만 앙상하게 남았고, 죽을 때까지 아버지를 그리워하는 마음을 가졌습니다.

지나친가요? 지나침 탬*이 아니라 할 수 없는 일이겠지요. 무엇보다도 살아가는 살림살이 속내가 다르기 때문입니다. 본성이라는 효자가 살았던 때가 농본주의 시대였다면 시방은 컴본주의 시대이기 때문이지요. 10년이면 강산도 변한다고 했는데 1년이면 변해 버리는 강산입니다. 1년이 아니라 달소수*만 지나면 개력*을 해 버려 당최 정신을 차릴 수가 없습니다. 초읽기로 빠르게 바뀌고 있는 이 기절초풍하고 혼비백산하는 시대에 '효도'를 얘기하는 것이 무엇한 일인지도 모르겠습니다. 정월 초하루와 가윗날에나 부모님을 찾아뵙고 한 달에 한 차례 전화로 안부를 여쭙는 것만 해도 효자로 표창장을 줘야 할 세상이니 말입니다.

난초 향기와 비슷하고,
소나무가 다옥함과 같다.

꽃은 수수하지만 그윽한 향기가
멀리까지 퍼져 나가는 난은 예로부터
군자(君子)의 덕화(德化)에 비겨졌고,
사시장철 늘 푸른 솔 또한 군자의
꿋꿋한 절개에 비겨졌으니- 어버이를
섬기는 '효도'와 임금을 섬기는 '충절'을
그루박는 것임.
'자부사군(資父事君)'부터 여기까지,
'충효(忠孝)'에 대해서 말하고 있음.

似
사
蘭
란
斯
사
馨
형
하고
如
여
松
송
之
지
盛
성
하니라

似
같을 사

蘭
난초 란

斯
이 사

馨
향기 형

如
같을 여

松
솔 송

之
갈 지

盛
성할 성

지궁 : 참된 마음. 온 힘을 다함. 정성(精誠).
다옥하다 : 깃다. 길차다. 숲지다. 메숲지다. 우거지다. 무성(茂盛)하다.
뒷누리 : 뒷세상. 후세(後世).

어머니를 위하여

김만중(金萬重, 1637~1692)은 본바탕이 더없이 효성스러웠습니다. 유복자(遺腹子)로 아버지 얼굴을 모르고 자랐기 때문에 이를 한뉘 가장 큰 슬픔으로 여겼지요.

어머니 윤씨부인(尹氏夫人)을 섬기는 데 그 지궁*스러움이 더없었습니다. 부인이 책을 좋아하므로 옛날 역사에 관한 것이나 이상한 책을 모아들이고 소설이나 이야기책 같은 것을 가지고 밤낮으로 옆에서 이야기해 드려 어머니를 즐겁게 하였습니다.

어려서부터 죽을 때까지 나랏일로 조정에 나가는 것을 빼놓고는 곁을 떠난 적이 없으며 따로 살게 된 뒤에도 아침 일찍 뵙고 밤이 늦어서야 돌아갔습니다. 이웃 사람이 몰래 지켜보았지만 한 번도 어긴 적이 없었으니, 공 효성이 이와 같았습니다. 그러나 나랏일에 대해서 할 말이 있을 적에는 어머니가 늙었다 하여 조금이라도 꺼리는 일이 없었습니다. 공이 처음 귀양길을 떠날 적에 부인은 꾸밈없이 말하기를 "먼 곳으로 귀양 가는 일은 옛 어른들도 면치 못하던 것이니, 어서 떠나라. 스스로 몸을 돌보고, 나 때문에 걱정하지 말아라." 하였습니다. 《구운몽(九雲夢)》 큰 줄거리는 '공명과 부귀는 일장춘몽에 불과하다는 것인데, 이것은 어머니가 걱정하는 마음을 어루만져 드리기 위하여 지은 것이기 때문이지요.

《서포만필(西浦漫筆)》에 나오는 대문으로 김만중 효행을 잘 알려 주고 있습니다. 3백여 년이 흐른 이제까지도 김만중 《구운몽》 하면 모르는 이가 없을 템이니, 난초같이 향기로운 그 이름이 솔처럼 다욱한* 것이 아니고 무엇이겠습니까.

인재명(人在名)이요 호재피(虎在皮)라는 말이 있습니다. 사람은 죽으면 이름을 남기고 호랑이는 죽으면 가죽을 남긴다는 뜻으로, 사람은 마땅히 아름다운 일을 하여 그 훌륭한 이름을 뒷누리*에까지 끼쳐야 한다는 말이지요. 인사유명(人死留名) 호사유피(虎死留皮)라고도 합니다.

아름다운 이름을 남긴 사람치고 효행이 뛰어나지 않았던 이가 없습니다. 아름다운 이름을 남긴다는 것은 사람답게 살았다는 것을 뜻하며, 사람답게 살아가는 데 있어 첫째가는 벼리가 효행이 됩니다. 효자가 충신된다는 옛말이 이것을 잘 말해 주고 있습니다.

川流不息하고 淵澄取映하니라

천류불식 연징취영

내 천

川

흐를 류

流

아니 불

不

쉴 식

息

못 연

淵

맑을 징

澄

취할 취

取

비칠 영

映

내는 흘러 쉬지 않고,
못물이 맑으면 비춰 봄을 얻을
수 있다.

시냇물이 쉬지 않고 흐르는 것과 같이
부지런히 책을 읽어 물몬 갈피를
헤아리기를 게을리 하지 않고 보면, 맑은
못에 온갖 것이 비춰듯이 이 세상에서
일어나는 모든 일 – 아름답고 더럽고
옳고 그름을 밝혀낼 수 있다는 말임.
'천류불식(川流不息)'은《논어》
〈자한(子罕)〉편「가는 것은 이와 같겠지,
밤낮을 가리지 않으니. 逝者如斯夫
不舍晝夜」를 다시 쓴 것임.

갈닦다 : 갈고 닦다. 연마(研磨)하다.
게염 : 욕심(慾心). 탐욕(貪慾). 물욕(物慾).
드레지다 : 사람됨이 무게가 있다.
끼끗하다 : ① 생기가 있고 깨끗하다. ② 싱싱하고 길차다.

하늘이 울어도 울지 않으리

처사(處士) 조식(曹植, 1501~1572)은 지리산 밑에 있는 백운동(白雲洞)에 숨어 살면서 글 읽는 방을 짓고 이름을 '산천재(山天齋)'라 하였습니다. 장 문을 닫고 혼자 앉아서 글을 읽는데, 하루 종일 아무 소리도 나지 않고 고요하였습니다. 가끔 손가락으로 책상을 쳐서 조금 소리가 들려 밖에 있는 사람은 이것으로 아직도 글을 읽고 있다는 것을 알았을 만큼이었습니다. 밤이 되어도 그러하였고 새벽에 이르도록 또한 똑같았습니다. 칼 한 자루를 늘 곁에 두고 있는데, 잠이 오려 할 때면 칼을 어루만져 잠을 쫓았습니다. 칼자루에다 글을 새기었으니, '속이 밝은 것은 우러르는 마음이요, 겉으로 자를 수 있는 것은 의를 나타내는 것 內明者敬 外斷者義'이라 하였습니다. 오랫동안 몸과 마음을 갈닦아[•] 게염[•]이 없어지고 깨끗이 가시어져서 천길 벼랑 끝에 우뚝 서 있는 것과 같은 드레짐[•]과 끼끗함[•]이 있었습니다. 머물러 살고 있는 곳에 모두 단청(丹靑)을 칠하였으니, 이는 밝고 깨끗한 것을 위함이었습니다. 제자가 "단청은 가난한 선비에게 걸맞지 않습니다."라고 하니, 공은 웃음의 말로 대꾸하기를 "나는 부귀한 기운으로 살지, 아담한 정취를 따르지 않는다." 하였습니다. 뒷날 선비들은 남명(南溟) 선생이라고 부릅니다.
남명과 퇴계(退溪)는 같은 해 같은 영남에 태어났으나 여러 쪽에서 두드러지게 달랐습니다. 퇴계는 많은 책을 지어 남겼으나 남명은 몇 조각 글을 남겼을 뿐입니다. 과거를 하여 종일품 벼슬을 지낸 퇴계는 종묘(宗廟)와 문묘에 배향되었으나 과거를 하지 않은 남명은 육품 아래 별 볼일 없는 자리를 제수받았지만 한 번도 나아가지 않았습니다. 퇴계 학문이 경(敬)을 으뜸 삼는 주리적(主理的)이라고 한다면 남명 학풍은 의(義)를 받드는 주기적(主氣的) 쏠림이 짙습니다. 덕천서원(德川書院)에 걸려 있는 남명 시입니다.

보게, 저 천석들이 쇠북은
크게 치지 않으면 울리지 않으니
어쩌면 두류산처럼 하늘이 울어도
울지 않으리!

容止는 若思하고 言辭는 安定하라
용지 약사 언사 안정

매무새와 몸가짐을 마치
생각하는 듯하고,
말 씀씀이는 조용하고
올바르게 해야 한다.

'용지(容止)'는 생김새와 몸가짐을
뜻하고, '약사(若思)'는 '생각하는
것처럼'이라는 뜻이며,
'언사안정'은 가리새 있게 알아듣기
쉽도록 말을 해야 한다는 뜻임.
'언사안정(言辭安定)'은 《예기》
〈곡례(曲禮)〉편「말을 가라앉게 해야만
백성을 편안히 다스릴 수 있다. 安定辭
安民哉」를 다시 쓴 것임.

容 얼굴 용

止 그칠 지

若 같을 약

思 생각 사

言 말씀 언

辭 말씀 사

安 편안 안

定 정할 정

《**명물도수(名物度數)**》: 명목(名目)·사물(事物)·법식(法式)·수량(數量)을 담은 왕조시대 교양서.
지망지망: ①조심성 없고 자발없게 나부대는 꼴. ②투미하여 무슨 일에나 데면데면한 꼴.
직수굿하다: ①거스를 뜻이 없이 풀기가 죽어 수그러져 있다. 시키는 대로 순순히 굽실거리는 낌새가 있다. ②나이
가 꽤 많다.

아홉 가지 생각

학문에 나아가고 슬기를 더하는 데는 '아홉 가지 생각'보다 더 썩 종요로운 것은 없다고 하였습니다. 《명물도수》에 나오는 말입니다. 몸가짐이 지망지망하고 말에 드레짐이 적다고 할아버지한테 걱정을 들을 때면 입안엣소리로 외워 보는 것이 있었으니, '구사(九思)'였습니다.

보는 데는 똑똑히 볼 것을 생각하며, 듣는 데는 틀림없이 들을 것을 생각하며, 낯빛은 따뜻하고 부드러워야 할 것을 생각하며, 몸가짐은 직수굿하여야 할 것을 생각하며, 말하는 데는 충성스러울 것을 생각하며, 일에 있어서는 떠받들 것을 생각하며, 믿지 못할 것이 있으면 물을 것을 생각하며, 골나는 것이 있을 때는 근심하고 어려운 일이 생길 것을 생각하며, 얻는 것이 있을 때는 마땅한 것인가 아닌가를 생각한다.

"귀루는 남의 허물을 듣지 말구, 눈으루는 남의 흠을 보지 말구, 입으루는 남의 허물을 말허지 않아야만 왈 군자라 헐 수 있너니……."

할아버지는 지그시 눈을 감으시었고, 이 중생은 두 주먹에 힘을 주었습니다. 꿇고 앉은 두 무릎 위에 올려놓고 있던 두 주먹에 힘을 주며 군자(君子)가 될 것을 다짐해 보는 것이었는데, 포갠 발뒤꿈치로 뒷부끄리를 꼭 눌러 막아야만 하였습니다. 물방귀가 비어져 나오는 때문이었습니다. 소리도 없고 내음도 없는 물방귀는 잇달아서 비어져 나오는 것이었고, 아아. 배가 고픈 것이었습니다. 아침이라고 먹은 것이 시래기죽이었는데 부엌 쪽에서는 아무런 소리도 들려오지 않는 것이었습니다. 명주꾸리처럼 길고 또 길기만 하던 날도 가서 토방에는 벌써 그늘이 짙은데, 솔가지 타는 소리는 들려오지 않는 것이었습니다. 쌀되나마 변통해 보겠다며 새벽같이 사립 나선 할머니는 상기도 돌아오지 않고 계신데, 할아버지 헛기침 소리 높이 떠서 흩어졌습니다.

"승내기를 심히 허면 긔운을 상허게 되구, 생각이 많은즉 크게 정신을 상허너니라. 정신이 고달프면 마음이 수고로워지기 쉽구, 긔운이 약혜진즉 빙이 나너니라."

밥을 못 먹어서 기운이 없다는 말씀을 차마 못 드리고 있는데, 할아버지는 다시 말씀하시었습니다.

"슬퍼허구 기뻐허넌 것을 심허게 허지 말구, 음식은 마땅히 고르게 헐 것이며……."

첫발 뗄 때 온 힘을 쏟는 것이
참으로 아름답고,
끝맺음을 삼가면 마땅히
훌륭하게 될 것이다.

어버이를 섬기는 몸가짐을 말하고
있으니- 어렸을 적 어버이를 따르던 그
마음을 자라면서도 잊지 말라는 뜻임.
'신(愼)'은 조심스럽게 그 마음을
다한다는 뜻이고, '영(令)'은 훌륭하다는
뜻임.

篤初는 誠美하고 愼終은 宜令이라
독 초   성 미   신 종   의 령

篤 도타울 독
初 처음 초
誠 정성 성
美 아름다울 미

愼 삼갈 신
終 마칠 종
宜 마땅 의
令 하여금 령

독판치다 : 혼자서 판을 치다. 독장치다.
제이룸 : 자기실현(自己實現).
성성자(惺惺子) : '성성(惺惺)'은 정신이 흐리멍덩하지 않고 깨어 있다는 말인데, 여기서는 방울 소리가 사람 마음을
깨우쳐 준다는 뜻임.
이사(李斯, ?~B.C. 208) : 중국 진(秦)나라를 멸망케 하였다는 법치주의자.

나아가고 물러남

"선비의 큰 절개는 오직 출처에 달려 있다. 내 평생에 한 가지 취할 점이 있다면 그것은 죽는 한이 있어도 벼슬에 구차하게 따르지 않은 일이었다."

조선왕조 가운데 때 큰 선비였던 남명(南溟) 조식(曹植) 선생이 한 말입니다. 남명이 말한 '출처(出處)'는 나아가고 물러남을 말하는 것으로서 선비정신 고갱이가 됩니다. 비롯됨과 마침을 말하는 것이지요.

남명은 칠십 한뉘를 산림처사(山林處士)로 지낸 분이었습니다. 남명이 처음부터 정사에 나아가는 것을 박찼던 것은 아니었습니다. 명종(明宗) 때 윤원형 패거리 척족 세력들이 권세자루를 독판치는˚ 것을 보고 어쩔 수 없이 정사에 나아가는 길을 버리고 제이룸˚ 길을 골랐을 뿐입니다.

"배운 것을 밀고 나아가지 않는다면 이는 배우지 않음만 같지 못하고 오히려 죄를 저지르는 것이 된다."

그는 늘 '성성자˚'라는 방울을 차고 다녔으니, 스스로를 깨치려는 애타는 선비정신에서였습니다. 그는 또 책상 앞에 검을 놓아두었는데, 방울은 '경(敬)'을 나타내고 검은 '의(義)'를 다짐합니다. 안팎을 똑같이 살펴보자는 뜻에서였지요.

흔히 퇴계(退溪) 학문은 '경'에 있고 남명 학풍은 '의'에 있다고 하지만 '경'과 '의'는 한 얼굴 두 이름일 뿐 맞서는 '이데올로기'가 아닙니다.

「경으로써 마음을 곧게 하고 의로써 몸가짐을 반듯하게 한다.」라는 것이 《역경》 가르침입니다. 뒷날 두 분을 따르던 선비들이 스승 학문을 드높이려는 마음으로 '경'과 '의' 한쪽만을 그루박는 길에서 두 분이 태어난 곳을 따라 퇴계 경상좌도는 '경'이 힘주어지고 남명 경상우도는 '의'가 힘주어진 것이지요.

남명을 모시는 세 곳 서원(書院)이 대원군(大院君) 때 다 헐리게 됩니다. 그때 뭇입이 남명 문하에서 나온 정인홍·최영경 같은 이가 순자(荀子) 문하에서 나온 이사˚와 같다고 보았기 때문입니다. 관념보다 실천을 무겁게 보는 그들 정신이 두려웠던 것이지요.

출처를 모르는 사람들이 저마다 나라를 다스리겠다고 설쳐대는 오늘, 우레 같은 남명 선생 선비정신 하늘을 찌릅니다.

높은 뫼가 큰 기둥인 양	잠깐이나마 내려온 적 없건만
하늘 한쪽을 떠받치어	또한 꾸밈없지 않음이 없네.

공적 쌓은 일을 피어나게 하는
터전이 된다면,
훌륭해짐이 마침없으리라.

공적 쌓는 일 터전으로 삼아야 할 것은
'자부사군(資父事君)'이라는 글귀 아래를
가리키고,
이렇게 하였을 때 훌륭한 이름을
드날리게 될 것이라는 것이
'자심무경(藉甚無竟)'임.

榮業은 所基이오 籍甚無竟이니라

영 업 소 기 자 심 무 경

榮 영화 영
業 일 업
所 바 소
基 터 기

籍 떠들썩할 자
甚 심할 심
無 없을 무
竟 마칠 경

籍 : '호적 적(籍)'으로 읽는 경우가 많지만 이 경우 '떠들썩할 자' 자로 읽어야함.
부가옹(富家翁) : 부잣집 늙은이.
사례(四禮) : 관례(冠禮)·혼례(婚禮)·상례(喪禮)·제례(祭禮). 관혼상제(冠婚喪祭).
초초하다 : 간략(簡略)하다. 바빠서 거칠다.
결전(結錢) : 논밭에 매기는 세금. 결(結)은 논밭 넓이 낱자리로 구실을 셈할 때 썼음. 1결은 1동(백뭇) 열 배로, 그 넓이는 시대에 따라 달랐음.
역역(力役) : 몸으로 치르는 품일. 노역(勞役). 몸일. 신역(身役).

옥황상제 꿈

옛날에 선비 세 사람이 있었는데, 옥황상제한테 저마다 바람을 말하였습니다. 첫째 선비가 말하였습니다.

"겸손하고 검박하며 의로운 것이 아니면 쌀 한 톨이라도 취하지 않겠습니다. 감미로운 술과 여색에 재물을 허비하지 않고, 달면 삼키고 쓰면 뱉어 버려 오로지 입과 창자를 위한 일만을 하지도 않겠으며, 가난한 사람을 업신여기어 남의 급한 처지를 생각해 주지 않는 일이 없겠고, 보기에 아름다운 것만을 취하고 추한 것을 미워하여 처자 권속을 소리쳐 핍박하며, 하늘이 낸 물건을 함부로 허비하여 아까운 줄을 모른 채 헛되이 씀이 절제가 없지도 않겠습니다."

옥황상제가 고개를 끄덕이었고, 두 번째 선비가 말하였습니다.

"원컨대 이 사람은 부가옹(富家翁)˚이 되고 싶습니다. 반드시 내 손으로 거만의 황금을 쟁여 두고 종자 천 말을 뿌릴 수 있게 되어, 어버이를 섬기고 처자를 기르는 데 동기간을 괴롭히지 않으며 사례(四禮)˚에 그 곡진한 예를 다 갖추게 하고, 가난한 친족과 친구를 돌보아 주는 일과 걸인을 맞아들여 먹이고 잠재우는 일에 이르기까지 그 마음을 다하는 데 어려움이 없게 하겠습니다."

옥황상제가 고개를 끄덕이었고, 세 번째 선비가 말하였습니다.

"저는 부귀공명을 간구하지 않겠습니다. 산을 등지고 물을 굽어보는 곳을 찾아 초초하게˚ 삼간초가를 짓고 두어 이랑 논과 몇 그루 뽕나무가 있어 하늘에는 수해와 한재가 없고 땅에는 결전˚도 역역˚도 없어서 아침 밥 저녁 죽일망정 여름 베옷은 다만 해지지 않고 깨끗하기를 바랄 뿐이며, 겸하여 자식과 아우가 그 직분을 나누어 맡아 훈계하고 타이르는 일로 애쓰는 일이 없고…… 마음에는 반드시 하고자 하는 일이 없고 몸도 또한 평안하며 수가 백세에 이르렀다가 잠들 듯 고요히 왔던 곳으로 돌아가고자 합니다."

옥황상제가 한숨을 쉬며 말하였습니다.

"아아, 그것이 이른바 깨끗한 복이 아니던가. 그 깨끗한 복은 세상사람 모두 원하는 바이며 하늘에서도 매우 아끼는 바가 아닌가. 만약 사람마다 구한즉 문득 얻어질 수만 있다면, 어찌 써 선비뿐이겠는가. 내가 마땅히 먼저 그렇게 되어 그 깨끗한 복을 누릴 것인즉…… 옥황상제가 무엇이 부러우리오."

學 배울 학
優 넉넉할 우
登 오를 등
仕 벼슬 사

攝 쥘 섭
職 벼슬 직
從 좇을 종
政 정사 정

學優면 登仕하고 攝職從政하니라

학 우 등 사 섭 직 종 정

배운 것이 넉넉하면
벼슬에 오를 수 있고,
자리를 잡아 정사(政事)에
몸담는다.

'학우등사(學優登仕)'는《논어》
〈자장(子張)〉편「벼슬을 살다가도
남은 힘이 있으면 배울 것이고,
배우다가도 남은 힘이 있으면 벼슬을
살 것이다. 仕而優則學 學而優則仕」를
다시 쓴 것이고, '섭직종정(攝職從政)'은
《논어》〈옹야(雍也)〉편「자로(子路)는
냅뜰성* 있고 자공(子貢)은 탁 트였으며
염유(冉有)는 재주가 있으니, 정사를
맡는 데 무슨 어려움이 있겠는가? 由也果
賜也達 求也藝 於從政乎 何有」라고 한
공자님 말씀을 다시 쓴 것임.

냅뜰성 : 다부짐. 과단성(果斷性).
마전장수 : 피륙을 마전(표백)하고 물들이는 일을 하는 사람.
상서(尙書): 정이품으로 육조 으뜸벼슬인 '판서(判書)' 다른 이름.
《호산외사(壺山外史)》: 조선왕조 헌종 때 보잘것없는 집안에서 태어났으나 그림과 글씨에 뛰어났던 문인 호산(壺山)
조희룡(趙熙龍, 1789~1866)이 미천한 계층 출신으로 학행(學行)이 뛰어난 사람·문장가·시인·서예가·화가, 의약·복서
(卜筮)·음률에 뛰어난 사람들을 택하여 그 인물과 발자취를 전기체로 기술하고 그 끝에 자신 평인 '찬(讚)'을 붙인 책.

청백리(淸白吏) 이야기

김수팽(金壽彭)이라는 사람이 있었습니다. 영조(英祖) 때 호조 아전으로 있으면서
청렴결백하게 제자리를 지켰던 열장부(烈丈夫)였지요. 아우 또한 선혜청 아전으로
있었는데, 수팽이 하루는 아우 집에 가니 독들이 뜰에 벌여 있고 검푸른 자국이 눈에
띄었습니다.

"무엇에 쓰는 것인가?"

하고 물으니, 아우가 대답하였습니다.

"아내가 마전장수*를 하고 있습니다."

수팽이 크게 노하여 아우를 매질하며 말하였습니다.

"우리 동기는 다 나라에서 녹을 받고 있는데 이런 일을 업으로 한다면 저 가난한 사람들은
장차 무엇을 생업으로 하겠는가."

아우에게 동이를 엎어 버리게 하니, 푸른 물감이 콸콸 흘러내려 도랑에 가득하였습니다.
수팽이 하루는 공문서를 갖고 상서* 집에 결재 받으러 갔더니, 상서가 마침 손님과 바둑을
두고 있었습니다. 뜰아래서 허리 굽혀 인사하는 그를 보더니 머리만 끄덕이고는 그냥
바둑만 두는 것이었습니다. 한참 동안 기다렸지만 아무 말이 없었습니다. 수팽이 청마루로
올라가 손으로 바둑알을 쓸어버린 다음 뜰 아래로 내려와 머리를 숙였습니다.

"대감, 죽을죄를 지었습니다. 하지만 이것은 나랏일이니 늦출 수 없습니다."

상서 수결을 받아 다른 아전한테 주어 일을 해 나가게 한 다음, 곧 사표를 내었습니다.
상서가 사표를 되돌려 주었습니다.

《호산외사》*에 나오는 이야기입니다. 지은이 찬(讚)입니다.

> 그 사람을 생각해 보니 엄숙한 기운이 핍절하구나. 들으니, 그가 어린 시절에 집이 가난하여
> 그 어머니가 몸소 밥 짓고 불 때는 일을 하였다. 하루는 부엌 아궁이 밑에서 감추어진
> 황금을 찾아내게 되었는데 깜짝 놀라 도로 묻어 버렸다. 그리고 집을 팔고 이사한 다음
> 남편에게 말하였다. "갑자기 부자가 되는 것은 상서로운 일이 아니므로 그것을 갖지
> 않았습니다. 그러나 그곳에 살면 황금이 묻혀 있는 곳에 마음이 끌리지 않을 수 없습니다."
> 이 어머니가 아니었다면 이 아들을 낳을 수 없었을 것이다.

공무원들 부패타락상과 권력자 자식이며 친인척 비리로 세상이 시끄럽습니다. 저마다
높은 자리와 학벌을 자랑하는 이들인데, 하급 공무원에 지나지 않았던 사람 몸가짐이 이와
같았습니다.

이 팥배나무*를 남겨두라,
떠난 뒤 더욱 기려서 읊는다니

주(周)나라 소목공* 호(虎)가
남순(南巡)할 때 감당수(甘棠樹) 아래
머물며 백성들 아픈 곳을 잘 어루만져
주었으니, 그가 죽은 다음 인민들이
감당편(甘棠篇)이라는 추모시를 지어
덕을 기렸다는 말임.《시경》〈감당〉편을
다시 쓴 것임.

存以甘棠하라 去而益詠하리니
존 이 감 당　거 이 익 영

存 있을 존
以 써 이
甘 달 감
棠 아가위 당

去 갈 거
而 말이을 이
益 더할 익
詠 읊을 영

팥배나무 : 배나무와 비슷하나 작고 2월에 흰 꽃이 피어 배보다 작은 열매가 열리는데 서리가 내릴 때쯤 먹을 수 있음. 예로부터 이 팥배나무에 배나무를 접붙여서 과수로 키워 왔음.

소목공(召穆公) : 중국 주(周)나라 때 정치가. 산동반도를 쳐부수는 동방(東方) 경로(經路) 사업으로 주나라 터전을 닦았음.

부시 : 부싯돌을 쳐서 불이 일어나게 하던 쇳조각. 꼴이 주머니칼을 접은 것 같았음. (火刀).

오늘 이 도적을 보내노라

과천현감(果川縣監)이 다른 고을로 갈려 가는 날이었습니다. 관아 들목에 있는 비석거리로
가는 현감 심기는 여간 좋은 것이 아니었습니다. 즐비하게 늘어선 앞 원들 송덕비(頌德碑)
앞에 자기 송덕비가 세워지는 것이었습니다. 고을 인민들이 모여 백성들 살림살이를
잘 보살펴 준 공덕에 대해서 입에 침이 마르게 기려 줄 것이었습니다. 고을 늙은이들과
방귀깨나 뀐다는 고을 유지들과 제막식만 하면 될 것이었습니다. 송덕비 위에 고이 싸둔
명주나 무명 또는 조선종이만 벗겨 내면 될 것이었습니다. 나라 안에서 가장 좋다는
남포오석(藍浦烏石)으로 다듬은 비석에는 제 공덕을 기리는 멋들어진 글귀가 새겨져 있을
것이었습니다.
사람들 인사를 받으며 얄보드레 하이얀 명주를 걷어 내던 현감은, 흡. 숨을 삼키었습니다.
비석에 새겨져 있는 글귀 때문이었습니다.

　　今日送此盜

구양순체를 흉내 낸 졸필 뜻인즉, 「오늘 이 도적을 보내노라.」
아랫것이 부시* 쳐 올리는 장죽 몇 모금으로 낯빛을 고친 현감은 이방(吏房)을 시켜
지필묵(紙筆墨)을 가져오게 하였습니다. 그리고 새겨진 비문 곁에 써 붙이기를,

　　明日來他盜　　내일 또 다른 도적이 올 것이다
　　此盜來不盡　　이 도적은 끝없이 올 터인즉
　　擧世皆爲盜　　세상이 모두 도적인 탓이다.

'민나도로보데스'라는 왜말이 저잣거리 퍼짐말이 되고 있습니다. '모두가 도둑놈'이라는
뜻이라고 합니다. 정치인도 도둑놈이고 기업인도 도둑놈이고 이른바 지식인도
도둑놈이고 공무원도 도둑놈이고 예술가라는 자들도 죄 도둑놈이라고 귓속말로가 아니라
'마이크'에 대고 외쳐 댑니다. 목이 탑니다. 시원한 찬물이라도 한 바가지 들이켜고 싶은데,
기름값보다 비싼 생수값입니다.

음악은 자리 높음과 낮음에
따라 다르고,
예도(禮道)는 윗사람과
아랫사람을 가린다.

임금을 섬기는 일에서 가장 대모한
것이 자리 높낮이를 뚜렷하게 나누는
일이었고, 이렇게 나누어진 자리 듬을
지켜 나가기 위한 낱낱 솜씨로 만들어진
것이 '예(禮)'라고 보면 됨.
이 글귀 아래는 이에 관해서 풀이하고
있음.

樂은 殊貴賤하고 禮는 別尊卑하니라

락 수 귀 천 예 별 존 비

禮 예도 례
別 다를 별
尊 높을 존
卑 낮을 비

樂 즐거울 락
殊 다를 수
貴 귀할 귀
賤 천할 천

노자(老子) 가르침

"꾸미지 않고 수수하게 사는 것이오."

기러기 한 마리 들고 찾아간 공자(孔子)가 '예(禮)'에 대해서 물었을 때 노자가 한 말이었다고 합니다. 공자가 머리 숙여 예를 갖춘 다음 떠나려 하자 노자가 다시 말했다고 합니다. 부귀한 사람은 남을 보낼 때 재물을 주고 어진 사람은 몇 마디 말을 해 준다는 옛말 그대로였습니다.

"훌륭한 장사꾼은 장사 물건을 깊이 감춰 두고 밖으로는 내놓지 않는다 하오. 겉으로는 알 수 없으나 안으로 훌륭한 인격과 학문을 품고 있는 사람을 군자라고 부르오. 겉으로는 어리석어 보이는 사람이 현명한 사람이오. 총명해서 사리 분별을 잘하는 사람이 위험한 고비에 부딪히는 것은 남을 비판하기 좋아하기 때문이오. 넓게 꿰뚫어서 말을 잘하는 사람이 위험에 빠지게 되는 것은 남 잘못된 점을 잘 들춰내기 때문이오."

다 쓰러져 가는 집과 같은 주(周)나라를 다시 일으켜 세우고자 이리저리 뛰어다녔던 것이 공자였습니다. 노자 생각은 달랐으니, 때늦게 애쓰다가 쓰러지는 집에 깔려 다치는 것보다 밖으로 뛰쳐나가는 것이 낫다는 것이었지요. 이른바 '현실'과 '초월'로 갈라지는 대목이며 유가(儒家)와 도가(道家) 다른 점이기도 합니다.

초(楚)나라 사람으로 장강 아랫녘 사상을 대표했던 노자 본디이름은 이이(李耳)였다고 합니다. 그 사상철학은 노자오천언(老子五千言), 곧《도덕경(道德經)》이라는 책으로 전해지는데, 귀 있는 사람은 들어 보라는 생각에서 이름을 '이(耳)'라고 했는지 모르겠습니다.《도덕경》중심 사상은 한마디로 '무위자연(無爲自然)'입니다. 아무것에도 걸림 없이 새처럼 훨훨 날아다니고 좌르르 콸콸 물처럼 흘러가며 바람처럼 또 늘 떠나되 떠나지 않고 늘 머무르되 머무르지 말자는 것이었지요.

'악(樂)'과 '예(禮)'는 한몸뚱이 두 이름입니다. 마음이 맑아져야 몸가짐이 바르게 되는 것입니다. 이른바 성군(聖君) 소리를 듣는 임금들마다 음악 대모함을 그루박았습니다. 엉터리 지도자일수록 요란한 소리판을 벌이기 좋아합니다. 의식(衣食)이 족해야 예절을 안다고 하였습니다. 배고픈 사람들이 달려가는 노래방 잡가소리 귀청을 찢습니다. 예란 사회의식을 말합니다. 사람이 사회를 만드는 것이 아니라 사회가 사람을 만든다고 보았던 것이 순자(荀子)였습니다. 그리고 맑스였지요.

上和下睦하고 夫唱婦隨하니라

<small>상화하목</small>

<small>부창부수</small>

위에서 따사로워야
아래에서 구순하고,
지아비가 이끌면 지어미는
따른다.

'상화하목(上和下睦)'은 부부 사이 나눔이
똑같은 사이에서 이루어지는 것이
아님을 뚱겨 주고 있고,
'부창부수(夫唱婦隨)'는 지아비는
지어미보다 앞서야 하고 지어미는
지아비를 앞질러서는 안 되는 것이 부부
사이에 지켜져야 할 윤리라는 남성 우위
이데올로기를 보여 주고 있음.

上 위 상
和 화할 화
下 아래 하
睦 화목할 목

夫 지아비 부
唱 부를 창
婦 지어미 부
隨 따를 수

구순하다 : 말썽 없이 의좋게 잘 지내다.
비나리 : 신불(神佛)에게 앞길 넉넉살이(행복·행운)를 비는 말.
어르기 : 성합(性合).
알천 : 재물(財物).
여늬 : 여간. 예사. 흔히. 두루. 보통(普通).
땅불쑥하다 : 동뜨다. 별나다. 남다르다. 별다르다. 유난하다. 유다르다. 뛰어나다. 빼어나다. 특별(特別)하다.

좌우로 나란히

상하는 무엇이고 부부라는 것은 또 무엇일까요?

평등과 자유가 남김없이 이루어졌던 모둠살이가 원시공산시대였습니다. 그때에는 삶에 쓸모 있는 만큼만 함께 일해서 똑고르게 함께 나누었으므로 맑스가 말한 '잉여가치'라는 것이 있을 수 없었지요. 살림살이에 쓰고 남는 것이 없으므로 남보다 좋은 몫을 더 많이 갖고자 하는 다툼이 없었을 것입니다. 다툼이 없으므로 적어도 일하는 때를 뺀 나머지 겨를에는 더불어 함께 노래하고 춤췄습니다. 바람 불고 비 내리며 눈보라 휘몰아치는 하늘을 우러러보며 비나리*를 하였으니, 이른바 '종교'와 '예술'이 비롯하게 됩니다. 하늘이 준 바탕마음씨라고 하는 어르기* 또한 테밖이 아니었습니다. 억누르고 막는 아무런 틀도 없었습니다. 일이 있음으로 해서 사람무리 발자취가 비롯되었다고 하는데, 일이 있기 전에 어르기가 있었습니다. 아니, 어르기 그것이 맨 처음 일이었습니다. 그때에는 사내와 계집 나눔이 없었습니다. 오로지 똑같은 사람일 뿐이었습니다.

평등과 자유가 깨어지게 된 것은 일부일처제부터입니다. 일부일처제가 뿌리를 내리게 된 데에는 뚜렷한 까닭이 있으니, 사유재산 자라남이 그것입니다. 모권사회가 부권사회로 넘어오면서 집안사람을 거느리는 사내로서는 제 알천*을 물려줄 뚜렷하고 오직 하나뿐인 핏줄이 쓸데 있었습니다. 일부일처제라고 하는 것은 한마디로 식구 가운데 사내 자리세움과 알천 지키기 그리고 대물림을 위해 만들어진 틀거리라고 보면 됩니다. 힘센 사내들이 천량을 도차지하며 생겨난 틀거리인 것입니다. 도차지한 천량을 계집한테는 그만두고 다른 사내들한테도 빼앗기지 않고 저를 닮은 사내 곧 아들한테 물려줌으로써 오래오래 제가 이 누리에 있었음을 잊어버리지 않게 하고자 하는 바람 뒤끝입니다.

'가족제도'가 무너져 가고 있습니다. 무너지는 소리가 여기저기서 들려옵니다. 농촌이 무너지면서 '핵가족'이라는 것이 생겨나더니, 이제는 그것마저 무너지고 있습니다. 사람들이 시집가고 장가들 생각을 하지 않습니다. 여성 쪽이 더욱 심해서 서른은 여늬*고 마흔 넘은 처녀들도 수두룩합니다. 혼자서 자유롭게 살며 꿈을 펴 보겠다는 것이지요. 아직은 남다르게 땅불쑥한* 솜씨를 지닌 사람들한테만 주어지는 자유지만, 모권사회가 오는 조짐으로 보입니다.

外 밖 외
受 받을 수
傅 스승 부
訓 가르칠 훈

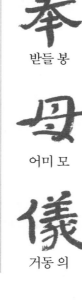

入 들 입
奉 받들 봉
母 어미 모
儀 거동 의

外受傅訓하고 入奉母儀하니라
외 수 부 훈
입 봉 모 의

밖에 나가서는 스승 가르침을
받고,
들어와서는 어진 어미
몸가짐을 받든다.

사람 신분이 귀하고 천하고 높고 낮은
것은 식구에 대한 자리매김과 교육에서
비롯되므로, 이 글귀 아래부터는 이에
따른 속뜻이 이어짐.
'남자 교육은 밖에서 이루어져야 하고
여자 교육은 집안에서 이루어져야
한다'는 이 글귀에는 가부장제
이데올로기가 들어 있음.

비�쌔다 : ① 마음에는 있으면서도 겉으로는 안 그런 체하다. ② 수더분한 맛이 적어 무슨 일에나 한데 어울리기를 싫어하다.

맹자(孟子) 어머니

중국 전국시대 추나라 맹가(孟軻, B.C. 372?~B.C. 289?) 집은 무덤 가까운 곳에 있었습니다. 맹가는 어릴 때부터 무덤 사이에서 하는 일을 흉내 내며 놀았습니다.

맹가 어머니는 '이곳은 아들을 있게 할 곳이 못 된다' 생각하고 집을 옮겼는데, 저자 곁이었습니다. 맹가는 장난하고 노는데 장사치들이 물건을 팔고자 소리 질러 널리 알리는 일을 흉내 내었습니다. '여기도 아들을 있게 할 곳이 못 된다' 생각하고 다시 학교 옆으로 집을 옮겼습니다. 아들이 장난하고 노는데 곧 음식을 차려 놓고 얌전하게 비쌔며* 권하는 일을 흉내 내었습니다. 맹가 어머니는 '이곳이야말로 내 아들을 있게 할 곳이다' 생각하고 머물러 살았습니다.

"네 배움이 어느 틈에 이르렀느냐?"

맹가가 학교에 갔다 왔을 때 어머니는 물었습니다. 맹가가 대답하였습니다.

"그저 그대로입니다."

그러자 맹가 어머니는 칼을 뽑더니 짜던 베를 잘라 버리는 것이었습니다.

"네가 학교에 가서 배우기를 그만두는 것은 내가 이 베 짜던 것을 잘라 버리는 것과 같다."

맹가는 깨달은 바가 있어 아침저녁으로 골똘히 책을 읽고 세상 갈피를 깊게 파고들어 마침내 이름 높은 선비가 되었습니다. 뒷세상 선비가 말하기를 "맹가 어머니야말로 참으로 사람 어머니 된 도리를 아는 분이다." 하였습니다.

이름난 맹자(孟子) 어머니 이야기로 《고녀열전》에 나옵니다. 맹자가 아성(亞聖), 곧 공자님 다음가는 버금성인으로 우러름을 받게 된 데는 이처럼 어머니 가르침이 있었던 것입니다. 어머니이면서 또한 스승이었던 셈이지요.

오늘 어머니들은 어떠한가요. 자식을 위해서 이사를 간다는 점에 있어서는 똑같습니다. 한 가지 다른 점이 있다면 맹자 어머니는 사람다운 사람을 만들고자 이사를 한 것이고 오늘 이 땅 어머니들은 좋은 학교에 보내기 위해서 그런다는 것입니다. 이른바 '경쟁력 강화'가 국가 이데올로기로 되어 있는 판에서 어머니들만 무어라고 할 수 없다는 데 골칫거리 어려움이 있습니다.

諸姑伯叔은 猶子比兒하며

제고백숙 유자비아

諸 모두 제
姑 시어미 고
伯 맏 백
叔 아재비 숙

猶 같을 유
子 아들 자
比 견줄 비
兒 아이 아

모든 고모와 큰아버지와 삼촌들은, 조카를 자기 자신처럼 여기고 자기 아이처럼 곰살궂게 대해야 하며,

시어머니는 어머니와 같지만 친어머니는 아니므로 '고(姑)'라 하였고, 남자 쪽에서 아버지 누님이나 누이를 부를 때도 '고(姑)'라고 하였음. '백숙(伯叔)'은 '백중숙계(伯仲叔季)'를 줄인 것으로– '백(伯)'은 맏형, '중(仲)'은 둘째형, '숙(叔)'은 밑엣동생, '계(季)'는 막내를 가리키는 말임. 식구들 자리차례(서열)와 가깝고 먼 사이를 꼼꼼하게 따져 그에 맞는 이름을 지어 부르기를 좋아하는 것이 중국을 비롯한 동북아시아 나라들임. 여기에는 '근친혼'과 '족내혼'을 피하여 다른 식구 동아리들과 될수록 많은 혼인을 함으로써 힘부림(권력) 테두리를 넓혀 가자는 속셈이 담겨 있음.

두멍 : 부엌 한 귀퉁이에 두어 길어 오는 물을 받아 놓고 퍼내 쓰는 깊숙한 항아리. 무쇠나 옹기로 만드는데 자주 떠내고 또 닦아야 하므로 뚜껑을 해 덮으며 아가리가 넓음.

해동갑 : 해가 질 때까지.

지밋거리다 : 어줍어서 망설이며 머뭇거리다.

간어제초(間於齊楚) : 약자가 강자들 틈에 끼어서 괴로움을 겪음을 이르는 말. 중국 주나라 말엽 등(滕) 나라가 제나라와 초나라 사이에 끼어서 괴로움을 겪었다는 데서 말미암음.

울바자 : 울타리를 두른 바자. 대·갈대·싸리·수수깡 따위로 발처럼 엮거나 결은 물건.

호동가란히 : 마음에 두지 않고 아주 조용히.

길카리 : 가깝지 않은 겨레붙이.

고두리 : 새 잡는 데 쓰는 화살.

마침내 한 뿌리

"진퇴유곡(進退維谷)이었더니라."

할아버지는 생각만 해도 목이 타는지 자꾸 마른침만 삼키시었고, 이 중생은 얼른 사랑을 나왔습니다. 부엌으로 들어가 두멍*으로 가다 말고 흑철솥뚜껑을 열었습니다. 소쿠리에는 찐 보리감자 여남은 알이 담겨 있었는데 점심으로 요기할 것이었습니다. 어머니는 밭 매러 가셨는지 보이지 않고 안방에 계신 할머니는 할아버지 두루마기를 다림질하시는지 푸우- 푸우- 물 뿜는 소리가 들려오고 있었습니다. 먼산나무 간 삼촌들은 해동갑*이나 해서야 돌아올 것이었습니다. 잠깐 지밋거리다가* 보리감자 한 알을 집어 들었습니다. 냉수 한 대접으로 입가심을 한 다음 새 물 담은 대접을 목예반에 받쳐 들고 사랑으로 갔습니다.

"간어제초(間於齊楚)*라더니……."

혼잣말처럼 뇌이던 할아버지는 냉수대접을 잡으시었습니다.

"그때 눈에 들어오는 것이 저기 저 나무였더니라."

할아버지가 가리키는 느티나무는 저만큼 시능만 울바자* 너머로 우뚝 솟아 있었습니다. 다옥하게 가지를 뻗치고 있는 우듬지에 호동가란히* 앉아 있는 것은 까치 한 마리였습니다. 6·25 난리가 터졌을 때였다고 하시었습니다. 먼촌 일가붙이 되는 사람이 찾아왔는데, 인공 때 무슨 일을 했다고 해서 민국정부한테 쫓기고 있던 이라고 하였습니다. 당숙뻘 되는 할아버지 앞에 두 무릎 꿇고 앉아 숨겨 줄 것을 애타게 바라는데, 문틈에 손이 끼게 된 것이었습니다. 큰자식은 시신도 못 찾았고 둘째 자식을 묻은 손끝이 상기도 떨리는데 맏며느리 또한 철창 속에 있으니, 길카리*라고 찾아온 이 사람을 어쩐단 말인가. 고두리*에 놀란 새 같고 갈구리 맞은 고기 같은 이 목숨을 어떻게 해. 장죽만 빨던 할아버지 눈에 들어온 것이 느티나무였다고 합니다.

"종당엔 한 뿌리가 아니더냐."

할아버지는 그 사람을 거두어 주기로 하였고, 그는 뒤란에 토굴을 파고 숨어 있게 되었다고 하였습니다. 수많은 가지를 뻗친 나무가 줄밑걷어 가보면 마침내는 같은 뿌리에 닿듯이 먼촌붙이로 멀리 떨어지게 되었으나 거슬러 올라가 보면 한 할아버지 자손이라는 데 생각이 미쳤다는 것이었습니다. 분단시대를 사는 오늘 사람들이 깊게 생각해 봐야 할 대목 아닐는지요.

깊게 형제를 그리워해야 하니,
같은 서슬(기운)을 받아 이어진
가지와 같기 때문이다.

'공회(孔懷)'는 동기(同氣) 사이 의초나
동기를 가리키는 이름씨이지만,
여기서는 '몹시 그리워 잊지 못하다'는
움직씨로 쓰였음.
'기(氣)'라는 것은 만물만상(萬物萬象)이
태어나서 자라는 탯자리*가 되는 힘
또는 형이상학적인 '그 무엇'으로써 물질
바탕이 됨.
줄기인 어버이한테서 같은 기(氣)를
나누어 받은 가지가 동기(同氣)라는
이 말 속에 동북아시아 정체성이 들어
있다고 봐야 할 것임.

孔懷는 兄弟이고 同氣는 連枝니라
공 회   형 제   동 기   연 지

孔 구멍 공
懷 품을 회
兄 맏 형
弟 아우 제

同 같을 동
氣 기운 기
連 이을 련
枝 가지 지

탯자리 : 샘. 샘자리. 뿌리. 까닭. 자국. 본바닥. 밑바닥. 근원(根源).
맞춰보다 : 챙기다. 다짐하다. 그렇다고 하다. 확인(確認)하다.
홀되게 : 단순하게. 단순히. 숫되게. 외곬로.
얽이 : 얼개. 짜임. 짜임새. 틀. 꼴. 만듦새. 구조(構造).

직선(値線)과 곡선(曲線)

《김성동 천자문》을 쓰면서 새삼스럽게 맞춰본˚ 것이 있으니, 이른바 '문화'입니다. 사람이 이 누리를 살아가는 살림살이 속알갱이를 '문화'라고 한다면, 한·중·일 세 나라는 다른 점이 많습니다. 다른 만큼이 아니라 그 밑뿌리에서부터 뚜렷하게 나누어지니, 이른바 세계관이 다른 탓이겠지요. 사물과 현상을 보는 눈, 곧 가치관이 다릅니다. 똑같은 사람이므로 다 같이 꿈을 꾸는 하늘 밑에 벌레이지만, 그 꿈이 가 닿고자 하는 데가 다르고 꿈을 꾸는 수가 다릅니다.

가장 두드러진 것이 쓰임말 다름입니다. 우리는 '동기(同氣)'라고 하는데 일본 사람들은 꼭 '형제(兄弟)'라고 합니다. 중국 사람들은 형제와 동기를 같은 뜻으로 함께 쓰는지 모르겠습니다만 일본과 우리는 이처럼 갈라집니다.

형제나 동기나 똑같이 같은 부모한테서 나온 자식들을 가리키는 말인데 그게 무슨 대수냐고 할지 모르지만, 그렇지 않습니다. '형제'는 글자 그대로 맏이와 아우를 말하니, 먼저 난 것이 형이요 뒤에 난 것이 아우입니다. 태어난 차례만을 말한 '형제'가 수직 개념이라면 '동기'는 같은 기운을 받고 태어난 말 그대로 생명공동체를 말합니다. 기는 어머니 배꼽, 곧 탯자리를 말하는 것으로 더하고 못하고가 없이 똑고르게 거룩한 목숨임을 말하는 수평 개념인 것입니다.

우리나라 쓰임말과 일본에서 한자로 된 쓰임말을 견주어 보면서 먼저 느낄 수 있는 것은 두 나라 민족성이 뚜렷하게 다르다는 점입니다. 우리는 '식구(食口)'라고 하는데 일본은 '가족(家族)'이라 하고, 우리는 '내외(內外)'라고 하는데 일본은 '부부(夫婦)'라고 합니다. 우리도 '가족' '형제' '부부' 같은 말들을 안 쓴다는 것이 아닙니다. 뼈대가 되는 뜻을 어디에 두었느냐 하는 것이니, 이른바 가치관 다름을 말합니다.

'어버이와 자식, 부부 등 관계로 맺어져 한집안에서 생활을 함께 하는 집단'이 사전적 정의로 본 '가족'이고, '식구'는 한집안에서 같이 살며 끼니를 함께하는 식솔을 말합니다. 홑되게˚ 짜여진 얽이˚만 종요로움을 드러내는 '가족'이 요소 개념이라면, 함께 밥을 먹는 운명공동체임을 가리키는 '식구'는 내용 개념입니다. 일본 직선문화와 우리 곡선문화가 갈라지는 대목이겠습니다.

交友
사귈 교
友
벗 우
投
던질 투
分
나눌 분

切
끊을 절
磨
갈 마
箴
경계 잠
規
법 규

交友_{교우}에 投分_{투분}하고 切磨箴規_{절마잠규}하라

벗을 사귀는 데는 정분을 함께
나눠야 하고,
깎고 갈며 서로 잡도리하여
바른말로 잡아 줘야 한다.

'투분(投分)'은 '정분을 함께 나눈다'는
말이지만, 본디 뜻은 '제 몫을 던진다'는
말임. 서로 도움을 주고 도움을 받는
사이, 곧 '교우(交友)'가 되기 위해서는
아낌없이 제 몫을 던질 수 있어야 한다는
말이며, 이것이 참된 뜻에서 '친구
사이'가 됨.
'절마(切磨)'는 '절차탁마(切磋琢磨)'
줄임말로– '깎고, 갈고, 쪼으고, 간다'는
뜻이니, 참된 벗과 사귐으로써 사람
됨됨이에 이를 수 있다는 것임.

갈음하다 : 바꾸어 대신하다.
따논자리 : 차지한 자리. 따논 자격. 기득권(旣得權).
알속 : 알짜. 실살. 알맹이. 실속. 실익(實益).

'의리'에 대하여

이른바 '조폭'들이 판치는 세상입니다. '조직 폭력배'를 줄여 '조폭'이라고들 말하고 신문 같은 데서도 그렇게 쓰고 있는데, '직포'라고 해야 맞는다는 생각입니다. 자유당 때 '민족청년단'이라는 게 있었는데 '민청'이라고 부르지 않고 '족청'이라고 불렀습니다. '민족문학작가회의'를 '민작'이라 부르지 말고 '족작'이라고 불러야 하는 것과 같은 뜻에서이지요.

'직포' 세계에서는 이른바 '의리'가 생명이라고 합니다. 미국 마피아나 갱단도 그렇고 일본 야쿠자도 '오야붕'이 '고붕'을 보살펴 주고 가르치는 대신 고붕은 오야붕에게 오로지 충성을 바쳐야 하는데, 이것을 '의리'라고 부른다 합니다. 우두머리를 갈음해서 감옥에 가고 조직을 위해서는 사람도 죽이며 목숨까지 바치기도 합니다. 어떤 경우에도 우두머리와 조직에 폐를 끼치는 일을 하지 않습니다.

정치판 또한 마찬가지입니다. 5공 때 높은 자리에 있던 사람이 있습니다. 세상에서는 그를 '의리의 돌쇠'라고 부른다 합니다. 그는 대통령 선거에 나왔는데 "열심히 싸워 주군의 은혜에 보답하겠다."고 했답니다. 이른바 '양김'을 따르던 많은 사람들이 있는데 그들 가운데 우두머리급으로 흰목 잦히는 이들을 '가신' 또는 '집사'라고 부른답니다. 이 말 또한 일본에서 쓰이는 한자말이지만, '의리의 돌쇠'인 점에서는 그들 또한 마찬가지지요.

'의리'는 참 좋은 말입니다. 사람으로서 해야 할 옳은 길을 말하는 이 의리는 길이길이 지켜져야 할 삶의 벼리가 됩니다. 그래서 골칫거리가 되는 것이 '의리'라는 말입니다. '직포'나 '가신' 또는 '집사'들이 부르짖는 의리는 잇속 패거리 따논자리를 지켜 내기 위한 게염에 지나지 않습니다. 모둠살이 보탬보다는 패거리 알속이 먼저이고 나라와 겨레 보탬보다도 패거리 모임 알속이 더 먼저이기 때문입니다.

옛날이야기 하나가 떠오릅니다.

어떤 이가 병이 있어 처를 시켜 약을 달이게 하였습니다. 처가 달여 온 약물이 고르지 않고 대중이 없었습니다. 노하여 첩을 시켜 달이게 하였더니 약을 꼭 고르게 달여 왔습니다. 그는 첩을 매우 마땅하게 여긴 나머지 창구멍을 뚫고 내다보았더니 첩은 달여진 약물이 많으면 땅에 버리고 적으면 물을 더 타는 것이었습니다. 이것이 바로 첩이 약물을 알맞게 만드는 솜씨였습니다.

仁
어질 인

慈
사랑 자

隱
숨을 은

惻
슬플 측

造
지을 조

次
버금 차

弗
아닐 불

離
떠날 리

仁慈隱惻은 造次에도 弗離하라

어질고 사랑하며 안쓰럽게
여기는 마음은,
잠깐이라도 떠나보내서는
안 된다.

이 글귀는《논어》〈이인(里仁)〉편
「군자는 밥 먹기를 끝내는 동안에라도
인자함을 어기는 일이 없어야 할 것이니,
아주 급한 때라도 꿋꿋이 인자해야 하고,
엎어지고 자빠지더라도 또한 그래야
한다. 君子無終食之間違仁 造次必於是
顚沛必於是」를 다시 쓴 것임.

조차(造次) : '조차간(造次間)' 준말. ① 오래지 않은 동안. ② 아주 급한 때.
아닐 불(弗) : '아니 불(不)'과 같은 뜻이나 좀 더 세게 아니라고 할 때 쓰임.
문질빈빈(文質彬彬) : 겉꼴 아름다움과 속내가 서로 잘 어울림.

'인(仁)'이란 무엇인가?

"아침에 도를 들으면 저녁에 죽어도 좋다."

공자께서 하신 말씀으로 《논어(論語)》에 나옵니다. 《논어》는 공자 말과 몸가짐을 적바림한 책으로 '인(仁)'이라는 말이 1백 번도 더 나옵니다. 한마디로 '인'이 무엇인가를 되풀이하여 밝혀 놓은 책이 《논어》라고 보면 됩니다.

많은 제자들이 '인'이 무엇인가를 묻지만 공자는 한 번도 딱부러지게 '인'이 무엇이라고 말하지 않습니다. 묻는 사람마다 다른 말을 해 줍니다. 인이 무엇인지 몰라서 그랬던 것은 아닙니다. 대기설법(對機說法)이라는 말이 있습니다. 기틀에 맞게 진리를 말해 준다는 뜻으로 부처님이 즐겨 쓰던 수였지요. 사람마다 그 타고난 바탕과 알고 있는 분수가 다른 만큼 거기에 맞춰 가르쳐 줬던 것입니다. 인이 무엇이냐고 묻는 것은 진리가 무엇이냐고 묻는 것과 같은 말입니다. 병마다 약이 다르듯이 인에 대한 대답 또한 다를 수밖에 없는 까닭입니다. 공자님한테 인(仁)은 곧 도(道)였습니다. 당신 도는 언제나 한결같다고 했습니다. 그것이 인입니다. 인, 곧 어질게 되고자 애쓰는 사람을 군자(君子)라고 했습니다. 인(仁)이란 두 사람을 말합니다. 사람 인(人) 변에 두 이(二) 자를 한 것이 어질 인(仁) 자입니다. 글자가 만들어진 밑바탕 뜻이 그렇듯이 가까워지라는 것입니다. 사람과 사람이 서로 마주했을 때 참 마음으로 가까워져야 한다는 것입니다. 자(慈) 또한 같은 뜻이지만 인보다 좀 더 부드럽고 따뜻한 마음씨를 말합니다. '인'이 어질면서 호된 아버지 마음을 말한다면, '자'는 따뜻하고 부드러운 어머니 사랑을 말한다고 보면 크게 틀리지 않을 것입니다.

어질고 따뜻해서 나보다 못한 사람을 불쌍히 여겨 언짢아하는 마음을 갖고 있는 것이 사람이라고 보았습니다. 이러한 바탕에서 책을 읽고 바른 몸가짐과 부끄러움을 지켜 사람다운 사람이 되는 것을 가장 높은 값어치로 보았으니, 군자입니다. 문질빈빈(文質彬彬)＊한 것이 군자 길이라고 하였습니다. 내용과 형식, 곧 앎과 함이 잘 이루어진 것을 말합니다. 《맹자(孟子)》에 다음과 같은 대문이 나옵니다.

　측은히 여기는 마음은 어진 마음 끝이다. 惻隱之心 仁之端也

절개와 의리와 청렴과
물러남은,
엎어지고 자빠지는 순간에도
이지러져서는 안 된다.

왕조시대 사대부(士大夫)들이 지니고
있어야 할 기본 덕목이었던 '절(節)'은
대나무 마디처럼 그 어름(경계)이
뚜렷해서 '변절(變節)'을 받아들이지
않는 '절개(節介)'를 말하고, '의리(義理)'는
상하(上下)·내외(內外)·선악(善惡)·
미추(美醜)를 나누어 좇는 만고불변
가치관을 말하며, '청렴(淸廉)'은
군자(君子)로서 지켜야 할 수신(修身)을
말하고, '퇴(退)'는 주군(主君)을 섬기다가
스스로 더 이만 쓸모가 없거나 주군에게
망설임을 주는 존재가 되었다고 여겨질
때 곧바로 물러나는 '용퇴(勇退)'를
뜻하는 바- 지배 이데올로기를 이뤄
내기 위한 구체적 실천 항목이었던 것임.

節義와 廉退는 顚沛로 匪虧하라

절 의 염 퇴 전 패 비 휴

節 마디 절
義 옳을 의
廉 청렴 렴
退 물러갈 퇴

顚 엎드러질 전
沛 자빠질 패
匪 아닐 비
虧 이지러질 휴

아닐 비(匪) : 앞 장 '아닐 불(弗)'처럼 세게 아니라고 할 때 쓰임.
패꽝스럽다 : 망령(妄靈, 말짓이 두루 아는 데서 벗어나 주착없음)되게 보이다.
청맹과니 : 보기에는 눈이 멀쩡하나 참으로는 조금도 보지 못하는 눈, 또는 그런 사람. 당달봉사. 청맹(靑盲).

'국가와 민족을 위해서'

조운흘(趙云仡, 1332~1404)은 고리 끝무렵에 세상이 어지러워지는 것을 보고 거짓 미친
사람처럼 헛되고 괘꽝스러운* 짓을 하였습니다. 옛 선비들이 어지러운 세상을 피하기
위해서 즐겨 쓰던 꾀 하나였지요. 서해도관찰사(西海道觀察使)가 되었을 적에는 늘
아미타불을 외고 있었답니다. 하루는 공과 가까운 어떤 사람이 왔습니다. 그런데 그는
방으로 들어오지 않고 창 밖에서 "조운흘, 조운흘." 하고 외는 것이었습니다.
"네가 어째서 남 이름을 외우느냐?"
공이 물으니 그가 대꾸하였습니다.
"당신이 부처 이름을 부르는 것은 부처가 되자는 것이 아니요?"
"……."
"내가 당신 이름을 외는 것은 당신이 되고 싶어서 그러는 것이오."
두 사람은 서로 얼굴을 바라보며 크게 웃었다고 합니다. 정사판이 더욱 어지러워지자 공은
벼슬을 그만두고 집에 들어앉아 있었는데, 청맹과니*가 되었다는 평계를 대고서였습니다.
그러다가 난리가 가라앉은 다음 갑자기 눈을 닦으며 '내 병이 이제는 나았다." 하였답니다.
시골 농장이 광나루 밑에 있었는데, 아는 이한테 부탁해서 사평원(沙平院) 원주(院主)가
되었습니다. 그때부터 시골 사람들과 친구가 되어 함께 섞여 앉아서 놀려 먹고
시시덕거리는 것이 못할 짓이 없었습니다. 하루는 정자 위에 앉았는데 조정에서 녹을 먹던
벼슬아치들이 쫓겨나서 강을 건너가는 것을 보게 되었습니다. 공이 지은 시라고 합니다.

> 점심 때쯤 되어서야 사람들 불러 사립문 열고
> 숲 사이 정자 이끼 긴 돌 위에 앉았다
> 어젯밤 산중에 비바람 사납더니
> 물 위로 가득 낙화가 떠내려오는구나.

참으로 염치없고 뻔뻔한 자들이 정치를 한다고 설쳐대는 세상입니다. 자기들 손으로
뽑았다는 이른바 '국민경선후보'를 흔들어 대다가 철천지원수로 여기던 당으로 옮겨
갑니다. 그러면서 하는 말인즉, "국가와 민족을 위해서"랍니다. 광나루 앞 한강물이
오염물질로 뻑뻑해서 그러한가. 떠내려가지도 않습니다.

마음바탕이 고요하면
느낌이 푸근하고,
마음이 흔들리면 정신이
고달파진다.

《중용(中庸)》에 이르기를 「천명을
성품이라 한다. 天命謂性」하였으니,
사람마다 태어날 때부터 지니게 된
마음바탕을 말함. 이 마음바탕을 잘 지켜
흔들림이 없도록 하라는 말임.

性^성靜^정하면 情^정逸^일하고 心^심動^동하면 神^신疲^피하니라

性 성품 성
靜 고요할 정
情 뜻 정
逸 편안할 일

心 마음 심
動 움직일 동
神 귀신 신
疲 고달플 피

《소학(小學)》: 중국 송나라 유자징(劉子澄)이 주자(朱子) 가르침으로 지은 초학자들 수양서. 쇄소(灑掃)·응대(應對)·
진퇴(進退) 예법과 선행(善行)·가언(嘉言)·수신 도덕 격언·충신 효자 사적 따위를 고금 책에서 뽑아 편찬하였음.
1187년에 완성. 6권 5책.
《중용(中庸)》: 유학 경전인 사서(四書,《논어》《맹자》《중용》《대학》) 하나. 공자 손자인 자사(子思)가 지은 것으로 중용
덕과 인간 본성인 성(性)에 대하여 설명하였음. 본디 《예기(禮記)》 가운데 한 편이었으나, 유송(劉宋) 대옹(戴顒)이 빼
내어 별책으로 하였고, 정자(程子)가 사서에 편입하였으며, 주자가 장구(章句)를 만들어 성행하게 되었음. 1권.
보리반지기: 보리가 반 넘어 섞인 밥.
탕갯줄: 탕개목을 지른 줄. 탕개목은 탕갯줄을 비비 틀어서 풀리지 않도록 질러 놓는 나무. 탕개는 물건 동인 줄을 죄
어치는 연모로, 동인 줄 중간에 비녀장(굵은 나무못)을 질러서 틀어 넘기면 줄이 졸아들게 됨.
녹작지근하다: 온몸 맥이 풀려 괴롭고 몹시 나른하다.

"됭즉손(動卽損)이니라"

"됭즉손이라구 그렇긔 일렀거널⋯⋯."

할아버지는 헛기침을 하시었고, 이 중생은 발등만 바라보았습니다. 동즉손(動卽損)-
움직일수록 밑지니 다다 그 몸뚱이를 고요히 하라는 말씀이었는데, 이 중생은 힘껏
눈을 감았습니다. 볼을 타고 흘러내리던 눈물 한 점이 떨어지는 곳은 왕자표 흑고무신
콧등이었습니다. 《소학》°을 읽을 때였던가? 아니면 《중용》°?

아침은 늦게 먹고 저녁은 빨리 먹은 다음 일찍 잠자리에 드는 것으로 기운을 아끼던
때였습니다. 점심이라는 것을 제대로 먹어 본 적이 드물고 언제나 보리밥이요 술지게미
넣고 끓인 시래기죽이나 쑥개떡이었습니다. 이 중생이야 그래도 할아버지와 겸상을
하였으므로 보리반지기°나마 시늉이라도 쌀이 얹힌 밥을 먹었지만 다른 식구들은 늘
순전한 꽁보리밥이었습니다. 꽁보리밥이나마 배불리 먹어 본 적이 드물고 밀기울 넣고
찐 쑥버무리 아니면 술지게미에 물 붓고 끓인 '재강탕'이었습니다. 할아버지가 붙이신
이름인데 술을 거르고 남은 찌꺼기일망정 한 대접 들이켜고 나면 탕갯줄°이 풀린 듯
사대육신 팔만사천 마디가 죄 녹작지근하여지는° 것이었습니다. 재강탕을 마시고 누우면
모든 것이 두렵지 않고 수클 배울 일도 걱정되지 않으며 무엇보다도 그리고 스르르스르르
눈이 감겨지는 것이었습니다.

잠이 들면 꿈을 꿨고 꿈속에서 만나게 되는 것은 언제나 아버지였습니다. 무슨 막이나
안개 같은 것에 둘러싸여 있어 뚜렷한 모습은 아니었으나 내 머리통을 쓰다듬는 것은
틀림없는 아버지였고, 아아. 진저리를 치며 끌어안은 두 무릎 사이에 얼굴을 묻으면
누군가 소리쳐 이 중생 이름을 부르는 것이었습니다.

삼촌이었습니다. 아버지 다음으로 똑똑하고 잘나서 우리 집을 다시 일으켜 세울 것으로
할아버지가 굳게 믿으셨던 큰삼촌이 달려오고 있는 것이었습니다. 옥같이 흰 쌀자루를
등에 지고 손에는 또 굴비두름이며 육고기같이 맛난 반찬거리를 잔뜩 쥔 큰삼촌께서
신작로를 달려오시는 것이었는데, 아흐. 들려오는 것은 할아버지 기침 소리였습니다.
놋재떨이를 두드리는 장죽소리였습니다.

"사람이 나서 고요헤지넌 것은 하늘의 승품이요, 물건에 끌려 움직이넌 것은 승품의
욕심이라 했거널⋯⋯."

믿는 마음을 지키면 뜻이
가득해지고,
일몬을 좇아가면 생각 또한
이리저리 움직이게 된다.

앞에 나오는 '성정정일(性靜情逸)'을
이루기 위한 수(방법)를 말하고 있으니,
올바른 뜻을 세워 굳센 믿음을 가지고
궁구해 가야 한다는 뜻임. 여기서 '眞'은
'참' 또는 '진리'가 아니라 '신념(信念)'을
말하고, '物'은 정말 있는 '사물(事物)'이
아니라 당길심(욕망)으로 인하여
구부러지고 비틀린 '환상적 사물'을
가리킴.

守 지킬 수
眞 참 진
志 뜻 지
滿 찰 만

逐 쫓을 축
物 만물 물
意 뜻 의
移 옮길 이

守_수眞_진하면 志_지滿_만하고 逐_축物_물하면 意_의移_이하니라

물선(物膳) : 왜제가 바꾼 '선물' 본딧말.
푸네기 : 가까운 제 살붙이. 친척(親戚).
갑 : 나선 사람. 후보(候補).
돌림 : 바람. 퍼짐. 유행(流行).

'미아계' 이야기

정붕(鄭鵬, 1467~1512)이라는 사람이 있었습니다. 벼슬자리에 있었으나 깨끗한 몸가짐을
잘 지켜 문 앞에 물선(物膳)* 꾸러미가 들어가는 일이 없었다고 합니다.

그때에 유자광(柳子光, ?~1512)이 공신(功臣)으로 게염을 마음대로 저질러 그 떨치는
힘이 조정을 뒤집을 만하였습니다. 공은 외가 쪽으로 푸네기*이기 때문에 뵙는 몸가짐을
그만두지 않았습니다. 여종이 갈 적에 반드시 끈으로 팔을 묶고 수결(手決)을 써 보냈다가
돌아온 뒤에 풀어 주었습니다. 이것은 여종이 팔이 아파서 그 집에 오래 머무르지 못하게
하기 위해서였지요.

한번은 공이 입직에 들어갈 적에 집안에 끼닛거리가 떨어졌습니다. 부인이 자광 집에 꾸러
보냈더니 자광이 좋아하며 "친척 간 정리로써 의리상 당연히 서로 도와주어야 할 것인데,
교리(校吏)가 너무 괴팍스러워 그렇지, 내가 어찌 그렇게 모른 척할 사람인가?" 하며 곧
쌀과 장을 꺼내어 아랫것을 시켜 실어 보냈습니다.

공이 입직을 마치고 나와서 흰 쌀밥을 보고 "어디서 난 것이냐?" 하고 물으니 부인이 있은
일대로 말했습니다. 그러자 공은 밥상을 밀치고 일어나서
"입직에 들어가던 날 아침에 비지로 죽을 끓인 것을 보고 양식이 떨어진 것을 알고도
손쓰지 않았으니, 이는 내 잘못이다." 하고 곧 가까운 벗에게 편지를 내어 쓸 만큼 얻어
가지고 자광 집에서 보내온 쌀을 모두 돌려보냈습니다. 그가 가난한 살림에 대해서
아무렇지도 않게 여기는 것이 이러하였다고 합니다.

어떤 대통령감* 아들과 며느리가 미국에 가서 아이를 낳았다고 해서 시끄러웠던 적이
있습니다. 그 정치가 자식만이 아니라 미국 땅에 가서 몸 푸는 것이 돌림*이 된 지
오래이니, '미국 영주권'을 얻자는 것이지요. 힘 있고 돈 있는 사람들은 말할 것도 없고
그 본바탕도 아리송한 이른바 중산층 사람들도 미국 가서 애 낳기 계를 든다고 하니,
'미아계'라고 한답니다.

놀라운 것은 사람들이 보이는 낌새입니다. 그들 그런 반민족·반인민적 짓거리를
손가락질하는 것이 아니라 부러워하고 있습니다. '미아계'에 들 돈을 못 벌어 온다고
부인들이 남편을 구박한다고 합니다.

바른 지조를 굳게 가지면, 좋은 벼슬이 스스로 걸려든다.

堅持雅操하면 好爵自縻니라
견지아조 호작자미

堅 굳을 견
持 가질 지
雅 바를 아
操 잡을 조

好 좋을 호
爵 벼슬 작
自 스스로 자
縻 얽어맬 미

도(道)와 덕(德)을 쌓은 군자(君子)가 되기 위하여 수신(修身), 곧 몸닦달 마음닦달을 올바르게 해야 된다는 것을 말하고 있음.
《맹자(孟子)》〈공손추(公孫丑)〉에 보면 「천작(天爵)을 잘 닦으면 인작(人爵)은 저절로 얻어진다. 修其天爵而人爵自至也」고 하였음.
'천작'은 인의예지신(仁義禮智信) 같은 사람답게 사는 길에 따르는 쓸모를 말하고, '인작'은 공(公)·경(卿)·대부(大夫) 같은 벼슬을 말함.

일(鎰) : 옛날 무게 단위로, 20냥 또는 24냥을 '일'이라고 하였음.
걸머지다 : 맡다. 짊어지다. 목대잡다. 책임지다.

복지뇌동(伏地惱動)

초왕(楚王)은 오릉(於陵)에 사는 자종(子終)이 어진 사람이라는 말을 듣고 그를 대신으로 삼고자 사절을 시켜 금 백 일(鎰)*을 가지고 가서 모셔 오게 하였습니다. 자종은 안으로 들어가서 아내에게 말하였습니다.

"왕이 나를 대신으로 맞이하려 합니다. 내가 대신이 되면 말 네 마리가 앞에서 수레를 끌고 말 탄 호위가 뒤를 따를 것이며 음식은 사방 열 자가 되도록 앞에다 거창하게 차려 놓게 될 터인데, 당신은 좋다고 생각하시오?"

남편 말을 듣고 난 아내가 말하였습니다.

"당신이 짚신을 삼아 살았으니 아무런 하는 일이 없는 게 아니었습니다. 왼쪽에는 거문고를 놓고 오른쪽에는 책을 놓고 읽었으니 즐거움이 그 가운데 있었습니다. 비록 네 마리 말이 수레를 몰고 말 탄 호위병이 따른다 할지라도 앉는 자리는 무릎 하나 용납할 곳밖에는 소용되는 게 없고, 음식은 앞에다 열 자가 되도록 차려 놓는다 할지라도 맛있게 먹는 것은 고기 한 가지에 지나지 않을 것입니다. 지금 무릎을 받아들일 자리가 편하고 맛있는 고기 한 가지를 위하며 초나라 걱정을 떠안게 되었으니 어지러운 세상에는 해를 당할 일이 많은데, 나는 당신이 명을 보전하지 못할까 염려됩니다."

자종은 고개를 끄덕이고는 밖으로 나가 왕 사자에게 물리치는 뜻을 밝혔습니다. 그리고 마침내 아내와 함께 집을 나가 남 집에 들어가서 농장에 물대는 일을 도우며 지냈다고 합니다.

개각 때면 사람들은 가슴이 두근거린다고 합니다. 이른바 중앙정계에서 기운차게 움직이거나 학식과 덕망이 높다는 유명 인사들에 못박는 것이지만, 전화통 앞에 아그려쥐고 있다 합니다. 청와대에서 올 전화를 기다리는 것이랍니다.

정권이 끝나 갈 무렵만 되면 공무원 사회가 움직이지 않는다고 합니다. 일은 건성이면서 눈치만 살핀다는 거지요. 그래서 생겨난 말이 복지부동(伏地不動)이랍니다. 다만 엎드려 눈알만 굴린다는 복지안동(伏地眼動)이라는 말이 퍼지더니 요즘은 복지뇌동(伏地惱動)이랍니다. 정권이 누구한테로 가고 어디에 줄을 서야 할지 '잔뇌'만 굴린다는 말이지요. 풀잎사람들 한숨소리 하늘을 찌르는데 아무도 걸머지는* 사람이 없습니다.

都邑華夏<small>는</small> 東西二京<small>이니</small>

<small>도 읍 화 하 동 서 이 경</small>

都
<small>도읍 도</small>

邑
<small>고을 읍</small>

華
<small>빛날 화</small>

夏
<small>여름 하</small>

東
<small>동녘 동</small>

西
<small>서녘 서</small>

二
<small>두 이</small>

京
<small>서울 경</small>

중국 서울은 동경(東京)과 서경(西京) 둘로 되었으니,

화(華)는 빛난다는 뜻이요 하(夏)는 크다는 뜻이니, 중국 사람들이 자기 나라를 자랑스럽게 일컫는 말임. 동경(東京)은 중국 하남성(河南省)에 있는 낙양(洛陽). 북녘에 망산(邙山)과 남녘에 낙수(洛水)를 아우르고 있는 경치 좋은 곳으로, 주(周)나라가 동천(東遷)한 다음부터 동한(東漢)·위(魏)·진(晉)·후조(後趙)· 후위(後魏) 서울이었음. 서경(西京)은 중국 섬서성(陝西省) 위수(渭水) 남녘에 있는 서안(西安) 곁. 전한(前漢) 때 정도(定都)한 다음부터 후진(後秦)·서위(西魏)·후주(後周)· 수(隨)를 거쳐 당(唐) 소종(昭宗) 때까지 가끔 서울이 되었음. 서울을 수도(首都)라는 뜻에서 일컫는 말인 장안(長安)이라고 불리었음.

줌 : 손아귀.
구실아치 : 관아 구실 노릇을 하는 사람. 공무원(公務員). 공다리.
사달 : 탈. 사고(事故). '사건(事件)'은 왜말임.

'대도(大都)'와 '와싱톤'

나는 박정희 의장의 케네디 대통령 방문에 수행하면서 마치 이조왕조의 조공(朝貢) 사신을 따라가는 통신원 같은 기분이 들었다. 세자 책봉 때마다 '대국(大國)'의 승인을 얻으러 연경(燕京) 가던 사대주의 행사의 목적지가 와싱톤으로 바뀐 것뿐이 아닌가! 나는 민족의 현실에 대해서 짙은 모멸감을 떨쳐 버릴 수가 없었다.

그러나 김포공항을 떠나 특별기 안에서 처음 보는 군사권력 지도부의 강자들은 새 왕조의 승인을 받게 된다는 기대에서인지 희희낙락하였다. 이 여행의 결과로써 왕조의 기틀이 확고부동해지는 것이다.

이 시절 사상(思想) 길라잡이인 리영희 선생 자전에세이 《역정(歷程)》 한 대목인데, 담배 생각이 납니다. "낙야아앙서어엉 시이입리허에 높고 나즈은 저무더엄아 영우우웅호걸이 몇몇이냐아……." 하고 나가는 노랫말에도 나오는 낙양(洛陽)과 양귀비(楊貴妃)로 이름난 장안(長安)이 중국 서울이었던 때에는, 우리 조상들이 북중국 모두를 줌* 안에 넣고 있었습니다.

이제 서울인 북경(北京)에 '화하(華夏)'가 자리 잡은 것은 요나라 때부터인데, 당제국(唐帝國)한테 고구리가 무너지면서부터 북경으로 가는 길은 조공길이 되었습니다. 대원(大元)제국 시절에는 '대도(大都)'라 하였고, 대명(大明)제국 시절에는 '연경(燕京)'으로 불렸지요.

오늘 대국은 미국이고 워싱턴이 대도입니다. 그렇게 된 지 반백 년이 넘습니다. 상업고등학교만 나와 변호사가 된 어떤 대통령감이 "미국에 한 번도 가본 적이 없고, 앞으로도 미국 지도자들과 사진이나 박으려면 워싱턴에 가지 않겠다."고 했다가, 무슨 불경죄라도 저지른 식민지 신민(臣民)처럼 수구우익 패거리들한테 뭇매를 맞았던 적이 있습니다.

나라 명운(命運)을 걸머지겠다고 나선 사람들이 꼭 왜제 때 총독부 구실아치* 같은 말과 몸짓을 하고, 오랜 내림줄기를 자랑한다는 신문들은 미국 공화당정권 기관지 같은 소리만 합니다. 미군 탱크가 여중생들을 깔아 죽인 사달*을 알리는 꼴만 보더라도 그들이 어느 나라 정치인이고 어느 나라 신문인지 모르겠습니다.

背_{등 배}邙_{뫼 망}面_{낯 면}洛_{물 락}

浮_{뜰 부}渭_{물이름 위}據_{의지할 거}涇_{물이름 경}

背_배邙_망面_면洛_락하고 浮_부渭_위據_거涇_경하니라

북망산(北邙山)을 등 뒤로 하여
낙수(洛水)를 바라보고 있으며,
위수(渭水)를 위로 띄우고
경수(涇水)를 움켜쥐고 있다.

동경(東京)인 낙양(洛陽)과 서경(西京)인
장안(長安) 지리적 환경을 그려
보인 것으로- 낙양 북녘에 있는
'망산(邙山)'은 한(漢)·위(魏) 때부터
왕후공경(王侯公卿)들이 묻히던
곳으로서 사람이 죽은 다음 묻히게 되는
곳을 가리키는 '북망산(北邙山)' 까닭이
되었고, 낙수(洛水)는 낙양 남녘에서
가로질러 황하(黃河)로 흘러들어 가는
강 이름임. '위수(渭水)'는 감숙성(甘肅省)
위원현(渭原縣) 조서산(鳥鼠山)에서
비롯하여 섬서성(陝西省)
대신산(大神山)에서 편더기(평원)를
지나 동관현(潼關縣)에서 황하로
합수(合水)치는 가장 큰 물갈래(지류)
이름이고, '경수(涇水)'는 감숙성에서
비롯하는 남북 두 개 물갈래가 합수쳐
동남쪽으로 흐르다가 '위수'에 합수치는
황하 물갈래 이름임.

성당(盛唐) : 시(詩) 발달을 기준으로 중국 당나라 역사를 나눈 것이 사당. 성당은 사당의 둘째 시기. 현종 2년(713)에서 대종 때까지 시기로 이백(李白)·두보(杜甫)·왕유(王維)·맹호연(孟浩然)과 같은 위대한 시인이 나왔음. 이 시기에 당나라 시가 가장 융성하였음.
안사(安史)의 난 : 중국 당현종(唐玄宗) 끝 무렵 안녹산(安祿山)과 사사명(史思明)이 일으킨 반란. 서기 755년 안녹산이 먼저 군대를 일으키고 사사명이 이를 이어 숙종(肅宗) 광덕원년(廣德元年, 763) 사사명 아들 조의(朝義)가 죽을 때까지 9년간 이어진 큰 반란.

장학량(張學良) 이야기

'서안사변(西安事變)'이라는 것이 있었습니다. 모택동(毛澤東) 공산당과 장개석(蔣介石)
국민당이 맞서고 있던 때였습니다. 서안에는 동북만주 군벌(軍閥)이었던 장작림(張作霖)
아들 장학량(張學良)이 토비(討匪)사령관으로 있었는데, 공산당을 쳐 없애는 일을 다그치기
위하여 서안에 온 장개석을 잡아 집 안에 묶어 두고 왜제와 싸우는 데 힘을 모으자고
윽박질렀습니다. 모택동 쪽 주은래(周恩來)가 이곳에 와서 제2차 국공합작이 맺어졌으니,
1936년이었습니다. 두 쪽은 함께 항왜투쟁을 벌였으나 1947년 장개석이 남경 정부를
세우면서 다시 갈라섰고, 1949년 모택동이 중국을 일통하면서 장개석은 대만으로 쫓겨
가게 되었습니다. 이때 장개석은 장학량을 데리고 가서 집 안에 가두어 버렸는데, 놀라운
것은 몇 해 전까지 장학량이 살아 있었다는 일입니다. 이제도 살아 있다면 1백3세가 될
것입니다.

서안은 주(周)나라 때부터 호경(鎬京)·함양(咸陽)·장안(長安)이라 불리면서 수(隨)·당(唐)과
같은 여러 왕조 서울이었습니다. 실크로드가 비롯되는 곳으로 동서문화가 오가는
곳이었고, 요즘에는 중국 명운을 바꿔 놓은 역사적 도시입니다.

고구리 소수림왕 2년(372) 전진왕(前秦王) 부견(符堅)이 고구리에 불교를 전할
때도 여기서 떠났고, 당제국 때는 수많은 신라 사람들이 이곳을 다녀갔습니다.
김춘추(金春秋)·김법민(金法敏) 부자를 비롯해서 원측(圓測)·자장(慈藏)·의상(義湘) 같은
고승이며 최치원(崔致遠)·김운경(金雲卿)·김암(金巖) 같은 학자들이 새로운 학문을 배워
갔습니다.

요즈음 진시황(秦始皇) 병마용갱을 캐내서 이름난 서안은 일찍이 당현종(唐玄宗)과
양귀비(楊貴妃) '로맨스'가 있었던 곳입니다. 현종은 이른바 '개원(開元)의 치(治)'로
성당* 시대를 이룬 황제였습니다. 그러나 양귀비와 만나면서 '안사의 난*'을 당하여
'장한가(長恨歌)의 비극'을 맞게 되는 운수 사나운 사람이기도 하였지요. 이제는
없어졌다는 화청궁(華清宮) 옥섬돌 아래로 백거이 〈장한가〉가 들려옵니다.

봄 날씨 차가운데
화청지에 몸 씻으니
따뜻한 온정물에
고운 살갗 매끄럽네.

궁(宮)과 전(殿)은 굽이굽이
들어차 있고,
누(樓)와 관(觀)은 새가 날고
말이 놀라 솟구치는 듯하다.

'반울(盤鬱)'은 굽이굽이 여러 군데로
돌면서 뻗어 나가는 꼴을 말하고,
'누관(樓觀)'은 '누각(樓閣)'과 '관대(觀臺)'
줄임말임.

宮殿은 盤鬱하고 樓觀은 飛驚이라

궁 전 반 울 누 관 비 경

宮 집 궁

殿 전각 전

盤 소반 반

鬱 답답할 울

樓 다락 루

觀 볼 관

飛 날 비

驚 놀랄 경

한물 : 한창. 한창 때. 전성기(全盛期).

진시황(秦始皇) 이야기

> 천하를 일통한 시황제는 죄수 70여만 명을 끌어다가 무덤을 만들게 하였다. 세 번이나
> 땅속물이 나올 때까지 깊숙이 땅을 파고들어 가게 하여 거기다가 구리관을 깔고 그 위에
> 관을 모셔 두게 하였다. 무덤에는 궁전과 망루를 만들고 문무백관이 시종하는 자리를
> 만들었다. 그리고 무덤에는 다가오는 사람이 있으면 저절로 쏘아지는 쇠뇌를 감춰 두어
> 죽이게 하였다. 또한 수은이 잇달아 흐르게 하여 마치 강이나 바다처럼 보이게 하였다.
> 더하여 물고기 기름으로 불을 켜 무덤 안에는 길이길이 불이 켜져 있도록 하였다.

사마천《사기(史記)》에 나오는 말입니다. 이와 같은 땅속 궁전을 감싸고 지켜 내기
위하여 6천 병마를 벌여 놓은 것이며, 이것이 1974년 5월 한 농군이 밭에 물을
주기 위해서 우물을 파다가 땅속 어림 4미터에서 찾아내게 된 시황제(始皇帝)
병마용갱(兵馬俑坑)입니다. 땅속을 파내는 일은 이제도 줄대지고 있는데, 이제까지 파낸
것은 어디까지나 땅속 궁전 작은 조각에 지나지 않는다고 합니다. 진시황은 죄수 35만
명을 끌어다가 아방궁(阿房宮)이라는 대궁전을 지었는데, 이 눈부시게 번쩍거리는 궁전
길이는 동서가 줄잡아 1킬로미터이고 남북 길이는 1백65미터라고 합니다. 1만 명이 앉을
수 있는 크기라지요.

장안(長安)은 황하문명이 일어난 곳이며 말 그대로 한족문화 한복판이었습니다. 당나라
제6대 황제 현종(玄宗, 재위 712~756) 때가 장안 한물*이었는데, 그때 길거리는 동서가
8킬로미터 남북이 8킬로미터였고 1백50만 명 사람들이 살았다고 하니, 그때로는
세계에서 가장 큰 도시였지요. 787년 무렵 장안에 머물던 외국 사신과 따른이들이 4천여
명이었고, 세계 곳곳에서 모여든 장사꾼들 수 또한 헤아릴 수 없게 많았다고 합니다.
그러한 한창때에도 여인들 한은 깊었으니, 현종 때 장안에서 눈부시게 움직였던 이백
〈자야오가(子夜吳歌)〉가 말해 줍니다.

> 장안에 밤은 깊어 조각달 걸리니
> 수많은 집들 다듬이소리 요란하고
> 가을 찬바람은 끝없이 불어오니
> 이 모두 남편 그리는 소리여라
> 오랑캐가 물러가는 날 언제런가
> 그날이면 우리 남편 돌아오리니.

圖寫禽獸하고 畫綵仙靈하니라

도 사 금 수

화 채 선 령

圖 그림 도
寫 그릴 사
禽 새 금
獸 짐승 수

畫 그림 화
綵 채색 채
仙 신선 선
靈 신령 령

온갖 날짐승과 길짐승을
그림으로 그렸고,
신선과 신령스러운 것들을
색칠해서 그렸다.

앞에 나오는 궁전·누각·벽과 천장에는
주로 새로운 권력이 들어서기 앞서 그
낌새로 나타난다는 수꿈* 속 상서로운
짐승, 곧 봉황·용·백호·기린을
그렸고, 장생불사한다는 열
가지 물건인 십장생(十長生), 곧
해·산·돌·물·구름·소나무·불로초·거북·
학·사슴을 그렸으니- 이와 같이
신령스럽고 영험한 것들 초자연성을
볼모로 한 권력 영속화에 그 본뜻이
있었던 것임.

수꿈 : 상상(想像).

《근역서화징(槿域書畵徵)》 : 위창(葦滄) 오세창(吳世昌, 1864~1953)이 1928년 우리나라 역대 명사(名家)들 서화를 모
아 엮은 책 이름.

덧드림 : 글씨를 쓰고 그림을 그릴 때 한 번 그은 획에 다시 붓을 대어 고치어 칠하는 것. 개칠(改漆).

그릴 수 없는 '마음'

개나 말이나 소나 사슴이나 호랑이를 그리기는 쉽습니다. 다음으로 쉬운 것은
산천초목입니다. 가장 어려운 것이 사람입니다. 사람을 그리고자 할진대 무엇보다도 먼저
그 마음을 알아야 하는데, 눈에 보이지 않는 것이 마음이기 때문이지요.
귀신이나 신선을 그리기는 쉬운데 산천초목과 짐승을 그리기는 어렵습니다. 귀신이나
신선이야 눈에 보이지 않는 것이므로 저마다 깜냥껏 그리면 되겠지만, 끝없이 바뀌는
것이 산천초목이고 더구나 목숨을 이어 가기 위해서 부지런히 움직이는 것이 짐승인
때문이지요.

김명국(金明國, 1600~?)이라는 그림쟁이가 있었다고 합니다.《근역서화징》이라는
책에 나오는 이야기인데, 그림을 잘 그려 세상에 이름이 났답니다. 술을 좋아해서
한꺼번에 두어 말을 마실 수 있었고, 잘된 그림은 술 취한 뒤에 그린 것 가운데 많이
나왔다고 합니다. 중이 큰 천을 가지고 와서 저승 그림을 그려 달라 하며 가는 베 수십
필을 그림삯으로 내놓았습니다. 명국은 그것을 가지고 술값에 메워 몇 달 동안 실컷
마셨습니다. 그러고 나서 중이 찾아왔습니다. 명국이 말하였습니다.
"가 있으시오. 내가 생각이 떠오를 때 그리겠소."
어느 날 취하도록 잔뜩 마시고 나서 마침내 천을 펴 놓고 한참 동안 노려보다가 한 자루
붓으로 휘둘러 댔습니다. 궁궐을 늘어놓음과 귀신들 모습이 팽팽함을 느낄 수 있을
만큼 힘이 있는데- 잡혀서 앞으로 나온 자, 끌려가서 형을 받는 자를 모두 중으로 그려
놓았습니다. 중이 이것을 보고 크게 놀랐습니다.
"당신은 어째서 우리 큰일을 망치려 하오?"
명국은 웃으며 말하였습니다.
"너희들은 평생 동안 세상을 현혹시키고 백성들을 속이면서 여러 가지 못된 짓을
하였으니 지옥에 들어갈 놈이 너희가 아니고 누구겠느냐? 이 그림을 끝맺고 싶거든 술을
더 사오너라."
중이 그 말대로 했더니 명국은 술을 잔뜩 마시고는 마침내 붓을 들어 짧은 머리털을 그려
넣고 민둥얼굴에는 수염을 그려 붙이고 먹물옷 누비옷에는 물감을 넣어 빛깔을 바꾸어
놓으니 됨됨이가 더욱 새롭고 아무런 덧드림*도 찾아볼 수가 없었답니다.

신하들이 머무는 집은
양옆으로 나란히 열려 있고,
눈부신 가림막은 두 기둥
사이에 드리워 있다.

궁중에서 황제가 있는 정전(正殿)을
복판으로 양쪽에서 마주 보게
신하들이 머무는 전각들을 짓고
갑·을·병·정 차례를 붙인 것은
후한(後漢) 때부터였음. '갑장(甲帳)'은
'갑을장(甲乙帳)' 준말로, 한무제(漢武帝)
때 동방삭(東方朔)이 두 개를 만들어
가장 좋은 갑장은 신전(神殿)에 쳤고
을장은 황제 머리맡에 드리웠다고
하는데, 천하 보배로운 보석들로 꾸며진
'커튼'이었다 함.
여기에는 '황제는 하늘 명을 받아
땅에 펼치는 사람'이라는 '천명(天命)
이데올로기'가 담겨 있음.

丙舍는 傍啓하고 甲帳은 對楹이라

병사 방계 갑장 대영

甲 갑옷 갑
帳 장막 장
對 대할 대
楹 기둥 영

丙 남녁 병
舍 집 사
傍 곁 방
啓 열 계

병사(丙舍) : 궁중에서 신하들이 쉬는 곳으로 정전(正殿) 곁에 있었음.
동산바치 : 정원사(庭園師).

눈부셔라, 자금성(紫禁城)

〈마지막 황제〉라는 영화가 있었습니다. 대청제국(大淸帝國) 마지막 황제였던 부의(溥儀, 1906~1967)는 공산혁명이 일어나면서 '사상개조'를 받은 다음 동산바치*로 지내게 되는데, 황제 시절을 더듬으며 용상(龍床)에 앉아 보는 대목이 나옵니다. 이 용상이 있는 궁전이 태화전(太和殿)입니다.

태화전 길이는 64미터이고 너비는 35미터인 우람하고 눈부신 궁전입니다. 태화전에는 스물여섯 개 큰 기둥이 있고 금물 올린 한복판 기둥 여섯 개에는 용이 새겨져 있습니다. 용 발가락은 다섯 개이니, 황제를 시늉하는 것이지요. 우리나라 여러 대 왕들이 입던 곤룡포에 수놓은 용 발가락은 네 개였습니다. 두리 땅 제후에 지나지 않기 때문이었지요. 태화전을 우두머리로 한 천여 채 궁전들이 들어차 있는 곳이 자금성(紫禁城)입니다.

원(元)나라 첫 무렵인 1406년부터 1420년까지 15년에 걸쳐 지어졌는데 일꾼 20여만을 끌어댔다고 합니다. 높이 10.4미터 성벽으로 둘러싸였고 성벽 밖에는 해자가 파져 있습니다. 1만여 개 방이 있는 자금성은 세계에서 가장 큰 궁전으로 하나 도시를 이루고 있을 만큼 드넓습니다. 명·청 때 이곳을 찾은 사신들은 우리 경복궁이나 창덕궁과는 견줄 수도 없게 우람한 모습을 보고 무슨 생각을 했을까요.

우리나라에서는 명나라 때부터 청나라 끝까지 여러 가지 이름 사신을 이 자금성에 보내었습니다. 동지사((冬至使)만 하더라도 삼정승 육판서 가운데 맡기는 정사(正使)와, 그 밑으로 부사(副使)와 서장관(書狀官)이 있었습니다. 그리고 그들 심부름을 해 주는 사람들과 장사치가 있었지요. 1백 명에서 2백 명에 이르는 숫자였습니다. 사신들은 우리나라에서 나는 귀한 물건들을 황제에게 바쳤고 황제가 내리는 물건을 받아 왔습니다. 하나의 '관무역'이었고 '문화교류'였지요. 왕이 바뀌거나 세자책봉을 할 때마다 황제 윤허(允許)를 받아야 했습니다. '이소역대불가(以小逆大不可)', 곧 작은 것이 큰 것을 거스를 수 없다며 이성계(李成桂)가 위화도 회군을 한 다음부터 조선왕조가 막을 내릴 때까지 한 번도 거슬러 본 적이 없는 불문률이었지요.

오늘날 행세깨나 한다는 정치가들이 앞다퉈 달려가는 곳이 워싱턴입니다. 이른바 대선후보들은 반드시 워싱턴으로 가서 미국 대통령을 뵈옵습니다. 바뀐 것은 아무것도 없습니다. 명·청황제가 미황제로 바뀐 것뿐이지요.

肆 베풀 사
筵 자리 연
設 베풀 설
席 자리 석

鼓 북 고
瑟 비파 슬
吹 불 취
笙 생황 생

사
연
설
석

고
슬
취
생

肆筵設席하고 鼓瑟吹笙하니라

홑자리와 겹자리를 깔고서,
비파(琵琶)를 뜯고
생황(笙簧)을 분다.

이 글귀는 황제가 궁궐 안에서 잔치를
열어 황족 사이 정과 군신 사이 정을
다지며 나이 많은 노인들을 어루만지는
모습을 그린 것인데, 홑자리와 겹자리를
통해서 위계질서를 드러내고 있음.
'비파'는 현악기 한 가지이고, '생황'은
대나무로 만든 관악기임.

연(席)·석(席) : 무릇 자리를 펼치는 법이 처음 땅에 한 겹으로 깔면 '연(筵)'이요 그 위에 '석(席)'이니 '석'은 자리 위에
겹간 것이고, '연'은 홑간 것임.

겁먹은 주원장(朱元璋)

태화전(太和殿) 다음은 중화전(中和殿)입니다. 황제가 쉬는 곳인 중화전은 1627년과 1765년에 고쳐 지은 것이라고 합니다. 태화전에서 치를 일에 나가기 앞서 마지막 채비를 하는 곳이지요. 중화전에는 전각 가운데 용상(龍床)이 있고 그 옆에는 황제가 타는 두 채 가마가 있습니다. 이 가마는 황제가 궁내를 거둥할 때 타는 것입니다. 오문(午門) 서쪽에 있는 종묘(宗廟)에서 치러지는 제사에 가기 앞서 마지막으로 축문(祝文)을 채비하는 곳이지요. 또 1년에 한 차례씩 백성들이 뿌릴 오곡 씨앗을 살펴보는 곳이기도 합니다. 중화전 다음에 있는 것이 보화전(保和殿)입니다. 이 전각 또한 중화전과 함께 다시 손본 곳이라고 합니다. 보화전에는 기둥이 없답니다. 전각으로 올라가는 섬돌 사이에는 용과 구름이 새겨진 대리석이 깔려 있는데 무게만 2백50톤이라고 합니다. 북경 변두리에서 가져온 것이라는데 겨울에 얼음 위로 끌어 왔다지요.

보화전은 청나라 때 황제가 다른 나라에서 온 사신들한테 잔치를 베풀던 곳이랍니다. 우리나라 사신들이 조공(朝貢) 예를 다하던 한 맺힌 곳이지요. 우리 겨레한테는 잊을 수 없는 곳이니, 참으로 씻을 수 없는 부끄러움을 당한 곳이기 때문입니다.

조선왕조가 막 세워졌던 때였습니다. 조선 사신이 명황제 주원장한테 몽둥이로 두들겨 맞는 일을 당했던 것입니다. 황제를 뵈옵는 자리에서 조선 사신이 똑바로 꿇어앉지 않은 몸가짐으로 머리를 구부렸다는 까닭에서였습니다. 거의 죽을 만큼 얻어맞은 사신은 약을 지어 먹고 겨우 살아나 압록강을 건너게 되었는데 역마도 내주지 않아 걸어서 돌아왔습니다.

주원장은 앞으로 조선 사신을 들여놓지 말라고 하였습니다. 몸가짐이 조금 바르지 않다고 해서 한 나라 사신을 몽둥이로 죽도록 팼고 사신 출입까지 막았다는 것은 한 나라 주권에 대한 이만저만한 업신여김이 아니었습니다.

여기에는 까닭이 있었으니, 조선 요동 정벌을 걱정한 '경고 메시지'였던 것입니다. 그때에 조선 권세자루를 쥐고 있던 정도전은 고구리 옛 땅을 되찾겠다는 우람한 꿈을 갖고 있었는데, 주원장이 이를 잡도리했던 것이지요.

섬돌을 올라 궁전에 들어가니,
고깔 움직이는 것이 별인 듯
어리둥절하다.

조정에 공사나 잔치가 있을 때면 여러
신하들이 저마다 큰옷*을 입고 대궐
뜨락을 올라가는데, 이때 그들이 쓴
관에 매달린 구슬이 움직이는 데 따라
번쩍번쩍 빛나는 것이 마치 하늘에 뜬
별들이 움직이는 것 같아 보인다는 말임.
'변전의성(弁轉疑星)'은 《시경》
〈기오(淇奧)〉편 「고깔모 접친 데가 별과
같구나. 會弁如星」를 다시 쓴 것임.

陞階納陛하니 弁轉은 疑星이라
승 계 납 폐   변 전   의 성

오를 승　陞
섬돌 계　階
들일 납　納
섬돌 폐　陛

고깔 변　弁
구를 전　轉
의심할 의　疑
별 성　星

납폐(納陛) : 천자(天子) 궁전을 가리킴. '계(階)'는 궁전 앞 뜨락에서 황제가 있는 궁전으로 올라가는 섬돌이고, '폐(陛)'는 궁궐 안에 있는 층층대로 황제만 오르내릴 수 있었음. 황제를 함부로 대놓고 부를 수 없어 신하들이 '섬돌 밑에서 시중드는 아랫것'이라는 뜻에서 '폐하(陛下)'가 나오게 된 것임.

큰옷 : 예복(禮服).

모둠셈 : 통계(統計).

중국이라는 나라

중국 사람들은 스스로를 일러 '중화(中華)'라고 합니다. 세계 한복판이라는 뜻이지요.
눈부시게 빛나는 밤하늘 별과 같은 문화로 세계 모든 나라를 다스린다는 것입니다. 스스로
힘을 믿는 남다른 마음이 담겨 있는 말이지요.

사람 수 또한 엄청나게 많아서 모둠셈˙이 잘 잡히지 않는다고 하는데, 어림잡아 13억으로
봅니다. 중국을 올바르게 볼 수 있는 눈을 틔워 준 리영희(李泳嬉) 선생《8억 인과의
대화》라는 책이 나온 것이 1977년이니, 26년 만에 거의 두 배로 늘어난 것이지요. 세계
인구 4분의 1에 이릅니다. 미국 다섯 배이고 일본 열 배이며 대한민국 스물일곱 배입니다.

신분증에는 반드시 '민족'을 나타내게 되어 있습니다. 92퍼센트가 한족이고
나머지 8퍼센트가 55개 소수민족입니다. 법적으로는 모든 민족이 똑같지만
정치·경제·군사·문화에서 기둥구실을 하는 것은 두말할 것 없이 한족입니다. 55개
소수민족 가운데 숫자가 가장 많은 것이 장족(壯族)이고, 몽골족, 위구르족, 회족(回族),
장족(藏族)이 그 뒤를 잇습니다. 조선족은 2백만 명이라고 합니다. 조선족을 넣은 이들
여섯 개 민족이 중국 온 넓이 반이 넘는 땅에서 어느만큼 자치를 허용받고 있습니다.
이들은 ㄷ자 모양으로 중국 대륙을 둘러싸고 있으며 그 한복판에 한족이 살고 있습니다.
한족 버릇대로 말하자면 '오랑캐'들한테 둘러싸인 셈이지요.

모주석(毛主席) 공산혁명이 이루어지면서 중국은 사회주의로 길들여진 나라입니다.
겉모습으로는 평등사회를 이루었으나 속으로는 빈틈없이 계급사회며 관료사회입니다.
인민대중을 위한 당이라고 하지만 당 권위와 계급은 빈틈이 없습니다.

올해(2021년) 7월 1일 창당 100년을 맞은 중국공산당입니다. 상하이에서 오직 쉰 남짓
당원으로 비롯해서 100년 동안 중국이라는 엄청나게 큰 나라를 한결같이 이끌어
온 중국공산당은 오늘 미국과 세계 우두머리 자리를 놓고 다툼을 벌이고 있습니다.
중국대륙을 일통시켰던 전배(前輩) 황제들인 진시황과 마오쩌뚱을 미좇아가고 있는
시진핑 주석은 내년 3연임을 앞두고 있습니다. 브레진스키라는 미국 전략가가 한
말이 있습니다. "중국과 러시아, 그리고 이란이 손잡는 반미연대가 미국으로서는 가장
아슬아슬한 시나리오다."

오른쪽은 광내전(廣內殿)으로
통하고, 왼쪽은
승명려(承明廬)에 닿는다.

'광내전'은 한(漢)나라 때 황제가
고전(古典)을 우러러 인문(人文)정치를
펴고자 궁궐 안에 두었던 책광을 말하고,
'승명려'는 온갖 고전과 적바림들을
학자들이 교열하던 곳이었음. 황제가
일 보는 정전(正殿) 오른쪽에 '광내전'이
있었고, 왼쪽에 '승명려'가 있었음.

右는 通廣內하고 左는 達承明하니라
우 통 광 내 좌 달 승 명

右 오른우
通 통할통
廣 넓을광
內 안내

左 왼좌
達 통달할달
承 이을승
明 밝을명

편편하다 : 탈없다. 말썽없다. 까다롭지 아니하다. 순탄(順坦)하다.
외간것 : 외세(外勢).
앙버팀 : 대섬. 맞섬. 대듦. 벋댐. 달려듦. 대지름. 되받음. 버팀. 벋장댐. 내버팀. 개갬. 저항(抵抗).
이드거니 : 잘. 꽉. 힘껏. 실컷. 잔뜩. 흠뻑. 흐뭇이. 넉넉히. 마음껏. 흠씬. 제대로. 능준히. 푼푼히. 푼더분히. 충분(充分)히.

'패션'이 된 '이데올로기'

남아메리카가 크게 일렁이고 있습니다. 베네수엘라(1998년 12월)와 아르헨티나(1999년 10월)에서 좌파가 집권을 하고, 칠레(2000년 1월)에서는 아옌데 대통령을 뜨겁게 뒤따르던 사회주의자 리카르도 라고스가 선거에 이겼으며, 브라질(2002년 10월) 대통령 선거에서 노동자당 룰라가 당선된 데 이어, 에콰도르에서도 좌파 구티에레스가 대통령에 당선되었습니다.

이 나라들 앞날이 편편할* 리 없다는 것은 불을 보듯 뚜렷합니다. 딴 나라 빚은 엄청나게 많은 데다 가난하고 잘사는 사람 틈이 끔찍하게 벌어져 있고, 돈값이 자리 잡지 못하고 일자리가 없는 사람들이 넘쳐날뿐더러, 무엇보다도 외간것* 집적거림과 이미 잘살 수 있는 자리를 차지한 이들 앙버팀* 또한 만만치 않을 것이기 때문이지요. 이미 차지하고 있는 자리를 지키려는 사람들과 잘못 짜인 세상을 뜯어고치자는 사람들 사이에 만날 부딪치고 다툰다는 얘기들이 남아메리카 좌파정권들 어렵고 힘든 앞길을 보여 주고 있습니다.

우리 오늘은 어떠한가요. 민주노동당 대통령감이 새로운 목소리를 내었던 적이 있기는 합니다만, 뭔가 허전합니다. 노동자계급 알속을 싸워 얻겠다는 마음가짐과 틀거리가 어딘지 모자란다는 생각입니다. 그런 느낌을 힘 있게 주지 못하고 있습니다. 마지막 남은 분단국가인 우리와 남아메리카 처지를 똑같이 볼 수는 없지만 어딘지 그렇습니다. 한마디로 찍어 말해서 노동자계급 눈으로 세상과 사물을 보겠다는 마음이 투철하지 않기 때문이지요.

'이데올로기'가 '패션'으로 굴러 떨어져 버린 오늘입니다. '소비에트'가 뜯어 헤쳐지고 동구권이 무너지면서 이드거니* 짐작할 수 있는 일이었지만, 새로운 세상을 꿈꾸는 사람들로서는 쓸쓸한 일이 아닐 수 없습니다. 새로운 나라를 어떻게 세워서 어떻게 꾸려 갈 것인가를 놓고 밤을 낮 삼아 뛰어다니다가 죽어 간 이들을 떠올리면 더구나 그러합니다.

좌도 없고 우도 없는 세상입니다. 보수가 어떻고 진보가 어떻다고 떠들어 쌓지만 무해무득한 '개그쇼'에 지나지 않습니다. 대도시를 벗어나면 아직도 〈한겨레〉만 봐도 이른바 '사상'을 의심받는 오늘입니다. 사람들 마음이 바뀌지 않고서는 아무것도 안 됩니다.

이미 분전(墳典) 같은 책들을 모으고, 또한 뭇 뛰어난 사람들도 모았다.

삼황오제(三皇五帝) 사적을 담은 옛날 책《삼분(三墳)》과《오전(五典)》을 《분전(墳典)》이라고 함.
궁궐 안에 천하 귀한 책을 모아 놓고 천하 영재(英才)들을 맞아들여 책 뜻을 밝게 풀이하고 따져 보게 하여 나라를 올바르게 다스리는 데 도움이 되도록 한다는 말임.

既集墳典하고 亦聚群英이라
기 집 분 전 역 취 군 영

既 이미 기
集 모을 집
墳 무덤 분
典 법 전

亦 또 역
聚 모을 취
群 무리 군
英 꽃부리 영

세참 : 용맹(勇猛).
개개다 : 성가시게 달라붙어 밀졌다. 요즈음 젊은이들이 즐겨 쓰는 '개긴다'는 말 뿌리임.

최영 장군 '민둥 무덤'

무덤 분(墳) 자를 보면 떠오르는 이가 최영 장군입니다. 견금여석(見金如石), 곧 "황금 보기를 돌같이 하라."는 아버지 가르침 아래 자라나서 고리 마지막 줏대를 지켜 냈던 그 유명짜한 최영 장군 말입니다.

최영은 겉모습이 훤칠하고 힘이 여늬 사람보다 뛰어났습니다. 여러 차례 왜구(倭寇)를 물리쳐 무예와 세참*으로 이름났습니다. 원나라 장군들이 제주도를 차고앉아 있으면서 공민왕 말을 듣지 않을 때 쳐 없애 바로잡고 돌아왔습니다. 우왕(禑王)이 왕이 된 뒤 영은 나라 안에 있을 때는 정사의 큰틀을 바로잡고 밖에 나가서는 왜구를 물리쳐 나라에 큰 공을 쌓았으며 그에게 나라 편안함과 위태로움이 매어 있기를 30여 년에 이르렀습니다. 우왕 14년 명나라는 철령위(鐵嶺衛)를 두어 우리 땅을 우격다짐으로 개개려고* 하였습니다. 왕은 영과 상의하고 군대를 내서 요동바닥을 치기로 하고, 영은 8도 도통사(都統使)가 되어 조민수를 좌군도통사, 이성계(李成桂)를 우군도통사로 삼아 군대를 거느리고 떠나게 하고, 왕과 영은 평양에 머물며 요동 정벌을 목대잡았습니다. 이성계는 위화도(威化島)까지 갔다가 왕 명령을 거스르고 마음대로 군대를 돌려세워 반역을 일으켰습니다. 영은 적은 숫자 병력으로 힘껏 맞서 싸웠으나 당해 내지 못하고 성계는 왕과 영을 사로잡아 마침내 죽여 버렸습니다. 영은 죽을 때에도 얼굴빛이나 말투가 바뀌지 않았으며 "내가 평생에 삿된 욕심이 있었다면 내 무덤 위에 풀이 날 것이요, 그렇지 않았다면 풀이 나지 않을 것이다." 하였습니다. 무덤이 경기도 고양(高陽) 땅에 있는데 이제까지 풀이 없는 벌거숭이여서 사람들은 '민둥 무덤'이라고 합니다.

풀잎사람들은 화장장삿도 없어 쩔쩔매는데, 부유층 '호화분묘'로 민둥산이 되는 오늘입니다. 백범(白凡) 말이 떠오릅니다.
"내가 꿈에라도 그리는 것은 경제의 나라도 아니고, 군사의 나라도 아니고, 문화의 나라입니다."

杜
稾
鐘
隷
달을 두
짚고
쇠북 종
종 례

漆
書
壁
経
옻 칠
글 서
벽 벽
경서 경

두
고
종
례
칠
서
벽
경

杜稾鐘隷요
漆書壁經이라

두백도(杜伯度) 초서(草書)와
종요(鐘繇) 예서(隷書)가 있고,
옻칠로 쓴 벽 속 경전(經典)이
있다.

'두고(杜稾)'는 후한(後漢) 때
두백도(杜伯度)가 쓴 초서(草書)를
말하고, 위(魏)나라 종요(鐘繇)는
예서(隷書)를 잘 썼으니, 모두 이름 높은
명필이었음.
'칠서(漆書)는 붓이 없던 옛날 대나무
쪽에 옻으로 칠해서 쓴 글자다. 위는
굵고 아래는 가늘어 과두(蝌蚪), 곧
올챙이 모양과 같다고 해서 이를
과두문자라고 함.
'벽경(壁經)'이란 노(魯)나라 공왕(恭王)
때 공자 옛집을 헐다가 벽 틈에서
얻은 경서, 곧《고문상서(古文尙書)》,
《논어(論語)》,《효경(孝經)》등 과두문자로
된 옛 글을 말함.

서산(書算)대 : 글 읽을 때 글줄이나 글자를 짚던 가느다란 막대.
보리곱살미 : 꽁보리밥.
미주알 : 똥구멍에 닿아 있는 창자 끝 어섯. 밑살.
애소리 : 아직 날 줄 모르는 작은 새.
묵선(墨線) 본다 : 먹을 갈아 바대(품질)를 볼 때 갈던 쪽 빛깔을 살펴보는 것을 말함. 탁탁하고(치밀하고) 빛이 나야 좋은 먹이라고 함.
대킨 : 무릇.
본 : 법(法).

붓글씨 쓰는 법

"새힘으루 무심허게 갈어서 황소힘으로 줘야 허너니……."

경면주사(鏡面朱砂)로 간 막아 줄 친 삼첩장지(三貼壯紙)에 쓰인 6대조 할아버지 《삼백이십자(三百二十字)》를 서산대*로 짚어 주던 할아버지는 벼룻집 뚜껑을 열으시었고, 몇 점이나 되었는가? 아침에 죽을 먹었으니께 저녁이는 그레두 보리곱살믜*망정 밥이 나오것지. 미주알*을 졸밋거리며 두 주먹을 꼭 오므리는데, 후유우— 지그시 눈을 감은 채 삽작 가를 오르내리는 애소리* 나래짓처럼 그야말로 새힘으로 무심하게 먹을 갈던 할아버지는 몇 번 묵선을 본* 다음 아버지가 처음 붓 잡는 법을 배웠다는 무심필(無心筆)에 듬뿍 먹을 적시더니, 헌 신문지 위에 길 영(永) 자를 쓰시었습니다.

"이윽입이구 히은완이로구나."

대컨* 붓글씨 고갱이는 역입(逆入)과 현완(縣腕)에 있으니 외로 갔다가 바로 가고, 위로 올라간 다음에야 비로소 똑바르게 내려그을 수 있다고 하시었습니다. 일점일획이라도 이 법칙에서 벗어나서는 백 마지기 논에 댈 물만큼 먹을 갈아 봐도 안 되는 것이 필법(筆法)으로, 글씨 힘은 여기에서부터 나온다고 하시었습니다. 팔을 높이 들어 올리는 것이 '현완'으로, 높이 들어 올릴수록 그 어느 것에도 막힘없이 저 가고 싶은 대로 갈 수 있는 힘이 나온다고 하시었습니다. '역입'에서 비롯해서 '현완'으로 끝마치는 것이 글씨 갈피며 삶 갈피라고 하시었습니다. 글 짓는 본과 글씨 쓰는 본*은 아주 다르니— 좋은 글을 짓기 위해서는 먼저 기(氣)를 넓혀야 하고, 글씨를 잘 쓰기 위해서는 무엇보다도 먼저 마음을 바로 잡아야 된다고 하시었습니다.

관부(官府)에는 장수와
정승들이 벌여 있고,
길은 공경(公卿)
집들을 끼고 있다.

공경(公卿)·대부(大夫)들이 모여 관청
일을 보는 곳을 '부(府)'라 하고, 또 궁성
안에는 삼공구경(三公九卿)·대부 집들이
길을 끼고 늘어서 있다는 말임.
'괴(槐)' 자는 천자를 도와 천하를
다스리는 삼공(三公)을 일컫는 말임.
어진 인재가 관부에 가득하고 공경들
집이 처마를 잇대고 있다는 것을
말함으로써 도읍이 힘차게 일어섬을
그루박은 것임.

府에는 羅將相하고 路는 挾槐卿이라
부   라 장 상   로 협 괴 경

곳집 부 府

벌일 라 羅

장수 장 將

서로 상 相

길 로 路

낄 협 俠

홰나무 괴 槐

벼슬 경 卿

입내 내다 : 입으로 흉내 내다.
감시(監試) : 조선왕조 때 각도에서 생원(生員)·진사(進士) 초시(初試)를 뽑던 과거.

홍경래(洪景來) 꿈

평안도 용강(龍岡) 태생인 홍경래(洪景來, 1780?~1812?)는 어렸을 때 중화(中和) 사는 외삼촌 류학권(柳學權)한테서 글을 배웠습니다. 나이 여덟 살 때부터 시를 짓는 슬기로움을 보여 주었고 동무들과 놀 적에도 늘 행군(行軍)하는 입내를 내는 것이 예사여서 누가 보든지 앞으로 구구한 필부(匹夫)로 늙다 죽을 사람이 아니라는 것을 미리 짐작하게 하였습니다.

장사불사즉이(壯士不死卽已) 사즉거대명이(死卽擧大名耳) 왕후장상(王侯將相)
영유종호(寧有種乎).

《사기(史記)》〈진섭세가(陳涉世家)〉편에 나오는 글귀로─ 죽지 않는 장수가 바로 이 몸이니, 죽은 다음에도 큰 이름을 남길 것이다, 왕후장상이 따로 씨가 없다는 뜻이지요. 이 대문을 읽게 된 것이 열두 살 때였는데 종일토록 그 글귀만 되풀이해서 읽는 것이었습니다. 외삼촌이 까닭을 물으니 이렇게 대답하였습니다.

"임금과 제후와 대장과 정승이 되는 사람이 따로 씨가 있는 것이 아니니, 저도 그렇게 되겠습니다."

외삼촌은 크게 놀라 더는 가르칠 수 없다고 하였습니다. 썩은 세상을 둘러엎고 새 세상을 만들겠다는 것이었으니, 멸문지화를 당할 말이었던 것입니다. 집으로 돌아와 독궁구로 사서삼경(四書三經)을 익히던 그가 평양에서 치러진 감시(監試)에 나간 것은 열아홉 살 때였는데, 낙방이었습니다. 입격한 사람들은 모두가 행세깨나 하고 방귀깨나 뀐다는 양반집 자손이거나 부잣집 자제들이었습니다. 청탁과 부정시험으로 입격자를 이미 정해 놓고 치르는 시늉만 과거였던 것입니다. 벼슬길에 나가볼 생각을 끊은 그는 이때부터 명산대천을 찾아다니며 무예를 익히는 틈틈이 기맥이 통할 만한 초야 대들보들과 연비(聯臂) 맺기 13년. 남다르게 백령백리(百伶百俐)하고 능소능대(能小能大)한 데다가 사람 마음을 잘 헤아려 움직이게 할 수 있는 두드러지게 다른 힘이 있었으나 체수는 그렇게 큰 편이 못 되었습니다. 작은 키였으나 몸이 여간 날래지 않아 하루에 삼사백 리 길을 가는 철각(鐵脚)이었지요. 무엇보다도 그리고 하늘을 이고 도리질을 할 만한 배짱을 지녔던 왈 대장부였습니다.

여덟 고을을
식읍(食邑)으로 하고,
그 가문(家門)에는 숱한
군사를 주었다.

천자(天子) 귀한 붙이나 나라에 쌓은
보람이 있는 신하들에게는 여덟 고을
백성한테서 나오는 구실을 거둘 수
있도록 하고, 많은 군사를 주어 지키게
했다는 말이니— 황제한테 충성을
바치라는 뜻이 담겨 있음.
'팔현(八縣)'은 한고조(漢高祖)가 개국
일등 공신에게 하사한 것을 본보기 삼은
말이지만 딱 떨어지는 여덟 고을이
아니라 많은 고을을 뜻하고, '가(家)'는
국가(國家)·경대부(卿大夫)·식읍(食邑)을
뜻하며, '천병(千兵)' 또한 많은 군사를
말함.

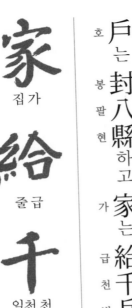

戶는 封八縣하고 家는 給千兵이라
호 봉 팔 현 가 급 천 병

戶 지게문 호
封 봉할 봉
八 여덟 팔
縣 고을 현

家 집 가
給 줄 급
千 일천 천
兵 군사 병

길미 : 이자(利子).
본밑 : 원금(原金).
돈머릿수 : 액수(額數).
잗단지주 : 중소지주(中小地主).
간사위 : ① 빈틈없고 두름성 있는 솜씨. ② 남사람 잇속을 위해 쓰는 뾰족한 솜씨.
외목장사 : 혼자만 독차지하여 파는 장사. 외목.

금입댁(金入宅) 이야기

신라(新羅)가 한창 때에는 서라벌에 17만 8천9백39집이 있었는데, 39명 '금입댁(金入宅)'이 있었다고 합니다. 당서(唐書)가 전하는 바를 보면 신라 귀족은 일꾼 3천 명과 갑병 곧 경호부대 3천에 소·말·돼지 같은 집짐승이 3천 마리였답니다. 집짐승은 섬에 놓아 기르다가 쓸데가 있을 때마다 활로 잡고, 또 곡식은 농군들한테 길미˚ 붙여 빌려 주었다가 제때에 본밑˚과 길미를 갚지 못하면 그 돈머릿수˚만큼 노비로 삼았다고 합니다.

당서가 전하는 바를 미루어 헤아리면 그들은 1만여 마리 집짐승과 드넓은 논밭을 지녀 가을걷이가 적어도 수만 석 위에 이르렀을 것입니다. 그것을 3천 노비로 하여금 치고 갈게 하고, 또 그들 벼슬자리와 천량을 지키고 노비가 달려드는 것을 막기 위해서 3천 삿적군대를 가지고 있었던 것입니다. 그리고 그들 모질고 사나운 장리쌀 놓기에 따라 잔단지주˚는 병작농(竝作農)으로 병작농은 종으로 자꾸 떨어지게 되는 모습이 눈에 보이는 듯합니다. 3천 병력으로 무장한 대지주가 서른아홉 사람이나 있었다면 그들에게 딸린 노비만도 10여만이나 되고, 그 밖 잔단지주와 사찰에 딸린 노비 및 그 식구들을 모은다면 적어도 신라 노비계층은 그 수가 사오십만에 이르렀을 것입니다. 삼국일통 명장으로 기려지는 김유신(金庾信) 장군도 금입댁이었습니다.

모든 간사위˚를 다하여 인민대중 등골을 빨아먹은 것은 이른바 성골(聖骨)인 왕실과 진골(眞骨)인 귀족만이 아니었습니다. 더 많은 논밭과 노비를 얻어 낼 수 있는 이로움이 있어 시골에 내려가 살게 된 여러 시골 대지주인 토호(土豪)와, 봉건체제를 지켜 주는 버팀목이었던 사찰이 있습니다. 여섯 번째 벼슬차례인 아찬(阿湌)급이 한 해에만도 사찰에 곡식 3천여 섬을 바쳤고, 사찰은 또 어마어마한 논밭과 노비를 지닌 위에 비싼 돈놀이와 갖가지 외목장사˚까지 했던 것입니다. 《삼국유사》를 보면 「이때에 도둑이 벌떼처럼 일어났다.」라고 하니, 여기서 말하는 도둑은 바로 죽음의 벼랑 끝에 내몰린 인민들이었던 것입니다.

高冠陪輦하니 驅轂振纓하며

고관배련
구곡진영

高 높을 고
冠 갓 관
陪 모실 배
輦 손수레 련

驅 몰 구
轂 바퀴통 곡
振 떨칠 진
纓 갓끈 영

높은 갓 쓴 이들이 황제 수레를
모시니,
말을 몰아 바퀴를 굴릴 때마다
끈과 술이 휘날리며,

'고관(高冠)'은 높고 훌륭한 벼슬아치를
뜻하는 '고관대작(高官大爵)' 준말이고,
'연(輦)'은 두 사람[夫]이 앞에 서서
수레[車]를 끈다는 뜻에서 만들어진
글자로, 천자(天子)가 타는 수레를
일컬었음.
갓은 치레거리로 꾸며진 높다란 관을 쓴
신하들을 거느린 황제 드레진* 거둥을
말하고 있음.

드레지다 : 됨됨이가 가볍지 않고 무게가 있다.
가시아비 : 가시아버지. 장인(丈人).
목대 : 주도권(主導權). '헤게모니'.

밥그릇 싸움

외간것을 끌어들여 시늉만 억지 삼국통합을 이루고 태평성대를 노래하던 신라
귀족사회를 크게 놀라게 한 사달이 일어나게 된 것은 681년이었습니다. '국학(國學)'을
세워 당제국 학문을 배우게 하고 관제를 다시 가다듬는 따위 '일통신라 황금시대'를
이룩하였다는 신문왕(神文王)이 임금 자리에 오른 지 며칠 안 가서였습니다. 소판(蘇判)
김흠돌(金欽突), 파진찬(波珍飡) 흥원(興元), 대아찬(大阿飡) 진공(眞功) 같은 이 큰 반란
음모가 드러나서 죽임을 당한 것인데, 흠돌은 신문왕 가시아비*였습니다. 김유신(金庾信)을
비롯한 새 진골(眞骨) 세력을 끌어들임으로써 따논자리가 흔들리게 된 데 대한
못마땅함에서였지요.

진골귀족 세력과 왕권과 다툼이 제대로 터져 나온 것은 혜공왕(惠恭王) 때였습니다. 765년
각간(角干) 대공(大恭)이 그 아우 아찬(阿飡) 대렴(大廉)과 함께 왕궁을 둘러쌌는데 석 달
만에야 가라앉힐 수 있었습니다. 서라벌뿐 아니라 5도 9주에 사는 96명 각간들이 거든 온
나라에 걸친 크기 다툼이었지요.

귀족계급 반란은 꼬리를 물고 일어났으니—770년 대아찬 김융 반란, 775년 6월 이찬(伊飡)
김은거(金隱居) 반란, 같은 해 8월 이찬 염상(廉相)과 시중(侍中) 정문(正門) 반란 따위가
그것입니다. 마침내 상대등(上大等) 김양상(金陽相)과 이찬 경신(敬信)이 혜공왕과 왕비를
죽이니, 뒷날 선덕왕(宣德王)과 원성왕(元聖王)이 바로 그들입니다.

20여 년 사이에 거듭 일어난 반란 사건은 한마디로 밥그릇 싸움이었습니다. 김춘추가
왕이 되면서 갈라진 두 귀족계급 세력 사이 목대* 다툼이었던 것이지요. 이미 따논자리를
차지하고 있는 귀족들이 더 많은 논밭과 노비를 차지해서 끝없는 부귀영화를 누리고자
서로 물고 뜯었다는 말입니다. 귀족계급이 일으켰던 반란사건 고갱이가 여기에 있습니다.
입으로는 밤낮 국가와 민족을 위한 '구국의 결단'이라고 떠들어 대지만 말짱 헛소리라는
말입니다.

대어중어식(大魚中魚食)하고 중어소어식(中魚小魚食)한다는 옛말이 있습니다. 힘센 자가
저보다 조금이라도 힘없는 자를 억누르며 마음대로 부려먹고 산다는 말이지요. 언제나
그러하였습니다.

대대로 녹을 받아 풍풍해지니,
말은 살지고 수레는 가볍다.

'세록(世祿)'은 대를 이어 임금한테서
봉록(俸祿)을 받는 것을 말하고,
'거가(車駕)'는 천자(天子) 탈것을 통틀어
말함.
'비경(肥輕)'은 '비마경구(肥馬輕裘)'를
줄인 것으로, 짐승 가죽으로 덧옷처럼
만든 것인데, 바대*가 좋은 것은 매우
가벼웠음.
나라에 큰 공을 세운 장수와 정승 집안은
대를 물려 가며 잘살기 때문에 좋은
수레와 살진 말을 타고 다니게 된다는
뜻으로, '탈것'으로 지체 잣대를 삼는
것은 예나 이제나 다를 게 없음.

世 세 인간 세
祿 록 녹 록
侈 치 사치할 치
富 부 부자 부

車 거 수레 거
駕 가 멍에할 가
肥 비 살찔 비
輕 경 가벼울 경

世祿은 侈富하니 車駕는 肥輕이라
세 록 치 부 거 가 비 경

바대 : 바탕. 본바탕. 품질(品質).
전배 : '선배'는 왜제 때 바뀐 것임. 후배는 '후래'라고 했음.

김헌창(金憲昌)과 자주국가

신라 애장왕(哀莊王)이 임금이 된 것은 열세 살 때였습니다. 왕 삼촌인 언승(彦昇)이 정사를 대신하였는데 그는 세력을 다지기 9년 만에 군대를 일으켜 왕을 죽이고 그 자리에 올라섭니다. 647년 뒤 비슷한 솜씨로 조카인 단종(端宗)을 죽이고 왕이 된 수양대군(首陽大君) 전배*가 되는 셈이지요. 언승은 헌덕왕(憲德王)이 되었고 수양은 세조(世祖)가 되었습니다.

신라 하대에 일어났던 많은 반란사건 가운데 궁예(弓裔)를 빼고 가장 두드러졌던 것이 김헌창(金憲昌, ?~822)이 일으킨 반란일 것입니다. 언승이 어린 조카를 죽이고 왕이 되기는 하였으나 어디까지나 신라라는 나라 법통에서 벗어나는 것은 아니었습니다. 그런데 김헌창은 반기를 들면서 나라 이름을 장안(長安)이라 하고 년호를 경운(慶雲)이라 하였으니, 이른바 국체(國體)를 바꾼 것이었습니다. 이때가 822년이니 박혁거세(朴赫居世)가 서라벌이라는 나라를 세운 지 879년 만 일이었습니다. 외간것인 당제국 힘을 빌려 억지 삼국통합을 한 다음부터 신라는 스스로 쓰던 년호를 버리고 당제국 년호를 써 왔습니다. 새로운 나라 이름을 정하고 년호를 만들었다는 것은 그때 인민대중들이 신라 굴욕적 사대주의를 싫어하고 당당한 자주국가를 원했다는 것을 나타내고 있다고 봐야겠지요.

오랫동안 지방귀족·토호들과 손잡고 채비한 끝에 일으킨 거사였으나 여러 군데서 벌어진 싸움에서 지고 웅진성(熊津城)으로 들어갔지만, 10여 일을 버티다가 스스로 목숨을 끊고 맙니다. 이때 정부군은 김헌창 식구와 일가 그리고 반란군 2백39명을 죽여 버림으로써 피의 앙갚음을 합니다. 그러나 반란에 끼어들었던 인민들은 '관대히 처분'하여 놓아주었으니, 인민들이 더 크게 일떠설 것을 두려워하여 써먹는 봉건통치배들 솜씨였지요.

5년 뒤 헌창 아들 범문(梵文)이 경기도 여주(驪州)에 있는 고달산(高達山) 수신(壽神)이 거느린 농민폭동군과 손잡아 북한산성을 쳐부수고 서울을 요즘 경기도 양주(楊州)에 정하려고 하였습니다. '장안국(長安國)'을 다시 세우고자 하였던 것이지요. 오래가지 못하고 무너졌지만 후삼국시대가 닥쳐오는 것을 알려 주는 낌새였습니다.

공을 금매겨 옹골참에
힘쓰게 하여,
비에 새기어 명문(銘文)으로
파 놓는다.

나라에 큰 보람을 세운 사람들 자취를
갸륵히 여겨 비를 세워 그 꽃다운 이름을
새기고, 글을 지어 기림. 그리고 이 글을
금석(金石)에 새겨서 뒷세상에 길이
이어지게 한다고 말한 것임.
돌을 세워 그 사람 자취를 새겨 두는
것은 진(秦)나라 시황제(始皇帝) 때부터
비롯되었음.

策功은 茂實하야 勒碑刻銘하니라
책공 무실 늑비각명

勒 새길 륵

碑 비석 비

刻 새길 각

銘 새길 명

策 꾀 책

功 공 공

茂 무성할 무

實 열매 실

금매기다 : 값놓다. 값매기다. 값보다. 값치다. 산정(算定)하다.
옹골차다 : 옹골지다. 알차다. 알배다. 실살스럽다.
비나리치다 : 아첨(阿諂)하다.

구비(口碑)를 세워야

덕을 기리는 글을 빗돌에 새겨 오래오래 잊지 말자는 것이 이른바 선정비(善政碑)라고 하였습니다. 목비(木碑)를 세워 그 혜정(惠政)을 기리는데 기려지는 것도 있고 비나리치는 것도 있으니, 세우는 대로 곧 치우고 못 하게 해서 부끄러움에 이르지 않게 해야 할 것이라고 걱정하는 다산(茶山)이었습니다.

판서(判書) 리상황(李相璜, 1763~1841)이 충청도 암행어사가 되었을 때 일입니다. 리상황은 눈이 앞만이 아니라 옆과 뒤에까지 달려 있다고 해서 '팔눈어사[八目御使]'라는 다른 이름을 얻었을 만큼 이름난 어사였습니다.

새벽에 괴산군(槐山郡)에 닿았는데, 고을에서 5리쯤 미치지 못하여 하늘이 아직도 어둑어둑한데 저 멀리 미나리밭에서 한 농군이 소매에서 나뭇조각을 꺼내 진흙 속에 거꾸로 꽂았다가 다시 길가로 바로 세우고, 또 수십 발짝 앞으로 나아가 소매에서 나뭇조각을 꺼내어 진흙칠을 해서 세우는데, 이렇게 하기를 다섯 차례나 하는 것이었습니다. 어사가 "저것이 무엇이오?" 하고 물으니 "이것은 바로 선정비요. 나그네는 모르시오." 하고 대답하였습니다.

어사가 "왜 진흙칠을 하는 거요?" 하고 물었더니, 대답하기를 "암행어사 발자취가 두루 미치고 있으니 이방(吏房)이 나를 불러 이 비 열 개를 주면서 다섯 개를 동쪽 길에 세우고 다섯 개는 서쪽 길에 세우라 하였소. 한 눈먼 어사가 이것을 진짜 비로 알까 봐 걱정되므로 진흙칠을 해서 세우는 거요." 하였습니다. 어사가 드디어 그대로 들어가 일을 살펴서 먼저 진흙비 일을 따지고 원을 봉고파직(封庫罷職)시켰습니다.

'구비(口碑)가 섰다'는 말이 있습니다. 아름답고 훌륭한 자취가 입에서 입으로 알려져 마치 송덕비(頌德碑)를 세운 것 같다는 말이지요. 입만 열면 국가와 민족을 부르짖는 사람 가운데 구비가 설 수 있는 사람이 몇이나 될지 모르겠습니다. 구비는 그만두고 쇠고랑이나 차지 않는다면 다행이겠지요.

반계(磻溪)와 이윤(伊尹)은
때를 도왔고,
천하를 바로잡기 위하여
기댄 사람이며,

반계(磻溪)는 주문왕(周文王)을 도와서
제후(齊侯)에 봉해진 태공망(太公望)
여상(呂尚)이 낚시질하던 곳이고,
이윤(伊尹)은 탕왕(湯王)을 도와
은왕조(殷王朝)를 세운 사람으로
아형(阿衡), 곧 재상 자리에 올랐다는
말임.

반계 이윤 좌시 아형
磻溪와 伊尹은 佐時하여 阿衡이며

磻 돌 반
溪 시내 계
伊 저 이
尹 맏 윤

佐 도울 좌
時 때 시
阿 언덕 아
衡 저울대 형

《**반계수록(磻溪隨錄)**》: 조선시대에, 실학자 유형원이 지은 논집. 우리나라 여러 제도에 관하여 고증하고 제도개혁 경위 등을 기록하였으며, 균전제를 중심으로 하는 토지개혁안을 논하였음. 조선시대 사회·경제, 특히 전제(田制)를 연구하는 데 귀중한 자료임. 영조 46년(1770)에 간행. 26권 13책.
물계 : 값. 금새. 장금. 때 흐름. 세상 형편. 시세(時勢).

선비 길

강태공(姜太公) 하면 너무 아아라한 옛날이야기라 실감이 나지 않고, 반계(磻溪)하면 떠오르는 이가 있습니다. 실사구시(實事求是)를 부르짖으며 《반계수록》이라는 대문자(大文字)를 남긴 유형원 선생이 그 사람입니다.

"도(道)에 뜻하면서 시러금 서지 못하는 것은 지(志)가 기(氣) 때문에 게을러진 것이니 아침은 일찍 일어나고 밤늦게 자고 함을 시러금 하지 못하고, 의관을 바르게 하고 눈의 움직임을 반듯하게 함을 시러금 하지 못하고, 부모를 섬김에 얼굴빛을 화기 있게 함을 시러금 하지 못하고, 집 안에 거하는 사이에 공경으로 서로 대함을 시러금 하지 못하니, 네 가지가 밖에서 게을러지며 마음이 안에서 거칠어지는구나."

스스로 탄식하고 네 가지 깨침말을 지어 스스로 잡도리하고 되살펴서 안과 밖으로 마주 수양하며 그 어머니와 할아버지를 섬기며 그 정성과 공경을 지극히 하였다고 합니다. 할아버지 뜻을 좇아 진사(進士)를 한 다음 다시는 과거에 나가지 아니하고, 문을 닫고 고요히 앉아 정신을 오로지 하여 학문에 힘쓰고, 음식은 여러 가지 맛을 겸하지 아니하고, 옷은 비단이나 명주를 입지 아니하고, 사람을 모시기는 정성으로써 하여 귀하고 천함을 묻지 아니하니, 마을 사람들이 기뻐하여 믿고 따르지 않는 이가 없었습니다.

"하늘이 사농공상(士農工商) 네 백성을 내니 몫몫이 그 맡은 일이 있거늘 나는 조상 음덕을 빌어서 편안히 앉아 밥과 죽을 먹으니, 이는 천지간 한 좀벌레이라. 다만 마땅히 옛사람 도를 찾아보아 내가 선비된 본분을 좇아갈 뿐이라."

인문학이 어려운 고비를 맞고 있다 합니다. 저마다 물계* 좇아 취직 잘 되는 학과만 몰려들어 인문학과 교수들은 집에 가서 애나 봐야 될 지경이라고 합니다. 요즘은 정치한다는 사람마다 '실사구시'를 말하는데, 이 말 참뜻을 잘 모르는 것 같습니다. 반계 선생 삶에서도 알 수 있듯이 힘써 책을 읽어 깨친 도리를 사람들 삶에 도움을 주자는 것이었지, 밑받침되는 궁구 없이 당장 써먹기 좋은 것만 배우자는 것이 아니기 때문입니다. 주춧돌을 놓지 않고서는 집을 지을 수 없는 갈피에서지요.

곡부(曲阜)를 어루만져
가라앉히니,
단(旦)이 아니면 누가 다스릴 수
있었겠는가.

주공(周公)이 성왕(成王)한테서
곡부(曲阜)를 봉지(封地)로 받아
다스렸는데, 이것은 오직 주공이
어질었기 때문이니, 만일 그가 훌륭한
사람이 아니었다면 누가 그런 일을 할 수
있었겠느냐는 말임.
주공 아들 백금(伯禽)이 이곳에 터를
잡아 노(魯)나라 도읍이 되었고, 단(旦)은
주공 이름임.

奄宅曲阜하니 微旦이면 孰營이리오
엄 택 곡 부 미 단 숙 영

奄 가릴 엄

宅 집 택

曲 굽을 곡

阜 언덕 부

微 작을 미

旦 아침 단

孰 누구 숙

營 지을 영

예(禮)란 무엇인가?

곡부(曲阜)는 공자 고향입니다. 세 살 때 아버지를 여의고 홀어머니 밑에서 가난하게 자랐습니다. 열다섯 살 때부터 '무엇이든 하겠다'는 뜻을 세우고 어머니를 도와 가며 글 읽기에 열중했는데, 그 어머니마저 스물네 살 때 돌아가셨고, 공자는 외로웠습니다. 배우는 것을 좋아하였고 주왕조(周王朝)를 세우는 공신으로 노(魯)나라를 세웠던 주공(周公)을 그리워하여 그 문화를 배우고자 애썼습니다. 공자 꿈은 주공 얼을 살린 문화 나라를 만드는 것이었습니다. 그러나 뜻을 이루지 못하고 노나라를 떠난 것이 쉰여섯 살 때였습니다. 그 뒤로 14년간 제자들을 데리고 여러 나라를 돌아다니며 뜻을 밝히었으나 될 수 없음을 깨닫고 고향에 돌아왔으니, 예순아홉 살 때였습니다. 그리고 일흔네 살로 돌아갈 때까지 제자들을 가르치는 일에 오로지하였습니다.

공자가 평생 동안 다다르고자 했던 것은 인(仁)이었습니다. 옛날 사람들은 신(神)이라는 말 대신에 천(天)이라 하였고, 자연이라는 말 대신에 지(地)라고 하였고, 인간이라는 말 대신에 인(人)이라고 하였습니다. 천지인(天地人) 삼재(三才)를 말합니다. 하늘과 땅과 사람이 한가지로 고르게 어우러진 것을 인(仁)이라고 보았습니다. 그리고 인을 이루어 낼 수 있는 힘을 '예(禮)'로 보았지요.

예란 한마디로 사회의식을 말합니다. 어떻게 하면 온 천하가 다 잘 살 수 있겠느냐고 물었을 때 서슴지 않고 대답한 것이 '극기복례(克己復禮)'였습니다. 사회 보편의지에 맞게끔 이기심을 이겨 내자는 것이었지요. 온 천하가 더불어 평화롭게 살 수 있는 사회의식이 바로 예라고 보았던 것입니다.

예란 한마디로 말해서 자기가 서 있는 자리를 지키자는 것입니다. 그렇게 지켜진 자리에서 알맞게만 살아간다면 이 세상은 그대로 자유롭고 평등해서 평화로운 행복 나라가 될 것이라는 것이 공자님 말씀이었습니다. '인'과 '예'라고 해서 무슨 고리타분한 옛날이야기가 아닙니다. 바로 이 순간에도 참답게 지켜져야 할 만고불변 벼리가 됩니다. 2천5백 년 전에 이미 그것을 꿰뚫어 봤던 분이 공자님이었습니다. 그래서 그를 성인(聖人)이라고 부르는 것이지요.

桓公
군셀 환

公
귀인 공

匡
바로잡을 광

合
합할 합

濟
건질 제

弱
약할 약

扶
붙들 부

傾
기울어질 경

환
공

광
합

제
약
부
경

桓公은 匡合하야 濟弱扶傾하니라

환공(桓公)은 누리를 바로잡고 끌어 모아,
약한 자를 건지고 기우는 자를 붙들어 주었다.

제환공이 다섯 제후들 우두머리가 되어
중원천하를 하나 틀로 바로잡게끔
도와준 관중(管仲)이 쓴 일통
이데올로기는―
'주왕실(周王室)을 받들어 오랑캐를
물리친다'는 '존왕양이(尊王攘夷)'였고, 그
구실로 내세운 것이 묵가(墨家) 논리인
'제약(濟弱)'이고, 병가(兵家) 논리인
'부경(扶傾)'이었음.
이 '제약부경(濟弱扶傾)' 논리는
진시황(秦始皇)이 중원천하를
일통시키면서부터 강자 이데올로기가
되면서, 크고 힘센 나라가 작고
힘없는 나라를 침노하기 위한 구실로
바뀌게 되었는 바, '티베트 인민을
해방시킨다'는 구실로 티베트를 중국
나라터로 합뜨린 것으로 이어지고 있음.
'제약부경 이데올로기'를 흉내 내었던
것이 일본제국주의였고, 이제는
제국주의로서 북미합중국이 그 뒤를
미좇고 있음.

미좇다 : 뒤따르다.
턱 : 갈피. 이치(理致).

중국 앞날

합구필분(合久必分)이요 분구필합(分久必合)이라는 말이 있습니다. 누가 처음 썼던 말인지는 모르나, 하나로 모여진 지 오래되면 여럿으로 나뉘고, 나뉜 지 오래되면 다시 또 하나로 합쳐진다는 말이지요. 이 말은 본디 우주 본바탕 턱*을 말한 것일 터입니다. 이른바 '빅뱅이론'이라는 것에 좇아서 우주가 만들어졌다가 없어지고 없어졌다가는 또 만들어지는 턱이 조금 밝혀지고 있습니다만, 땅 위에서 일어나는 모든 일도 여기에서 벗어나지 않습니다. 땅 위에서 일어나는 이른바 '역사'라는 것은 사람들이 살아온 발자취를 말하는데, 사람이라는 이름 숨탄것은 맴돌아 하늘 밑에 벌레에 지나지 않기 때문이지요.

주(周)나라가 무너지면서 중원천하는 한동안 갈피를 잡을 수 없게 뒤죽박죽됩니다. 그것을 한(漢)나라가 일통시켰다가 또 남북조(南北朝)로 갈라집니다. 그것을 다시 일통시킨 것이 당(唐)나라입니다. 그러나 당나라 또한 2백90년 만에 망하고 맙니다. 그로부터 1백 년 가까이 이른바 5대(五代) 뒤죽박죽을 겪다가 10세기 뒷무렵에 와서야 송(宋)나라로 일통됩니다. 18대 3백19년 동안 이어지던 송나라는 몽골족 칭기즈 칸에게 결딴나고 대원제국(大元帝國) 말발굽 아래 놓이게 됩니다. 천년만년 갈 것 같던 세계제국 대원 또한 1백 년도 못 채운 98년 만에 탁발승(托鉢僧) 출신 주원장(朱元璋)에게 쫓겨가니, 대명제국(大明帝國)입니다. 주자(朱子) 이데올로기로 천하를 다스리던 대명제국 또한 역졸이었던 이자성(李自成)한테 없어지고 만주족 대청제국(大淸帝國)이 들어섭니다. 그리고 중국은 서세동점(西勢東漸)하는 '오랑캐'들한테 시달리고 '섬오랑캐'인 일본제국에 괴로움을 겪다가 모주석(毛主席) 공산당에 일통되니, 오늘 중화인민공화국입니다.

소비에트사회주의 공화국연방과 동구권이 무너지면서 세계는 북미합중국 그늘 아래 들어가게 되었습니다. 미국 '주적 1호'가 중국입니다. 미국이 세우는 모든 세계정책이 다 중국을 겨냥대고 있습니다. 중국 4대 소수민족을 부추겨 중국을 찢어발기고자 하는 것이 미국 속셈입니다.

제환공은 한마디로 패도정치가요 패권주의자였습니다. 온갖 꾀를 다 써서 아홉 제후국(諸侯國)을 일통시켰던 것이 제환공이었습니다. 제환공 못된 꾀를 흉내 내고 있는 미국입니다.

기리계(綺里季)는 한(漢)나라 혜제(惠帝)를 돌아오게 하였고, 부열(傅說)은 무정(武丁)과 따라 느끼었다.

기리계(綺里季)는
상산사호(商山四皓)라고 불리던
한(漢)나라 때 현자(賢者)이고,
부열(傅說)은 은(殷)나라 현인이며,
무정(武丁)은 은천자(殷天子)
고종(高宗)임. 한고조(漢高祖)가
척부인(戚夫人) 자식을 아끼어 태자를
없애려고 할 때, 기리계를 비롯한
상산사호가 한고조 마음을 돌려 태자를
황제에 오르게 해 주었다는 것이고,
은나라 황제 무정이 부열, 곧 부(傅)
땅에서 길 닦는 일을 하던 죄수 출신
현인 열(說)을 재상에 앉혀 3년간 말을
나누지 않고도 나라를 다시 일어나게
하였다는 말임. 이것은 든사람이
스스로를 신비한 존재로 만듦으로써 그
쓸모를 가장 크게 만들고, 길잡이가 말이
많으면 아랫사람들이 새로운 생각 없이
그 말만 따르려 하니 다다 말은 아껴야
된다는 뜻으로 읽힘.

綺는 回漢惠하고 說은 感武丁하니라
기 회 한 혜 열 감 무 정

説 기꺼울 열
感 느낄 감
武 호반 무
丁 고무래 정

綺 비단 기
回 돌아올 회
漢 한수 한
惠 은혜 혜

상산사호(商山四皓) : 중국 진시황 때에 난리를 비켜 섬서성(陝西省) 상산(商山)에 들어가서 숨은 네 사람. 동원공(東園公)·기리계(綺里季)·하황공(夏黃公)·녹리선생(角里先生)을 이름. 호(皓)란 본래 희다는 뜻으로, 이들이 모두 눈썹과 수염이 흰 노인이었다는 데서 말미암음.
두레우물 : 공동샘.
무춤 : 놀라거나 열적은 느낌이 들어 하던 짓을 갑자기 멈추는 꼴.
뒷고대 : 깃고대(두 어깨 솔 사이로서 목 뒤에 닿는 곳) 목 뒤쪽이 닿는 어섯.
묵새기다 : 그다지 하는 일 없이 한곳에 오래 묵으며 날을 보내다.
가히 : '개' 충청도 내포 말.
노랑북새통 : 부산한 법석.

기나긴 바둑 한 판

　　한곳에 다다르니 오선위기(五仙圍棋) 허넌구나 / 한 노인은 백긔(白碁)들구 한 노인은
　　흑긔(黑碁)들구 / 초한풍진(楚漢風塵) 일어나니 상산사호 아니런가 / 한 노인은 누구신고
　　주인노인 분밍허다

두레우물˙ 가를 지나 저만큼 보이는 사립 쪽으로 잰걸음 치던 이 중생은 무춤˙ 서
버리었습니다. 구슬픈 진양조 판소리 가락이 들려왔던 것입니다.

　　주인노인 체면보소 시절펑류 그뿐이라 / 상승상부(相勝相負) 결승헐제 양핀훈수 뭇허구서
　　/ 친가유무(親家有無) 굉궤헐제 손님즙대 헐뿐일세 / 수(數)는즘점 높어가구 밤은즘점
　　짚어간다

빌꼴. 이 숭악헌 산고랑탱이서 뭔 판소리댜? 득음(得音)헐라구 밍깅츤하(明景天下)헌다넌
소릿광댄가? 어개를 찍어 누르는 책보를 한 번 추스른 다음 발걸음을 떼던 이 중생은 다시
무춤하였습니다. 댑싸리로 엮은 시늉만 사립문을 등지고 마당으로 들어서는 할아버지
뒷고대˙가 보였고, 아하. 과객(過客)일세. 사날씩이나 묵새기며˙ 밥 축내던 과객사람여.
때꼬작물 졸졸 흐르는 무명 두루마기 자락이 나풀거리며 진양조로 구슬프게 흘러가는
청담(淸淡)한 소리는 차츰 잦아들고 있었습니다.

　　원촌에 닭이우니 태극성이 븨쳤구나 / 가히˙ 짖구 날이새니 각자귀가 허넌구나 / 상산사호
　　네노인은 제갈디루 다가구서 / 바둑판과 바둑돌은 주인차지 되었구나.

"굉궤만 잘허먼 되너니라."
미국과 일본과 중국과 소련 네 나라가 우리 조선에 들어와 주인을 제쳐 두고
노랑북새통˙을 치는 것은 상산사호 네 노인이 비둑을 두는 것과 같은 이치라고
하시었습니다. 그 사람들이 근력이 좋아 한 판 바둑을 가지고 질기굳게 시간을 끌고 있는
것이지만, 판은 끝나게 되어 있다는 것이었습니다.
판이 끝나고 손들이 돌아가면 그때 가서 집 안 청소나 잘 하면 된다고 하시었습니다.
그러면서 행마법을 가르쳐 주시는 것이었는데, 문득 보꾹을 올려다보시었습니다.
"바둑 한 판이 왜 이다지 질단 말인고?"

재주와 덕이 뛰어난 사람들이
힘써 일하니,
대들보처럼 많은 사람들이
있어 참으로 푸근하다.

다사(多士), 곧 이윤(伊尹)·주공(周公)·
부열(傅說)·사호(四皓) 같은
준예(俊乂)들이 있음으로 해서 나라가 잘
다스려지고 임금이 푸근하게 지냈다는
이야기임. 재주와 덕이 천 사람 가운데
뛰어난 사람을 '준(俊)'이라 하고 백 사람
가운데 뛰어난 사람을 '예(乂)'라고 함.
'밀물(密勿)'은 맡은 구실 대신(大臣)들이
해야 할 일을 말함.

俊乂는 密勿하니 多士로 寔寧이라
준 예 밀 물 다 사 식 녕

俊 준걸 준
乂 풀벨 예
密 빽빽할 밀
勿 말 물

多 많을 다
士 선비 사
寔 참 식
寧 편안할 녕

탕평책(蕩平策) : 조선왕조 영조 때에, 당쟁 폐단을 없애기 위하여 각 당파에서 고르게 인재를 등용하던 정책.

될성부른 나무

채제공(蔡濟恭, 1720~1799)은 어려서 집안이 가난하였는데, 절에 가서 글을 읽을 때
부귀한 집안 아드님들이 모두 제대로 다루어 주지 않았습니다. 섣달그믐께가 되어 집에
돌아와서 서로 어울려 시를 짓고 마음속에 있는 말을 짓는데, 공 시에는「가을바람이
불어오는데 늙은 잣나무에는 매가 새끼를 낳고, 눈 내리는 달밤 텅 빈 산에는 호랑이가
힘을 기른다.」하였습니다. 모두들 그것은 아무런 뜻이 없는 것이라고 비웃었는데, 어떤
대신 한 사람이 이것을 보고 그 아들에게 이르기를 "가을은 매가 새끼를 낳을 철이 아닌데
새끼를 낳았다면 그 모양이 반드시 제대로 되지 않았을 것이니 이는 너희들이 못생겼다는
것을 꼬집은 것이요, 빈 산에서 호랑이가 힘을 기른다는 것은 자신을 빗대서 말한 것이니,
이 사람이 반드시 크게 출세할 것이다." 하였습니다.
공이 과거를 보러 갈 터인데 붓과 먹이 없어 그때에 대신을 지내는 분에게 가서 달라고
하였더니 대신은 붓과 먹을 많이 앞에다 내놓았습니다. 공은 "저의 집이 가난해서
탈것이 없다는 것을 대감께서도 아시는 터인데, 그래 이것을 제 손으로 들고 가라는
말씀이신지요?" 하니 대신은 미안하다고 하며 곧 사람을 시켜서 보내 주었습니다.

채제공 문집인《번암집(樊巖集)》에 나오는 이야기입니다. 정조(正祖)시대는 조선왕조
문예부흥시대였습니다. 할아버지 영조(英祖)에 이어 더욱 다듬어진 '탕평책'*을 쓰면서
백성들 살림살이를 펴 주기 위한 '개혁'을 펼쳤습니다. 아버지 사도세자 가슴에 맺힌
죽음에서 오는 씻을 수 없는 슬픔을 안으로 눌러 삭이며 개혁을 밀고 나갔던 데는
무엇보다도 준예(俊乂)들 힘이 컸습니다. 준예 신하들을 대표하였던 것이 채제공이었고,
채제공 준예될 조짐을 보여 주었던 것이 앞 이야기입니다.

50년 만에 정권교체를 이뤄 낸 민주당이었습니다. 민주당정권이 내세운 깃발이
'개혁'이었습니다. 그런데 그 깃발이 시나브로 보이지 않게 되었습니다. 한마디로 개혁
주체 세력이 없었기 때문이었지요. 개혁을 바라는 풀잎사람들 힘을 하나로 옹글게 뭉쳐
낼 수 있는 준예들이 없었기 때문이었습니다. 노무현 정권 또한 마찬가지일 것이라는
생각입니다.

진(晉)·초(楚)는 번갈아
패권(霸權)을 잡았고,
조(趙)·위(魏)는 연횡책(連橫策)
탓에 어려움을 겪었다.

진(晉)·초(楚)·조(趙)·위(魏)는 모두
주대(周代) 제후국임.
제후 우두머리를 패(霸)라 하고, 횡(橫)은
연횡(連橫)을 말함.
제후들 가운데 뛰어난 이들이 패권을
다투는데, 책사(策士)들 전략·전술이
판을 쳤다는 말임.
'패자(霸者)'란 '왕자(王者)'와
맞먹거나 뛰어넘는 세력은 지녔으나
천자(天子)로서 정통성이 없어
왕이라고는 하지 못하고, 제후 가운데
우두머리로만 있었던 사람을 말함.

晉楚는 更霸하고 趙魏는 困橫이라

진
초
경
패
조
위
곤
횡

晉 나라 진

楚 나라 초

更 번갈을 경

霸 으뜸 패

趙 나라 조

魏 나라 위

困 곤할 곤

橫 가로 횡

가리새 : 동. 갈피. 존조리. 조리(條理).
길차다 : 깃다. 거하다. 숲지다. 메숲지다. 우거지다. 다옥하다. 무성(茂盛)하다.

소장(蘇張) 혀처럼

"말 잘하기는 소진 장의로군."

말솜씨가 썩 좋은 사람을 이를 때 하는 이 말은 우리가 예로부터 써 오던 속담입니다.
'소장(蘇張) 혀처럼' 말만 잘하는 사람은 믿을 수 없다는 뜻을 지닌 이 속담에는 언제나
속고만 살아온 풀잎사람들 한(恨)이 담겨 있습니다. 될수록 말을 아껴서 하고 말을
하더라도 깊게 생각한 다음 가리새* 있게 하라는 것이 어른들 가르침이었습니다.

중국 전국시대(戰國時代)에 소진(蘇秦, ?~B.C. 317)이라는 세객(說客)이 있었습니다.
뛰어난 말솜씨 한 가지로 주군(主君) 뜻을 갈음하는 책사(策士)를 가리켜 세객이라고
불렀지요. 그때에는 진(秦)나라 힘이 억세고 길차던* 때였는데, 힘이 약한
제(齊)·초(楚)·연(燕)·조(趙)·한(韓)·위(魏) 여섯 나라를 두루 다니면서 멋진 말솜씨로
제후(諸侯)들을 구슬렀습니다. 힘을 모아 진나라와 싸우게 한 것이지요. 이 여섯 나라는
모두 관동에 있었는데 모두 합치고 보면 그 땅 생김새가 남북, 곧 세로로 길게 뻗치게
되었습니다. '합종(合縱)'이라는 말이 나오게 된 까닭입니다.

같은 무렵에 장의(張儀, ?~B.C. 309)라는 세객이 있었습니다. 장의는 진나라 책사로 있는
사람이었습니다. 이 사람은 이들 여섯 나라를 달래서 진나라를 섬기라고 하였습니다.
소진이 낸 '합종책'을 깨트리려는 것이었지요. 여섯 나라를 진나라에 잇대고 보면 그
땅 생김새가 동서, 곧 가로로 길게 이어지게 됩니다. '연횡(連橫)'이라는 말이 나오게 된
까닭입니다.

신문·방송 같은 매체에서 정치판 움직임을 다루는 기사 가운데 즐겨 쓰는 말이
'합종연횡'입니다. 선거철만 되면 더구나 자주 오르내리는 말이기도 하지요.
정치인들은 서로 손을 잡기도 하고 갈라서기도 합니다. 보수와 보수가 손을 잡는 것이야
마땅한 것이라고 하더라도 보수와 진보가 손을 잡는가 하면 같은 보수라고 하더라도
철천지원수처럼 갈라섰던 사람들이 이른바 '구국의 결단'이라며 손을 잡습니다. 계급이
다르고 이데올로기가 다른 것도 아무런 골칫거리가 되지 않습니다. 그것을 가리켜 이른바
'정글의 법칙'이라고 하는 모양입니다.

길을 빌려 괵국(虢國)을
없이하였고,
천토(踐土)에서 제후(諸侯)를
모아 다짐하게 하였다.

진헌공(晉獻公)이 책사(策士) 순식(荀息)
꾀를 써서 괵국(虢國)을 칠 테니 길을
빌려 달라고 우(虞)나라를 꾀어 괵을
없앤 다음 우까지 쳐서 없애 버렸음.
진문공(晉文公)이 성박(城濮) 싸움에서
초군(楚軍)을 이긴 다음 모든 제후들을
천토(踐土)에 모아 주천자(周天子)를 섬길
것을 다짐케 하였다는 말임. '천토'는
춘추시대 정(鄭)나라 땅으로, 오늘날
하남성(河南省) 영택현(寧澤縣) 서북쪽임.

가 도
假途하야
멸 괵
滅虢하고
천 토
踐土에서
회 맹
會盟하니라

빌릴 가

길 도

途
멸할 멸

滅
나라 괵

밟을 천

土
흙 토

모을 회

盟
맹세 맹

영파(寧波) : 중국 절강성(浙江省) 동부 용강(甬江) 하류에 있는 도시로, 주산열도(舟山列島) 산물 집산지임.
흰소리 : 터무니없이 자랑으로 떠벌리는 말. 희떱게 하는 말.
고빗사위 : 썩 대모한 가운데서도 가장 아슬아슬한 순간. 고비. 한고비. 대목. 막바지. 절정(絶頂).

도요토미 '가도입명론(假道入明論)'

"첫째는 영토의 확장이고, 둘째는 통상문제를 일거에 해결하는 것이며…."
도요토미 히데요시가 조선에 쳐들어간 까닭에 대한 일본 학계 전통적 학설입니다.
한마디로 중국이 목대잡는 동아시아 국제질서를 바꿔서 일본이 그 자리를 차지하자는
것이었습니다. 그리고 그 고갱이는 북경천도이고 히데요시가 영파*에 머무는 것이었다고
합니다. 그러니 북경으로 갈 수 있게 길을 빌려 달라고 조선 측에 떼를 썼던 것이지요.
이른바 '가도입명(假道入明)'입니다. 이 말이 안 되는 말이 조선을 쳐들어온 이른바
구실이었습니다.

임진왜란 때 왜군 총 병력은 15만 8천7백 명이었습니다. 9개 군단으로 나뉜 이들을 실어
나르는 수군만도 9천2백 명에 이르는 엄청난 덩치였습니다. 부산포에 올라온 지 20일
만에 서울을 무너뜨리고 평양을 거쳐 압록강을 향해 곧장 달려간 것을 보면, 명나라를
치겠다는 것이 한낱 흰소리*만은 아니었던 것 같습니다. 명나라를 쳐 중원 대륙을 손에
넣은 다음 인도까지 차지하겠다는 것이었으니, 우람한 그림이었지요.

> 문록(文祿 : 1592)으로 개원(改元)한 다음 중국을 치고자 조선을 없이하려고 하였다. 이에
> 왕직(王直) 후예들을 불러들여 물었는데, 중국인들이 왜인을 범처럼 두려워한다는 것을
> 알고서는 더욱 도도해져서 병력을 크게 일으키고 함대를 만들었으며, 그 부하들과
> 꾀하기를 중국 북경으로 가려면 조선인을 길잡이로 삼아야 하고, 절강성과 복건성으로
> 가려면 중국인을 길잡이로 삼아야 한다.

왕직(王直)은《명사(明史)》에 나오는 이른바 가정해란(嘉靖海亂) 우두머리였습니다.
'가정해란'이라는 것은 왜구(倭寇)들이 중국 동쪽 바닷가에 쳐들어와 분탕질한 것을
말하는데, 그 고빗사위*가 '남경(南京)사태'였습니다. '하루낮 하룻밤 사이에 1백80여 리를
주파했으며, 불과 육칠십 명이 수천 리를 통과하면서 80일 동안에 4천여 명을 살상'한
엄청난 게릴라 활동이 '남경사태'였습니다. 명태조 주원장 해금(海禁)정책에 밀려 삶
터전을 잃어버린 사람들이 벌인 '죽음의 향연'이었다고 합니다. 그런데 참으로 놀라운
것은 이들이 백제 후예라는 것입니다. 초야 사학자 김성호(金聖昊) 박사《중국 진출
백제인의 해상활동 천오백년》이라는 책에 나옵니다.

소하는 간동그린* 법을 좇았고,
한비는 번거로운 형법에
짜부러들었다.

소하(蕭何, ?~B.C.193)는 한고조(漢高祖)
유방(劉邦) 신하이고, 한비(韓非,
B.C.280?~B.C.233)는 한(韓)나라
공자(公子)로서 법가(法家)사상을
부르짖은 사람임.
법률을 맡은 관리가 법을 간동그려 쓰면
나라가 흥하고 번거롭게 쓰면 망한다는
말임. 한비는 형벌을 매섭게 해야 한다고
진시황에게 말해서 해내었던 것인데,
무함에 걸려 옥사하고 진나라 또한 3세
16년 만에 결딴나니, 번거로운 형벌
폐해 때문이었다고 보는 것임.

何는 遵約法하고 韓은 弊煩刑이니라
하 준 약 법 한 폐 번 형

何 어찌 하
遵 좇을 준
約 요약할 약
法 법 법

韓 나라 한
弊 해질 폐
煩 번거로울 번
刑 형벌 형

간동그리다 : 간동하게 가다듬어 다스리다.

'법(法)'이라는 이름 그물

민청학련 사건으로 구속됐던 김지하 시인은 광고탄압을 받고 있던 동아일보에 1975년
2월 〈고행 … 1974〉라는 수기를 3회에 나누어 연재했다. 김지하 시인은 인혁당 피고인
하재완과 통방(通房)으로 나눈 대화를 통해 인혁당 관련자들이 받은 고문 실상을 폭로했다.
— 인혁당 그거 진짜입니까? / 물론 가짜입니다.
— 그런데 왜 거기 갇혀 계슈. / 고문 때문이지러.
— 고문을 많이 당했습니까?
— 말 마이소! 창자가 다 빠져나와 버리고 부서져 버리고 엉망진창입니다.
김지하는 경북대학생 이강철 씨가 "나는 인혁당 '인' 자도 들어 보지 못했는데 그것을 잘
아는 것으로 시인하지 않는다고 검사 입회하에 전기고문을 수차례나 받았다."고 법정에서
또렷하게 진술했다고 썼다. 김시인은 〈고행 … 1974〉를 쓰는 바람에 형집행정지가 취소돼
다시 교도소로 들어갔다.

《신동아》 2002년 11월호에 실려 있는 글입니다. 동아일보 황호택 논설위원이 한상범
의문사진상규명위원회 (의문사위) 위원장과 나눈 이야기인데, 한위원장은 말합니다.

> "인혁당 사건 관련자 중에 유신을 노골적으로 반대한 사람은 없습니다. 그들은 대개 성향이
> 천진난만하다고 할까, 순진하다고 할까 하는 지식인들이거든요. 혁명가도 아니었습니다.
> 매카시즘적 눈으로 보면 좌파적이라고 할 수도 있겠지요. 설익은 프로그레시브(진보적)
> 지식인이라고 할 수 있지요."

같은 잡지에는 유봉인 의문사위 조사1과 조사관 글이 실려 있습니다.

> 하재완 씨나 우홍선, 김용원 씨 등이 조사를 받고 서울구치소로 복귀할 때 업혀서
> 들어오는 것을 여러 차례 봤으며 이들에게 밤늦게서야 돌아오는 이유를 물으니까 "고문을
> 많이 받아서 그렇다."라고 답했다는 증언도 있었다. 그 외 이수병 씨도 여러 차례 몸이
> 불편하다고 호소해서 살펴보니 피부가 새까맣게 타 있더라는 교도관 증언도 있었다.

어찌 또 '인혁당'뿐이겠습니까. 이른바 '법'이라는 것이 만들어지면서 법 이름 아래
억울하게 죽어 간 이들이 하늘 별처럼 많습니다. 법이라는 것은 권력과 금력 가진 자들이
자기들이 가지고 있는 따논자리를 지켜 내기 위하여 쳐 놓은 그물망과 같은 것입니다. 그
그물에 걸리면 법 이름 아래 죽을 수밖에 없는 것이지요.

백기(白起)·왕전(王翦)·
염파(廉頗)·이목(李牧)은,
군사 부리기를 가장 빈틈없이
하여,

백기·왕전은 전국시대(戰國時代)에 가장
억셌던 진(秦)나라 명장이고,
염파·이목은 여러 나라 가운데서
진나라에 끝까지 맞섰던 조(趙)나라
명장이었음.

起翦頗牧은 用軍이 最精하여
기전파목 용군 최정

用 쓸 용
軍 군사 군
最 가장 최
精 쓿은쌀 정

起 일어날 기
翦 자를 전
頗 자못 파
牧 칠 목

버팀자리 : 진터. 진지(陣地).
막이둑 : 발판. 버팀자리. 보루(堡壘).

명장(名將)과 병졸(兵卒)

일장공성(一將功成) 만골고(萬骨枯)라는 말이 있습니다. 한 장수 성공은 수많은 병졸
죽음으로 이루어지는 것인데, 모든 공이 장수한테만 돌아감을 가슴 치는 말이지요.
《사기(史記)》가 전하는 백기 경우를 보겠습니다.

한(韓)·위(魏) 두 나라 연합군을 공격하여 24만을 목 베고, 또 위나라 장수인
공손희(公孫喜)를 포로로 잡았으며, 다섯 개 성을 두려빼었다. 이 공으로 백기는 국위(國尉)가
되었다. 8년 뒤 초(楚)나라 도성을 무너뜨린 공으로 무안군(武安君)이 된 그는 한·조·위
장수를 사로잡고 13만 명을 목 베었다. 조나라 병졸 2만 명을 황하(黃河)에 빠트려 죽였다.
조(趙)나라와 싸울 때 거짓으로 도망가면서 두 곳에 군사를 감춰 두고 덮칠 채비를 하였다.
조나라 군대는 이런 속사정도 모르고 뒤쫓아 진(秦)나라 버팀자리*에까지 이르렀다. 진나라
버팀자리는 무너지지 않았고, 진나라 말 탄 군대 5천 명이 조나라 군대 뒤쪽을 막았다. 또
진나라 말 탄 군대 5천 명이 진터 사이로 뚫고 들어와 조나라 군대는 둘로 나누어졌으며
뒤대는 길이 끊어졌다. 조나라 쪽에서는 막이둑*을 쌓아 튼튼하게 지키면서 도와줄 군대를
기다렸다. 진나라 왕은 아뢰는 말을 듣고서 몸소 나가 그곳 백성들에게 벼슬자리 하나씩을
내리며 15세 위 남자들을 모두 뽑아 조나라 쪽을 도와줄 군대와 먹을 것이 못 오게 막았다.
9월에 이르자 조나라 군사들은 밥을 먹어 본 지가 46일째에 접어들어, 서로를 죽여
잡아먹기에 이르렀다. 그래서 진나라 군대를 쳐서 도망가고자 네 개 부대를 만들어 너덧
차례에 걸쳐 꾀하였으나 해내지 못하였다. 조나라 총사령관 조괄(趙括)이 알짜 군사를
이끌고 몸소 싸웠으나 그 자신이 죽고 말았다. 그러자 40만 명 부하들이 무안군에게
손들었다. 조나라 군인들이 뒤에 난을 일으킬 것을 걱정한 무안군은 속임수를 써서 그들을
모두 구덩이에 파묻어 버렸으며, 다만 어린아이 2백40명만을 돌려보냈다. 이로써 앞뒤 합쳐
목 잘리고 사로잡힌 사람이 모두 45만 명에 이르니, 조나라 사람들은 크게 두려움에 떨었다.

왕전(王翦)·염파(廉頗)·이목(李牧) 또한 마찬가지였습니다. 죽이고 죽임당한 병졸 숫자에
차이가 있을 뿐, 무수히 많은 사람들을 죽였던 것입니다. 어찌 또 이들만이겠습니까.
이른바 역사에 그 이름자를 남긴 장수들이 다 마찬가지니, 힘과 힘이 부딪치는 자리에는
반드시 싸움이 일어나게 마련인 까닭에서지요. 그리고 남다르게 그 힘을 뽐내고자 했던
것이 장군이요 황제라고 보면 되겠습니다.

드레를 사막에까지 펼치니,
색칠로 그려져 좋은 이름을
드날렸다.

앞 대문에 나오는
백기(白起)·왕전(王翦)·염파(廉頗)·
이목(李牧) 같은 명장들이
곽거병(霍去病)·소무(蘇武)·장건(張騫)
같은 장수와 서역(西域)을 무찌르고
흉노(凶奴)를 내쫓아 그 큰힘이
사막에까지 펴진 것을 말함.
또 한(漢)나라 선제(宣帝, B.C. 91~B.C.
49)는 11명 공신(功臣)들 초상을
기린각에 그리게 하고, 후한(後漢)
명제(明帝, B.C. 28~75)는 공신 33명을
남궁(南宮) 운대(雲臺)에 그리게 하니,
그들 이름이 마치 말이 달리는 것같이
길이 전해졌다는 이야기임.

宣威沙漠하고 馳譽丹青하니라
선 위 사 막 치 예 단 청

宣 베풀 선
威 위엄 위
沙 모래 사
漠 아득할 막

馳 달릴 치
譽 기릴 예
丹 붉을 단
青 푸를 청

모꼬지 : 잔치, 먹거지. 연회(宴會).
《설원(說苑)》 : 군도(君道)·신술(臣術)·건본(建本)·입절(立節)·귀덕(歸德)·부은(復恩) 따위 20편으로 나누어서 처음에
서설(序說)을 말하고 뒤에 일화를 열거한 책. 20권. 한(漢) 유향(劉向)이 엮었음.
휫손 : 남을 휘어잡아 잘 부리는 솜씨. 일을 맡아서 잘 처리하는 솜씨.

'리더십'과 '횟손'

초장왕(楚莊王, ?~B.C. 591)이 여러 신하들에게 모꼬지*를 베풀었습니다. 날이 저물고 술이 거나해졌는데 촛불이 꺼졌습니다. 예쁜 여자 옷자락을 잡아당긴 사람이 있었는데 예쁜 여자는 그 사람 갓끈을 당겨서 끊어 버렸습니다. 그리고 왕한테 알리기를 빨리 불을 가지고 와서 갓끈 끊어진 사람을 찾아내 달라고 하였습니다.

왕은 "사람에게 술을 주어서 취하여 실례하게 하였는데, 어떻게 여자 절조를 드러내게 하기 위하여 손님한테 욕을 당하게 할 수 있겠느냐?" 하고 곧 좌중에 명령을 내리기를 "오늘 나와 술을 마시는데 갓끈을 끊지 않으면 즐겁지 않을 것이오." 하니, 1백여 명 신하들이 모두 갓끈을 끊고 나서 불을 켰습니다. 그리고 모두들 마음껏 즐겁게 놀고 마치었습니다.

뒤에 초나라가 진(晉)나라와 전쟁을 하는데, 어떤 신하 한 사람이 언제나 앞장서서 다섯 번 어울려 싸우는데 다섯 번 다 적군 목을 베어 적군을 물러가게 하고, 마침내 진나라 군대를 이겨냈습니다. 장왕이 이상스럽게 여겨 물어보았더니 곧 그날 밤에 갓끈을 끊겼던 사람으로, 드러나게 왕 은혜를 갚은 것이었습니다.

《설원》*이라는 옛 책에 나오는 이 이야기는 많은 것을 생각하게 합니다. 요즘처럼 세상이 어지러워 당최 갈피를 잡기 어려울 때는 더구나 그러합니다.

'리더십'에 대해서 말들이 많습니다. '리더십'이라는 해행문자(蟹行文字) 뜻은 이끌 힘 또는 이끄는 힘이니, 이른바 '지도력'을 말합니다. 토박이 우리말로는 '횟손'**이라고 하지요. 용인술(用人術)에 대해서도 말들이 많습니다. '사람을 쓰다' '사람을 부리다'로 풀어 말할 수 있는 이 말 또한 거의 정치동네 쪽에서 많이 쓰이고 있습니다만, 이러한 말들 또한 아무런 쓸모가 없는 세상인 것 같습니다. 사람 마음을 그 깊은 데서부터 헤아려 살피고 어루만질 수 있는 사람은 드문 것 같습니다. 횟손도 안 좋으면서 지도자가 되겠다는 사람들이 너무 많은 세상입니다.

아홉 고을은 우임금 자취요,
모든 군(郡)은 진나라 때
아우른 것이다.

구주(九州)란 중국 모두 땅을 아홉
고을로 나눈 것임. 황제(黃帝)가
나누었다고도 하고 그 손자인 전욱이
그렇게 하였다고도 함.
그 뒤 순(舜)임금이 12주로 나누었던
것을 우(禹)가 홍수를 다스린 다음
구주로 만들었음.
진(秦)나라가 전국을 일통한 다음에
천하를 통틀어 36군으로 만들었던 것이
한(漢)나라 때 1백3군이 되었음.

九州는 禹跡이요 百郡은 秦幷이라

구 주 우 적 백 군 진 병

百 일백 백
郡 고을 군
秦 나라 진
並 아우를 병

九 아홉 구
州 고을 주
禹 임금 우
跡 자취 적

백군(百郡) : 중국 말꾸밈새에서 숫자를 가리킬 때 '백(百)'은 '많음' 또는 '모두'를 뜻함.
시위 : 홍수(洪水).
일탐 : 일욕심.
씽씽하다 : 활발하다.
팽팽하다 : 엄숙하다.
포실하다 : 넉넉하다.
사자어금니 : 요체(要諦).

물처럼 흐르는 마음

이제도 마찬가지지만 옛날에는 물을 잘 다스리는 것이 첫째가는 큰일이었습니다.
요(堯)임금 때에 시위*가 하늘에까지 흘러넘쳐 산과 들을 뒤덮어 백성들은 매우
근심하였습니다. 요임금은 순(舜)을 얻어 물을 다스렸고 순임금은 또 우(禹)에게 물과 땅을
다스리게 하였습니다.

우는 슬기롭고 일탐*이 씽씽하며* 매우 부지런하였습니다. 그 덕은 어김이 없었고,
너그러워 사랑할 수 있었으며, 말은 믿음이 있었습니다. 말소리는 노랫가락처럼
구순하였고, 몸가짐은 반듯하였으며, 갈피를 잘 잡아 일을 갈망하고, 부지런하고
팽팽하여* 모든 벼슬아치들 본보기가 되었습니다.

"제가 무슨 말씀을 드리겠습니까. 저는 매일 부지런히 일할 것만 생각하고 있습니다."
순임금이 여러 사람에게 천하를 훌륭하게 다스릴 수 있는 길을 물었을 때 우가 한
말이었습니다.

"부지런히 일할 것이란 무엇입니까?"
순임금이 물었고, 우가 대답하였습니다.

"시위가 하늘까지 흘러넘쳐 산과 들을 뒤덮어서 백성들은 근심 속에서 살아가고
있습니다. 저는 땅길은 수레를 타고 다녔고, 물길은 배를 타고 다녔으며, 진창길은 썰매를
타고 다녔고, 산은 바닥에 쇠를 박은 신발을 신고 다녔으며, 산에 올라가서 말뚝을 세워
표를 그렸습니다. 익(益)과 함께 백성들에게 벼와 새나 짐승 날고기를 주었으며, 구천을
뚫어 바다로 흐르게 하고, 크고 작은 도랑 뻘을 파내어 강으로 흐르게 하였습니다. 직(稷)과
함께 백성들에게 모자라는 먹을거리를 주었으며, 먹을거리가 모자라는 곳은 먹을거리가
포실한* 곳에서 알맞게 잘 맞추어 이를 벌충해 주거나 백성들을 그곳으로 옮겨 살게
하였습니다. 이에 백성들은 비로소 자리 잡고 천하는 잘 다스려졌습니다."

예로부터 백성을 잘 다스릴 수 있는 사자어금니*는 치산치수(治山治水), 곧 산에 나무를
심고 잘 보살펴서 물길을 잘 다스리는 데 있다 하였습니다. 그러기 위해서는 먼저 그
마음을 잘 살펴 알아야 합니다. 사람사람 마음을 잘 알아야 잘 다스릴 수 있듯이, 산과 물
마음을 잘 알아야 잘 다스릴 수 있기 때문입니다. '마음'은 사람한테만 있는 것이 아닙니다.
산에도 마음이 있고 물에도 마음이 있습니다. 그 마음을 제대로 읽어 낼 수 있는 사람이
그립습니다.

嶽 뫼부리 악

宗 마루 종

恒 항상 항

岱 뫼 대

禪 터닦을 선

主 주인 주

云 이를 운

亭 정자 정

嶽은 宗恒岱하고 禪은 主云亭하니라

악 종 항 대

선 주 운 정

오악(五嶽)은 항산(恒山)과
대산(岱山)을 마루로 하고,
선(禪) 제사는 운운산(云云山)과
정정산(亭亭山)에서 한다.

동악(東嶽)인 태산(泰山), 서악(西嶽)인
화산(華山), 남악(南嶽)인 형산(衡山),
북악(北嶽)인 항산(恒山), 중악(中嶽)인
숭산(嵩山)을 오악(五嶽)이라 함.
대(岱)는 태산(泰山) 다른 이름임. 중국 옛
제왕들이 제위에 오를 때는 태산에 올라
봉선(封禪) 제사를 지냈는데-
태산에 흙을 쌓아 단을 만들고 하늘
공덕에 보답하는 것을 '봉(封)'이라
하였고, 태산 아래 양보산(梁父山)
가운데 있는 운운산(云云山) 또는
정정산(亭亭山)에서 땅을 편편하게 고른
다음 땅 공덕에 안갚음하는 제사를
지내는 것을 '선(禪)'이라 하였음.

태항산(太恒山)과 '조선의용군'

> 태항산에 운집한 조선의용대의 전사들을 중심으로 하여 팔로군, 신사군에서 온 전사들과
> 함께 부대를 재편성하였고 조선의용대를 조선의용군으로 개칭하였다. 팔로군의 포병대
> 대장으로 있었던 무정(武亭, 1905~1951)을 의용군 총사령원으로 추대하였다. 의용군은
> 정돈을 거친 후 곧 팔로군, 신사군의 작전에 배합하여 항일투쟁으로 들어갔다.
> 조선의용대의 진보적인 전사들은 대부분이 태항산 근거지로 찾아왔지만 개별적인
> 자산계급 민족주의자들은 국민당 반동파의 뒤꽁무니를 따라 중경으로 깊숙이 들어가
> 버렸다. 그자들은 조선의용군과 대립하여 그 무슨 '광복군'이라는 무장력량을 조직하였는데
> 실제상 이 자들은 총소리도 별반 들어 보지 못한 어중이떠중이들이었다.

조선의용군 출신 현용순 수기《조선의용군》에 나오는 대문입니다. 1942년 5월에 있었던
일입니다. '관동군 2만여 병력이 태항산 근거지를 향해 철벽을 쌓으며 포위 공격'해 왔을
때 움직임입니다.

적 포위 공격을 돌파하는 작전 중에서 조선의용군은 팔로군 총부 통일적인 지휘하에서
산마루를 하나 맡아 사수하면서 적 공격에 저항합니다. 그들은 영용하게 싸워 침략군을
더는 한 발자국도 전진 못 하도록 견제하였습니다. 그들은 후방에 있는 당·정·군 기관들이
안전하게 철퇴하도록 엄호하여 주는, 총부에서 맡긴 임무를 훌륭하게 완수합니다.
팔로군과 의용군은 병견작전하여 한 달 남짓한 작전을 거쳐 포위 공격을 분쇄합니다.
이번 반소탕작전에서 적잖은 조선의용군 용사들이 희생되었습니다. 공동한 적인
일본침략자들을 쳐물리친 화북 전투장에서 조선의용군 전사들은 팔로군 전사들과 함께
붉은 피를 흘립니다. 태항산에서 부르던 〈우리는 조선의용대〉입니다.

조선민족의 자유를 위하여
우리는 중국 땅에서 싸운다!
일본파쇼 강도를 소멸하련다
중국의 형제들과 같은 전쟁터에서
함께 싸우고 함께 피흘린다!

안문(雁門)과 자새(紫塞),
계전(鷄田)과 적성(赤城)이며,

안문산(雁門山)은 산서성(山西省)
북녘에 있는데, 높은 산봉우리 사이로
기러기가 날아다닌다고 해서 그렇게
부름. 자새(紫塞)는 만리장성이니,
장성이 새방* 흙빛으로 자색(紫色)인
때문임. 계전(鷄田)은 오늘 기주(冀州)에
있던 역참(驛站) 이름이고, 적성(赤城)은
만리장성 밖 오늘 선부(宣府)로 옛날
동이족(東夷族) 길잡이 치우(蚩尤)가 살던
땅임.

鴈門紫塞와
鷄田赤城이며

안
문
자
새

계
전
적
성

鴈 기러기 안
門 문 문
紫 붉을 자
塞 변방 새

鷄 닭 계
田 밭 전
赤 붉을 적
城 재 성

새방(塞方) : 변두리 땅. 나라 변두리. 변경(邊境).
한 : 대강. 대충. 약(約).

만리장성을 쌓은 죄

우주 얼안에서 땅별을 내려다볼 때 하늘 밑에 벌레들이 만들어 세운 것으로서 오직
하나 보이는 것이 있으니, 만리장성(萬里長城)이라고 합니다. 동쪽 하북성(河北省)
산해관(山海關)에서부터 서쪽 감숙성(甘肅省) 가욕관(嘉峪關)까지 사납고 가파른 산과
잿마루 위에 세워졌는데, 그 모둠 길이는 한° 6천 킬로미터라고 합니다. 장성은 그러나
여러 갈래여서 학자에 따라서는 한 1만 킬로미터로 보기도 합니다. 장성은 어느 한 시대에
만들어진 것이 아니라 오랜 세월을 두고 잇달아서 세워진 것이니, 2천5백 년 전 주(周)나라
끝 무렵부터 춘추전국(春秋戰國)시대를 거쳐 명(明)나라 때까지 이어졌습니다. 명나라
이전에는 황토를 구운 벽돌로 쌓았으나 명나라 때에는 바깥벽을 돌로 고쳐 쌓았습니다.
성벽 높이는 한 6.6미터이고 밑바탕 너비는 한 5.5미터 됩니다.
화이(華夷), 곧 중화(中華)와 오랑캐를 가르기 위한 한족(漢族) 배타적 상징물이 바로
만리장성입니다. 북방 '오랑캐'인 흉노·몽골·글안·만주족이 중원(中原)으로 넘어오는
것을 막아 내기 위한 것이었습니다. 그러나 만리장성 높고 기나긴 성벽으로도 '오랑캐'들
거칠고 사나운 말발굽을 막아 낼 수 없었으니, 몽골족과 만주족한테 중원천지 모두를
내주고야 말았습니다.
몽골이 만리장성을 뚫을 수 있었던 것은 검은돈 덕이었습니다. 만리장성을 지키는
병정들을 갖은 검은돈으로 녹여냈던 것이지요. 칭기즈칸이 남긴 새겨들을 말이 있습니다.
"만리장성이 아무리 견고한 요새라 하더라도 이를 지키고 못 지키는 것은 지키는 사람들
용기에 달려 있다."
30만 대군을 데리고 장성을 쌓았던 몽념(蒙恬, ?~B.C. 209)이 환관 조고(趙高, ?~B.C. 207)
무함을 받아 약을 삼키고 자진(自盡)하기 전 남긴 말입니다.
"내 죄는 참으로 죽어 마땅하다. 임조에서 공사를 일으켜 요동에 이르기까지 장성을 만여
리나 쌓았으니, 그러는 동안 지맥(地脈)을 끊어 놓지 않을 수 있었겠는가! 이것이 바로 내
죄로구나."
사마천(史馬遷)은 말합니다.
"몽념은 명장이면서도 산을 깎고 골짜기를 메워 성을 쌓았는데, 이것은 참으로 백성
노고를 가벼이 여긴 것이다."

昆 **昆池碣石**과 **鉅野洞庭**은
곤지갈석 거야동정

昆池碣石 **곤지(昆池)와 갈석(碣石),**
池 **거야(鉅野)와 동정(洞庭)은,**
鉅野洞庭

만 곤 **곤명지(昆明池)는 한무제(漢武帝) 때**
인도로 가는 무역로가 곤명국(昆明國)
못 지 **탓에 자주 막히자 이를 무찌르기 위한**
수군(水軍)을 몸닦달시키고자 장안(長安)
클 거 **서남쪽에 판 큰 못이고, 갈석(碣石)은**
하북성(河北省) 창려현(昌黎縣)
들 야 **북쪽에 있는 큰 산임. 거야(鉅野)는**
산동성(山東省)에 있는 큰 들이고,
우뚝선돌 갈 **동정호(洞庭湖)는 호남성(湖南省)에 있는**
큰 호수임.
골 동

돌 석

뜰 정

애잡잘하다 : 가슴이 미어지게 안타깝다. 안타까워서 애가 타는 듯하다.

산이 무너지고 바다가 메워진다

곤명(昆明)은 운귀고원의 중부 세 방향이 서산(西山) 남림(南臨) 전지(滇池)에 둘러싸인 해발
1천8백95미터의 산수 좋은 고원 도시이다. 그 온난한 기후 때문에 춘성(春城)이라고 불리며
'일화미사일화개 사계화개부절(一花未謝一花開 四季花開開不絶)'이라고 하는 것과 같이
1년을 통하여 꽃과 녹색이 끊이지 않는 아름다운 도시이다.

인구는 1백93만 명이며 한(漢) 회(回) 이(彝) 백(白) 묘(苗) 하니(哈尼) 등 12민족이 생활하는
운남성(雲南省)의 성도(省都)이다. 면적은 1천6백 평방킬로미터, 남으로 5백 킬로미터 가면
베트남과 국경을 접하고 있고 서쪽으로 8백 킬로미터 가면 미얀마와의 국경지대가 나온다.

(……) 전지는 시내에서 24킬로미터 떨어진 서산 아래에 있는 일명 곤명호(昆明湖)라고
불리는 고원의 단층 함몰호이다. 그리고 이 호수로 흘러드는 크고 작은 20개의 하천과
호수는 곤명시의 중요한 수원(水源)이다. '고원명주(高原明珠) 호수여경(湖水如鏡)
호광산색(湖光山色) 영인도취(令人陶醉)'라고 하는데 현재 그만큼 깨끗하지는 않다. 다만 그
크기는 항주(杭州)의 서호(西湖)를 생각하게 한다.

이 호반에 서산삼림공원이 있는데 규모는 큰 편이다. 앞으로는 전지, 뒤로는 연봉을
바라보면서 산정의 삼청각(三淸閣)으로 산길이 이어져 있다. 이 길은 오래된 나무가 무성한
숲을 이루고 있다. 삼청각에서 조금 가면 용문이라는 단애가 나온다. 전지에 떠 있는
돛단배의 그림자와 호수에 비치는 햇빛 조화가 기가 막히다.

노촌 이구영 선생 중국 기행문집 《연행만초(燕行漫草)》에 나오는 한 대문입니다. 조국
광복을 위하여 죽어 간 숱한 선렬들 자취는 단 한 대문도 안 나오고, 명승고적지만
유람하는 노사회주의자 발걸음이 뒤숭숭한 바 있으니, 산이 무너지고 바다가 메워지고
있는 탓인가.

산마다 골짜기마다 벌판마다 강마다 바다마다 그리고 사람들이 파 놓은 못과 호수마다
애달픈 얘깃거리 없는 데가 없습니다. 중국 경우에는 더구나 심하니, 땅이 넓은
탓에서지요.

우리나라 경우 또한 마찬가지입니다. 중원 대륙을 호령했던 저 고조선이 무너지고 만주
벌판을 말달리던 고구리가 쓰러지면서 반섬으로 오그라들었지만, 한 맺힌 눈물 없는 곳이
없습니다. 하늘 밑에 벌레들이 살아가는 곳은 어디든 다 마찬가지라는 생각을 해보지만
애잡짤한* 마음은 사라지지 않습니다.

드넓어 아아라히 멀고,
바위와 묏부리는
아득하게 깊다.

앞 글귀에 나오듯이 중국 나라터*는
드넓으며, 그 드넓은 나라터 안에
있는 산들은 오를 수 없을 만큼 높고
물은 또 잴 수 없을 만큼 깊다는 것을
말하고 있음. 중국이 세계 복판이라는
'중화(中華) 이데올로기'가 들어 있는
글귀임.

曠遠은 綿邈하고 巖岫는 杳冥하니라
광원 면막 암수 묘명

巖 바위 암
岫 묏부리 수
杳 아득할 묘
冥 어두울 명

曠 빌 광
遠 멀 원
綿 솜 면
邈 멀 막

나라터 : 나라 땅. 영토(領土).
새김꾼 : 새김장이. 조각가(彫刻家).

왜 사는가?

이름 모를 젊은이에게

보내 준 편지 잘 받아 읽었습니다.

대학공책 다섯 장 앞뒤에 빽빽하게 적혀 있는 속뜻인즉, 한마디로 줄여 말해서 인생이라는 오묘불가사의한 도깨비에 대한 깊은 못 미더움과 앞이 캄캄함, 그리고 그 못 미더움과 앞이 캄캄함으로부터 비롯되는 헤매임 바로 그것이어서, 하마 두 갑째 궐련을 다 태우고 할 수 없이 꽁초를 펴 입에 물었습니다만 언뜻 답장을 쓸 엄두가 나지를 않습니다. 명색이 소설이라는 것을 써서 밥을 먹어 오기 비롯한 지 어언 서른 해가 다 되어 가는 사람으로서 소설이라면 어떻게 그런대로 흉내라도 내 볼 수 있겠으나, 이것이 어디 소설 가지고 될 골칫거리이겠으오.

너무도 눈썹에 불붙은 탯자리 물음이기에 차라리 잊어버리고자 해도 잊힐 수 없어 괴로운 물음. 그렇습니다. 편지를 보내온 젊은이만 골칫거리가 아니라 이 세상에 살아 숨 쉬고 있는 이 세상사람 모두 골칫거리이기도 한 젊은이 못 미더움은 맴돌아 두 가지 명제로 좁혀지는 듯합니다.

왜 사는가?

그리고 과연 어떻게 살아야 할 것인가?

어떻게 사는 삶이 가장 아름답고 훌륭한 삶일 수가 있는 것인가?

어쨌든 살아가야 하는 것이라면, 나는 참으로 이 세상을 살아 견딜 만한 쓸모와 뜻이 있는 사람인가?

이 글을 쓰는 사이에도 이 중생은 몇 차례이고 스스로 물어보고는 하는데, 그때마다 이 중생은 갈빗대가 뒤틀리는 것 같은 세찬 복받침을 맛보고는 합니다. 그것은 아직도 이 중생이 이 세상에 살아 숨 쉬고 있다는 뚜렷하게 밝은 삶 깨달음이며, 뚜렷하게 밝은 삶 깨달음임으로 해서 이 중생 삶은 한 발짝이라도 더 이룸 쪽으로 나아가고 있는 것이라고 굳게 믿고 있기 때문입니다.

그렇습니다. 사람이라고 하는 이름 중생에게는 밑자리에서 오롯이 이루고자 하는 바람이 있는 것이며, 불교식 글귀를 빌린다면 깨침을 얻어 부처를 이루고자 하는 '성불 의지(成佛意志)'가 있는 것입니다.

본바탕에서 세계는 어두움이며, 한 치 앞도 보이지 않게 캄캄한 어두움임으로 해서 세계는 아직 이루어지지 않은 것입니다. 마치 새김꾼* 앞에 놓인 나무나 돌 또는 흙처럼 그 새김꾼 손에 따라 새김되어지기를 기다리는 본디꼴로서. 그것을 주무르는 사람 솜씨에 따라 아름다운 예술품도 될 수 있고 더러운 쓰레기도 될 수 있는.

治는 本於農하야 務玆稼穡이라

治 다스릴 치
本 근본 본
於 어조사 어
農 농사 농

務 힘쓸 무
玆 이 자
稼 심을 가
穡 거둘 색

治는
本
於
農
하야
務
玆
稼
穡
이라

치
본
어
농
무
자
가
색

다스림은 농사로서
밑바탕을 삼으니,
바로 이 심고 거두는 일에
힘쓰게 하여,

여기서부터 '세숙공신(稅熟貢新)
권상출척(勸賞黜陟)'까지는 집안을
올바르게 다스릴 수 있는 군자(君子)
몸가짐과 그 바른 길을 말하고 있으니—
나라를 다스리는 밑바탕이 농사에
있으므로, 백성들로 하여금 농사일에
힘쓰도록 다그치는 이른바 '통치
이데올로기'가 담겨 있음.

공장바치 : 기술자(技術者).
갑선무지개 : 쌍무지개.
해찰 : 게으름.
깊드리 : 바닥이 깊은 논. 깊은 바다에 박인 논.
높드리 : 골짜기 높은 곳. 메마르고 높아서 물기가 적은 논밭. 천둥지기.
어저귀 : 아욱과에 딸린 한해살이 풀. 줄기 껍질은 섬유로 쓰며, 씨는 한약재로 씀.
불근닥세리 : 불모지(不毛地).
바히다 : 바래다.
익임벌 : 연습. 연습조(演習調).
짓내다 : 흥에 겨워 하는 짓에 저절로 멋이 나다.
아이오 : 갑자기.
바다넘이 : 시위. 해일(海溢).
앙얼 : 하늘이 내리는 벌.

"귀즁헐손 늼사로다"

눈부셔라.

오동꽃이 피고, 들쥐가 바뀌어 메추리가 되고, 분홍빛과 풀빛이 고루 뒤섞이어 둥글면서도
이지러진 데 하나 없이 빼어난 공장바치°가 한뉘 그 솜씨를 다하여 빚어 놓은 것 같은
갑션무지개°가 처음 나타나고, 능수버들 꽃솜과 갯버들꽃이 못물 속으로 들어가서
개구리밥이 되고, 우는 뻐꾹새가 그 날개를 떨치고, 오디새가 베 짜는 소리를 내며 뽕나무
가지에 내려앉으니, 봄.

연초록 진노랑으로 모판 가득 자라는 볏모는 비단폭을 깐 듯, 시루를 엎어 놓은 양
고만고만하게 엎드려 있는 멧자락 밑으로 펼치어진 너르나 너른 들판에는 흰옷 입은
농군들이 여기저기 엎드리어 한시 반시도 해찰° 부리지 않고 그 사대육신 팔만사천
마디를 놀리어 대고 있으니- 깊드리°에는 쏟아 보내고 높드리°에는 또 두렁을 돋우어

사해창생 늼군덜아	귀즁헐손 늼사로다
핑생신고 원망마라	얼널널럴 상사디여.
사농공고 생긴뒤에	

콸콸 촤르르 쏟아져 내리는 골짜기 물을 받아아지. 괭이 삽 가래 들고, 써레 쟁기 손싸게
놀리며, 어저귀° 먼저 베고 삼밭에 호미질, 마을마다 실 뽑느라 물레 소리 요란한데, 우거진
덤불숲은 불을 질러 태우고, 가래질 쟁기질로 불근닥세리°까지 일구어, 지아비는 씨
뿌리고 지어미는 물레 돌려 길쌈을 하니…….

외밭에 첫물 따니 이슬에 젖었으며, 앵두 익어 붉은 빛이 아침볕에 바히도다°. 목맺힌 영계
소리 익임벌°로 자주 운다. 드는 낫 베어다가 단단히 헤쳐 놓고, 도리깨 마주서서 짓내어°
두드리니, 불고 쓴 듯하던 집안 아이오° 어깻바람 나게 일어나는 것이었습니다.

이렇게 살아온 우리 겨레였습니다. 그런데 씨 뿌려 보살피며 거두어 갈무리하는
것을 하늘이 맡긴 일로 알고 살아왔던 농군들 삶이 거덜난 지 오래입니다. 공장한테
밀려 농토는 차츰 줄어드는데 값싼 중국 농산물들이 겁나는 바다넘이°로 몰려옵니다.
무엇보다도 무서운 것은 그리고 땅이 죽어 가고 있다는 일입니다. 발암물질 꽉 찬 맹독성
농약을 자꾸자꾸 더 많이 뿌리지 않고서는 가을걷이를 할 수조차 없으니- 두렵고여,
앙얼°이여. 사람들은 앞으로 무엇을 먹고 살아가야 할는지.

남쪽 이랑에 나가
일을 비롯하니,
나는 메기장과 치기장을
심으며,

俶載南畝하니 我藝黍·稷하며

숙재남무

아예서직

봄이 되면 모든 농사꾼들은 햇빛 따뜻한
남쪽 밭에 나가서 농사일을 비롯하고,
거느리는 땅을 지닌 제후들도 조상에
제사 지낼 곡식을 스스로 심어야 하는데,
제사 지내는 데는 기장과 피가 있어야
하기 때문임.
백성들한테 제사음식을 장만하는
마음가짐으로 농사일을 해야 한다는
것을 그루박은 것임.

俶 비로소 숙

載 실을 재

南 남녘 남

畝 이랑 무

我 나 아

藝 심을 예

黍 기장 서

稷 피 직

서직(黍稷) : '黍'는 '수수' 또는 ' 기장'을 말하고, '稷'은 '피'를 말하지만- '黍稷'으로 붙여 쓸 때는 '黍'는 '메기장'을 뜻하고, '稷'은 '차기장'을 뜻함.

오경(五更) : 하룻밤을 다섯 부분으로 나누었을 때 맨 마지막 부분으로 새벽 3시에서 5시 사이. 초경(初更)은 하룻밤을 오경(五更)으로 나눈 첫째 부분으로서 저녁 7시에서 9시 사이이며, 이경(二更)은 밤 9시부터 11시 사이, 삼경(三更)은 밤 11시에서 새벽 1시 사이, 사경(四更)은 새벽 1시에서 3시 사이임.

"시래긔죽이 빌믜더구나"

"에절에 어긋나구 분수에 늠치넌 말을 허지 말구 염치를 알어서 뻑뻑이 실다운 옛것을 본받어 익히구 새로운 것을 배워 그 뜻을 고상허게 헐 것이며…… 오경(五更)이면 서둘러 일어나 낯을 썼구 머리를 빗은 다음 등잔을 밝히구서 눈은 가만히 코 끝을 보구 발꿈치는 궁뎅이에 모우구 앉어 승현의 책을 읽기를 얼음에 박 밀 듯 헐 것이며…… 비록 춥구 또 굶주릴지라두 입으루 드러내서 말허지 말 것이며…… 소세헐 제 주먹을 비비지 말구, 비록 또 화증이 솟구친다구 헐지라두 그 지어미나 아해들에게 주먹질을 말구, 긔밍을 내던지지 말구, 밥 먹을 때는 젓가락으루 방아를 찧지 말구, 소리가 나게 국을 떠먹지 말구……."
지그시 눈을 감은 채 할아버지는 끝없이 양반 법도에 대하여 말씀하시는 것이었는데, 아흐, 밥 소리에 그만 이 중생은 참을 수가 없었습니다.

"할아부지."
목소리가 너무 컸던지 할아버지는 번쩍 눈을 뜨셨습니다. 그리고 몇 번 잔 입맛을 다시셨습니다.

"그런디…… 밥이 있어야 먹지유."

"크흐으음."
할아버지는 문득 스산한 낯빛이 되어 천장을 올려다보시었고, 이 중생은 다시 말하였습니다.

"밥이 있어야 소리나지 않게 먹구서 거시기 헐 게 아닌감유. 양반을……."

"크흐으음."
할아버지는 장죽을 입에 무셨습니다. 그러고는 딱 소리가 나게 성냥을 그어 불을 당기셨는데, 불을 당기시는 손길이 잔물결처럼 가느다랗게 흔들리는 것이었습니다. 이 중생은 가만히 있었고, 몇 번 장죽을 빨던 할아버지가 입을 떼셨습니다.

"가서 요긔허거라. 시래긔죽이 빌믜더구나."
발뒤꿈치를 들고 방을 나오는데 놋재떨이에 장죽 두드리는 소리가 유난히 크게 들려왔습니다.

"영새무저항(寧塞無底缸)이언정 난새비하횡(難塞鼻下橫)이라. 차라리 밑 빠진 항아리는 막을 수 있어두 코 아래 가루 걸린 것만은 막기 어렵던 옛사람 말씀은 증녕 허언이 아니었고녀. 끄응."

익은 곡식에 구실을 매기고
햇것을 공물로 바치며,
타이르고 상 주고 내치고
올려 준다.

농사를 맡은 벼슬아치는 백성들로
하여금 농사일에 힘쓰게 하여 세금을
매기고, 임금은 그 벼슬아치 쌓은 자취에
따라 상벌을 치름으로써 다음 해 농사를
다그친다는 말임.

稅熟貢新하고 勸賞黜陟이라
세 숙 공 신 권 상 출 척

구실 세

熟
익을 숙

貢
바칠 공

새 신

권할 권

賞
상줄 상

黜
내칠 출

오를 척

매조미쌀 : 매갈이쌀. 현미(玄米).
아주먹이 : 쌀찧기. 정미(精米).
내대다 : 조르다. 바라다. 떼쓰다. 달라다. 손내밀다. 손빌리다. 요구(要求)하다.
두려빼다 : 무너지다. 무너뜨리다. 두려빠지다. 떨어지다. 떨어뜨리다. 허물어지다. 허물어뜨리다. 빼앗다. 빼앗기다. 함락(陷落)하다.

갑오농민전쟁이 일어나게 된 까닭

갑오농민전쟁이 일어나게 된 것은 구실 때문이었습니다.

조병갑(趙秉甲)이 이제 정읍(井邑)인 고부(古阜)군수로 내려온 것이 1892년이었는데, 갖은 모지락스러운 잔꾀를 다하여 인민들 등골을 빼먹었습니다. 그는 농민들한테 구실을 받지 않을 테니 오래 묵어 있는 땅을 일궈 먹어도 좋다고 하였습니다. 그런데 가을이 되자 언약을 어기고 구실을 받아내는데, 여간 사나운 것이 아니었습니다. 1결에 매조미쌀*로 12말씩 받아야 할 대동미(大同米)를 아주먹이*로 16말씩을 그것도 돈으로 바꾸어 셈해서 받아 가니, 엄청난 극폭리인 것이었습니다. 태인현감(泰仁縣監)을 지낸 자기 아버지 비각(碑閣)을 세우기 위해서 1천여 냥 돈을 억지로 거둬 갔습니다. 그리고 인민들에게 부모한테 효성스럽지 못하다는 '불효죄(不孝罪)'니 이웃 사이에 화목하지 못하다는 '불목죄(不睦罪)'니 하는 터무니없는 덤터기를 씌워 2만여 냥 돈을 빼앗아 갔습니다. 그 가운데서도 더구나 고부바닥 농민들을 발끈하게 한 것은 만석보(萬石洑) 물삯이었습니다. '만석보'라는 못 밑에 쓸데없는 새 물막이를 만들어 놓고 구실을 받아 가는데, 좋은 논 한 마지기에 입쌀 두 말, 나쁜 논 한 마지기에 입쌀 한 말씩 터무니없이 비싼 물삯을 들씌운 것이었습니다. 3년에서 5년까지 구실을 안 받겠다며 묵은땅을 일구도록 해 놓고 가을걷이 때가 되자 첫해부터 구실을 받아 냈습니다. 이에 발끈한 농민들이 다음 해에 땅을 묵혀도 전 해와 마찬가지로 구실을 우격다짐으로 받아 갔습니다.

1893년 11월과 12월 두 차례에 걸쳐 전창혁(全彰爀)을 장두(狀頭)로 하는 수십 명 농민 대표는 고부관아로 달려가 조병갑 잘못을 따지면서 나쁜 짓을 그만둘 것을 세차게 내대었습니다*. 그러나 조병갑은 이들을 '난민(亂民)'이라 하여 마구 쫓아냈으며 전창혁을 잡아 가두고 마구 때려 마침내 죽게 만들었습니다.

이에 무섭게 성난 농민들이 전창혁 아들인 전봉준을 대장으로 받들어 고부관아를 두려빼니*, 농민전쟁 비롯됨이었습니다. 농민군들이 기중 먼저 한 일은 만석보를 허물어 버리는 것이었습니다.

맹자(孟子)는 바탕을
도탑게 하였고,
사어(史魚)는 올곧음을
굳게 지녔다.

이 글귀부터는 군자(君子) 바람직한
몸가짐에 관하여 이야기하고 있는 바—
'돈소(敦素)', 곧 '사람 본바탕인 착함을
더욱 도탑게 해야 한다'는 맹자(孟子)
성선설(性善說)과, '병직(秉直)', 곧
'자신이 맡은 일을 늘 살펴보며 곧게
지켜야 한다'는 공직자 몸가짐을 말하고
있음.

孟軻는 敦素하고 史魚는 秉直하니라

맹
가
돈
소

사
어
병
직

孟
맏 맹

軻
수레굴대 가

敦
도타울 돈

素
흴 소

史
사기 사

魚
물고기 어

秉
잡을 병

直
곧을 직

공직자 몸가짐

위(衛)나라 거백옥(蘧伯玉)은 어진 사람인데도 임금인 영공(靈公)이 그를 쓰지 아니하고 미자하(彌子瑕)는 그렇지 않은데도 도리어 그를 믿어 썼습니다. 사어(史魚)가 여러 차례 간하였으나 임금은 듣지 않았습니다. 사어가 죽을 때에 그 아들에게 유언하였습니다.

"내가 조정에 있으면서 거백옥을 등용시키고 미자하를 쫓아내지 못하였으니 이는 임금 마음을 바로잡지 못한 것이다. 살아서 임금을 바로잡지 못하였으니 죽어서도 예를 갖출 수가 없구나. 내가 죽거든 너는 시체를 창문 밑에다 그대로 두고 빈소도 마련하지 마라."

그 아들이 그대로 하였는데, 영공이 조문(弔問)을 와서 이를 이상스럽게 여기어 그 까닭을 물었습니다. 사어 아들이 아버지 유언을 그대로 공에게 고하고 울 뿐이었습니다. 공은 깜짝 놀라 얼굴을 일그러뜨리며 말하였습니다.

"이는 내 허물이로다. 사어가 살았을 때에 항상 훌륭한 인재를 등용하고 모자라는 사람을 쫓아내려 하더니, 죽은 뒤에까지 시체가 되어 나에게 간하는구나. 정말 지극한 충성이라하겠다."

곧 명하여 빈소를 차리게 하였습니다. 그리고 거백옥을 등용하여 상경(上卿)을 삼고 미자하를 쫓아내어 멀리하였습니다. 공자(孔子)가 이를 듣고 말하였습니다.

"옛날부터 임금에게 간한 이가 여럿 있었으나 죽으면 그만이었다. 그런데 사어는 죽어 시체가 된 뒤에도 간하여 그 충성이 임금을 감동시켰으니, 참으로 곧은 사람이라고 아니할 수 없구나."

이른바 공직자 몸가짐에 대해서 많은 것을 생각하게 해 주는 이야기입니다.

'시간(尸諫)'으로 유명한 사어 같은 사람이야 그야말로 옛날이야기에서나 나올 수 있는 이겠고 또 그렇게까지 할 것도 없겠지요. 공직에 있는 동안 그 자리에 걸맞게만 하면 될 테니까요.

아이엠에프사태로 나라살림이 결딴났는데도 누구도 걸머지는 사람이 없었습니다.

중국마늘이 들어오는 골칫거리로 농민들이 아우성을 치는데도 저마다 그 멍에를 떠넘기기에 바빴습니다.

공무원이 바로 되어야 나라가 바로 선다는 말은 하많이 들어서 이제는 신물을 낸 지 오래인 인민들입니다.

중용에 가까우려면,
부지런히 일하고
고분고분하고
삼가고 잡도리해야 한다.

'서기(庶幾)'란 여러 사람이나 또는 많은
갈래(어섯)가 앞으로 어느 정해진 곳으로
가고자 움직이거나 바뀌려는 낌새를
뜻하는 말임.
치우치거나 기대지 않으면서
지나치거나 모자람이 없는 것을
'중(中)'이라 하고, 온 누리 굳혀진
갈피로써 바뀌지 않는 참길을
'용(庸)'이라 함.
한쪽 끝에 치우치지 말고 가운뎃길로
가라는 '중용' 솜씨로 말하는 것이
'노겸근칙(勞謙謹勅)'이니— 한마디로
무리에서 튀지 말라는 것임.

庶幾中庸하고 勞謙謹勅하라
서 기 중 용 노 겸 근 칙

庶 무리 서
幾 거진 기
中 가운데 중
庸 떳떳할 용

勞 수고로울 로
謙 겸손할 겸
謹 삼갈 근
勅 신칙할 칙

뜰다 : '떨다' 충청도 내포 소리내기.
배송(背誦) : 책을 보지 않고 돌아앉아서 외우는 것으로, 내림줄기 따른 한학수업 솜씨였음. 배독(背讀). 배강(背講).
알짬 : 여럿 가운데 가장 대수로운 알맹이.

'중용(中庸)'이란 무엇인가?

"하늘을 뵙혀보자넌 것이 내 맴이다. 맴이 이뤄져야 사람 구실을 헌다. 사람이 된 담이라야 딴 사람을 가르칠 수 있다. 사람됨이란 잠깐 동안이래두 떠날 수가 읎넌 것이니, 떠난즉 이미 사람이 아니다. 그러므루 군자는 뫼름지기 넘이 보건 안 보건 넘이 듣건 안 듣건 간이 뜰거나˚ 삼가거나 허넌 것이 아니다. 시상에는 남물르넌 일이 읎넌 것이니 숨은 것이 드러나지 않넌 것이 읎구 즉다구 해서 나타나지 않넌 법두 읎다. 그러므루 군자넌 은제나 모름지기 홀로 있을 적이 더욱 삼가야 허넌 것이다. 희로애락허넌 생각에 끌려 댕기지 않넌 것을 가운디라구 헌다. 모든 사람헌티 그 가운디 자리를 일러주넌 것을 화(和)라구 헌다. 가운디 자리가 이 시상의서 그중 밑자리가 되구 사람덜을 살려 내넌 것이 그중 귀헌 것이다. 중화(中和)에 이르구 보먼 하늘과 땅이 제자리를 잡어 만물을 제대루 지를 수 있으리라."

배송˚을 마쳤을 때 할아버지는 딱 한 말씀만 하시었습니다.

"호부(虎父)에 견자(犬子) 날 리 읎다던 옛사람 말은 증녕 허언(虛言)이 아니었고녀."

할아버지는 이윽한 눈빛으로 이 중생을 바라보시었는데, 식은땀이 흘렀습니다. 틀리면 워쩐댜. 요번이두 또 잘못 오이면 워쩌. 아버지 와이셔츠를 줄여 입은 겉저고리 속 땀받이속옷이 축축하게 젖어 오면서 후유우- 긴 숨을 뽑아내게 하는 것이었으니, 《중용(中庸)》이었습니다.

《중용》은 공자사상 옹근 덩어리입니다. 1백9자밖에 안 되는 짧은 글이지만, 공자님이 깨달아 얻은 진리가 죄 담겨 있습니다. 불가(佛家)로 말하면 《반야심경(般若心經)》같은 것으로, 유가경전 가운데 가장 철학적인 책이지요.

《중용》 알짬˚은 한마디로 사람이 되자는 것입니다. 사람다운 사람이 되는 것을 도(道)라고 보았던 것이 유가(儒家)였습니다. 이 도는 별다른 데 있는 땅불쑥한 것이 아니라 밥 먹고 일하고 잠자는 것에 있다고 보았습니다. 제대로 밥을 먹고 제대로 일해서 제대로 잠을 자자는 것이었지요. 사람이 밥을 먹는 것이 아니라 밥한테 사람이 먹히고, 사람이 일을 하는 것이 아니라 일한테 사람이 치이고, 사람이 잠자는 것이 아니라 잠한테 사람이 빠져서 헛된 꿈만 꾸다가 죽고 마는 얼빠진 사람들한테 내려치는 죽비(竹篦)가 바로 《중용》 가르침이었습니다. 할아버지 말씀이 상기도 귓전을 맴돕니다.

"한마디루 어질게 살라넌 말씀이로구나."

소리를 듣고 갈피를 살피며, 생김새를 보고 낌새를 가리어 안다.

어떤 소리든 들리는 그대로 듣는다면 모든 소리 본바탕을 알아차릴 수 있고, 겉으로 드러나는 생김새를 보고 그 일몬(사물)과 바깥 꼴(현상) 본바탕을 알 수 있으니- 본바탕을 알기 위해서는 그 소리와 생김새를 잘 살펴봐야 한다는 말임.

聆音察理하고 鑑貌辨色하니라
영 음 찰 리   감 모 변 색

聆 들을 령
音 소리 음
察 살필 찰
理 이치 리

鑑 거울 감
貌 모양 모
辨 분별할 변
色 빛 색

지둥 : 지진(地震).

아흐, 무서워라!

"은하수가 거꾸루 흘러 산이 무너지구 바다가 늠치며 독헌 긔운이 만백성의게 두루
번지구 해와 달이 빛을 잃구 천화(天火)가 떨어지구 땅이 진동허며 연기와 불꽃이 하늘을
찌르구 구름이 팔방을 어둡게 헤서 대낮이두 독갑이가 나올 것인즉…… 눈 밝은 자는 살구
눈 어둔 자는 죽을 것이로다."

할아버지는 잠깐 말씀을 끊더니, 후유우- 하고 긴 숨을 내쉬시었습니다.

어제 배운 《대학(大學)》인가 《소학(小學)》을 배송하고 났을 때였습니다. 무슨 말씀인지
알 수 없어 이 중생은 꿇고 앉은 두 무릎 위에 올려놓고 있던 두 주먹만 꼭 오므리었고,
할아버지는 다시 한번 한숨을 내쉬시었습니다. 5·16이 일어난 때였습니다. 예비검속으로
잡혀간 경찰서에서 달포 만엔가 나오신 날 밤이었습니다.

"어이할꼬, 시상 재난이여! 빙란두 아니구 칼날두 아니로다. 가뭄이 아니면 수재요,
숭년이 아니면 역빙이로구나. 굶주림으루 죽넌 사람이 산을 이루구 서루 짓밟구 뜯어
먹으니 살어남넌 자 그 몇이나 되리오. 시체가 강과 골짜기를 메울 것이니 장차 이를
어찌할꼬? 쭈그리구 앉어서 주린 창자를 탄식허구 시체가 질바닥에 즐비허며 인심이
흉흉헤서 사람찌리 서루 잡어먹어 저마다 서루 짓밟넌구나. 질 가던 자넌 질에서 죽구
집이 있넌 자는 스사로 목숨을 끊으며 부자는 남 칼을 드렙히구 가난헌 자넌 여러 사람
깃발을 좇넌다. 워디를 가나 시체가 쌓이리라. 난리가 아직 핑증되지 않었넌디 천지가
긴 밤중이로다. 산 자가 몇이나 될꼬? 우레와두 같은 북소리와 함성이 믈리서 들려오구
바람과 구름이 시커멓기 몰려드니 장차 다시금 어찌하리오?"

이 중생은 발뒤꿈치로 뒷부끄리를 꼭 눌러 막아야 하였습니다. 너무도 무섭고 소름 끼치는
말씀이어서 이 중생은 자꾸만 비어져 나오는 줄방귀를 눌러 막아야 하였는데, 할아버지는
다시 눈을 감으시었습니다.

"이때를 당허면 온 나라가 들끓어서 쓰르래미 울 적이 찬서리가 천지에 네리구
가을걷이를 허기두 전이 괵식이 다 읗어지리니."

깊게 생각하는 이들이 하나같이 입을 모아 찍어 내고 있는 것이 있으니, '핵'입니다. 말하는
투는 다 다르나 맺음말은 하나로 모아집니다. '핵폭발'을 조심하라는 것이지요. 그리고
핵폭발 조짐으로 오는 것이 천재지변이라고 합니다. 여기저기서 화산이 터지고 지둥*과
바다넘이가 일어나기 훨씬 앞서부터 그렇게들 말해 왔습니다. 남극과 북극 한가운데 박혀
있는 땅별 꼭지점이 흔들림으로써 오게 되는 뒤끝이라는 것이지요. 사람 목소리와 얼굴
생김새를 잘 살펴보는 것도 좋지만, 땅 움직임을 잘 살펴봐야겠습니다. 무서운 낌새들이
여기저기서 일어나고 있기 때문입니다.

貽
줄 이

厥
그 궐

嘉
아름다울 가

猷
꾀 유

勉
힘쓸 면

其
그 기

祗
공경 지

植
심을 식

貽厥嘉猷하고 勉其祗植하라
이 궐 가 유 면 기 지 식

그분에게 아름다운 얼개를 주고, 그것을 떠받들어 심기에 힘써라.

백성 모두를 걱정없이 잘 살게 할 수 있는 꾀나 얼개가 있거든 임금한테 아뢰어 쓰이게 하고, 그것이 잘 해나가지도록 좇으라는 말이니- 좋은 정책을 세워 잘 해나가도록 하는 것이 벼슬 사는 이 바른길이라는 뜻임.

얼개 : 짜임새. 구조(構造). 구상(構想). 계획(計劃).
간잡다 : 넓이잡다. 계획하다.
다물(多勿) : '되물린다' '도로 찾아온다'는 뜻. 고구리 말.

정도전(鄭道傳) 꿈

> 고리와 조선에 한결같은 마음으로 힘 다 기울여
> 서책에 담긴 성현의 가르침 따라 떳떳이 살아왔네
> 삼십 년 긴 세월 온갖 고난 다 겪으며 이룬 공업
> 송현방에서 한 잔 술 나누는 새 다 헛일 되었구나.

정도전(1342~1398)이 남긴 〈자조(自嘲)〉라는 시이니, 시참(詩讖)에 걸렸는지도
모르겠습니다. 자기가 지은 시가 뒷일과 똑 맞아떨어지는 것을 일러 '시참'이라고
하는데, 정도전이야말로 그렇게 보입니다. 조영규(趙英珪, ?~1395)라는 '똘마니' 시켜
선죽교(善竹橋)에서 몽둥이로 때려죽인 정몽주는 왕이 되자마자 영의정으로 추증하며
만고충신으로 복권시켜 준 이방원이 끝까지 풀어 주지 않은 사람이 정도전이었습니다.
이방원 뒷자손들은 그 뜻을 옹골차게 따랐고, 대원군 때에 와서야 경복궁을 간잡아 *
그린 공을 쳐주어 복권시키니, 이씨왕조에서 그를 얼마나 미워했는지 알 만한 일입니다.
개혁군주였던 정조(正祖)가 《삼봉집(三峰集)》을 다시 찍어 골똘히 읽은 것이 오직 하나
벗어나는 일이었습니다.

이방원 번개 같은 쿠데타로 뜻을 펼칠 수는 없었지만, '정도전 구상' 고빗사위는 '요동
정벌'이었습니다. 새로운 왕조 기틀을 잡은 다음 고구리 옛 땅을 다물(多勿) *하겠다는 그
꿈은 우람한 것이었습니다. 요동 정벌을 위한 진법 훈련에 나오지 않았다는 벌로 이방원을
태형 50대로 본보기 삼으며 새 왕조를 연 지 7년 동안 미루고 있던 '사병 혁파'를 해치운
것이 그 채비였지요. 그때에 중국 셈평은 집안싸움에 휘말릴 만큼 어지러운 꼴이었습니다.
정도전을 물귀신처럼 물고 늘어지며 다잡던 명태조 주원장이 죽고 권력다툼 소용돌이에
빠져 있어 요동 널안 모두는 무주공산이나 다름없었습니다.

바로 여기에 정도전이 죽을 수밖에 없는 까닭이 있습니다. 대륙으로 나가 겨레 오랜 꿈을
이뤄 보려는 사람과 권력을 잡기 위해 틈만 엿보고 있던 사람 다름입니다. 사병 혁파로
힘을 잃게 된 이방원 권력욕에 기름을 부어 준 것이 태형 사건이었습니다. 비록 거느리는
종이 대신 볼기를 맞은 것이지만 이방원으로서는 씻을 수 없는 부끄러움이었지요.
정도전이 이방원한테 목이 잘린 것이 1398년 음력 8월 26일 밤 10시에서 12시
사이였습니다. 그 숨가빴던 하루 동안 정도전은 너무도 채비가 없었습니다. 호위병 하나
없이 술을 마시고 있었으니, 시참에 걸린 것이라고 말한 까닭입니다.

이방원이 죽고 정도전이 살아남았다면 우리 역사는 어떻게 달라졌을까요? 크게
일렁거리는 동북아 움직임 아래서 새삼 떠오르는 생각입니다.

자기 몸을 살펴서 나무람이나
잡도리함이 있을까 조심하고,
임금 고임이 더할수록 잘난
체하여 뽐내지 말아야 한다.

잘 보이지 않는 작은 것까지도 살펴서
남한테 책잡히지 않게끔 조심하라는
말이니, 큰춤볼 때˙ 바드러움˙을
생각하라는 뜻임.

省躬譏誡하고 寵增抗極하라

성 궁 기 계　총 증 항 극

省 살필 성

躬 몸 궁

譏 나무랄 기

誡 경계할 계

寵 고일 총

增 더할 증

抗 겨룰 항

極 다할 극

큰춤볼 때 : 영화로울 때.
바드러움 : 위태로움. 아슬아슬함. 간간함.

무쇠찰떡 안전(安戩)

안전(?~1298)은 죽산(竹山) 사람이다. 젊어서 과거에 뽑혀 시어사(侍御史)를 지냈으며 여러 차례 관직을 옮겨 좌승지(左承旨)에 이르렀다. 왕이 어떤 내시(內侍)에게 참관(參官)을 시키려 하니 안전은 고집스럽게 반대하였다. 어느 날 왕이 안전에게 말하였다.

"이 사람이 내 옆에서 열심히 일한 지 오래되었다. 그대가 무리하더라도 나를 위해 육품직을 주시오."

안전은 어쩔 수 없이 낭장(정육품 무관 벼슬)을 주려 하였다. 그러고 나서 사직하면서 말하였다.

"저는 재주 없는 몸으로 임금님을 가깝게 모셨습니다. 인물을 평가하고 인사 문제를 결정하는 것은 제가 감당하지 못하겠습니다. 훌륭한 사람을 선택해서 대신하게 하소서."

말이 매우 알맞았다. 왕이 성을 내고 일어나서 내전으로 들어갔다. 안전은 따라가면서 말하기를

"저의 죄는 파직하기에 마땅합니다. 그러나 내시를 임명하는 것은 후일을 기다리시기 바랍니다."

왕은 벌써 문지방을 넘어가면서 큰 소리로 "알았다." 하였다. 곁의 신하들이 모두 두려워하였다. 안전이 물러나 말하기를 "전하는 이미 나에게 허락했다." 하면서 마침내 임명자 명단에서 지워 버렸다. 사람들이 모두 탄복하였다. 안전은 인사 문제를 아퀴짓는 것을 말하면서 언제나 바른 것을 지키고 굽히지 않았다. 그때에 사람들이 그를 일러 무쇠찰떡이라 하였다.

《고리사》〈열전(列傳)〉에 나오는 이야기입니다.

옛사람들 몸가짐이 이러하였습니다. 옳고 그른 것을 나누어 볼 줄 알았고 잘못된 일이라면 그것이 비록 임금 명령이라고 할지라도 그 잘못됨을 말하였습니다. 벼슬자리를 잃을까 봐 할 말을 못 하지 않았습니다. 그때는 더구나 왕조시대이니 벼슬자리만이 아니라 목숨까지도 내놓지 않고서는 쉽게 할 수 있는 일이 아니었지요.

지금은 이른바 민주주의 세상입니다. 아직 말 그대로 민주주의가 이루어진 것은 아닙니다만 적어도 바른말을 했다고 해서 이내 자리를 빼앗기거나 징역을 가는 일은 없습니다. 그런데도 벼슬아치·구실아치들은 바른말을 하지 않습니다. 눈치만 봅니다. 그래서 복지뇌동(伏地惱動)이라는 말이 생겨나는 것이겠지요.

殆辱近恥하면 林皋에 幸卽하라

위태로움과 욕됨은
부끄러움이 가까우니,
숲이 우거진 시냇가
언덕으로 나아가야 한다.

몸이 높은 자리에 오르고 보면
윗사람한테서는 의심을 받고
아랫사람한테서는 미움을 받게
마련이어서, 조그만 잘못에도 이내
부끄러움을 당하게 됨.
이러한 때에는 벼슬을 내놓고 한갓진
몸이 되도록 하라는 말임. '임고(林皋)'는
숲이 있는 시냇가 언덕 같은 한갓진 데를
뜻함.
부귀영화 다음에는 위태로움과
부끄러움이 따르게 마련이니, 세상에서
벗어나 자연을 벗하며 살라는 뜻임.

殆 위태할 태
辱 욕될 욕
近 가까울 근
恥 부끄러울 치

林 수풀 림
皋 언덕 고
幸 다행 행
卽 곧 즉

궁구(窮究) : 속속들이 깊게 파고듦. '공부(工夫)'는 왜말임.
갖옷 : 가죽옷.
막집 : 막사(幕舍).

철새 이야기

엄광(嚴光)이라는 사람이 있었습니다. 자(字)가 자릉(子陵)인 그는 어려서 광무제(光武帝, B.C. 6~A.D. 57, 중국 후한 초대 황제)와 함께 궁구*하였습니다. 광무제가 황제 자리에 오르자 곧 이름을 바꾸고 숨어 살면서 세상에 나타나지 않았습니다. 황제는 그 훌륭함을 생각하여 그 모습을 그림으로 만들어서 찾게 하였습니다. 뒤에 제(齊)나라에서 '어떤 남자가 양털 갖옷*을 입고 호수에서 낚시질을 하고 있다'고 사뢰었습니다. 황제는 그가 광(光)일 것으로 생각하고 곧 안락한 수레와 예물을 갖추어서 그를 맞아 오게 하였습니다. 사람이 세 차례나 그냥 돌아온 다음에야 광은 들어왔습니다. 북군(北軍) 막집*에 지낼 곳을 정하고 이부자리를 주어 궁중 사람이 먹을 것을 날라다 주었습니다. 황제 수레가 그가 묵는 곳으로 갔으나 광은 일어나지 않았습니다. 황제가 광이 누워 있는 자리로 가서 한참 동안 광 배를 쓰다듬었더니 비로소 광이 눈을 부릅뜨고 노려보면서 소리쳤습니다.
"옛날 요순처럼 높은 덕이 있는 임금 때에도 소부(巢父)는 귀를 씻었다 합니다. 사람은 본시 자기 생각이 있게 마련인데 어째서 이 사람을 괴롭게 하는 것이오?"
황제는 크게 느끼고 돌아갔습니다. 다시 궁중으로 광을 끌어들여 옛날 같이 지내던 일을 얘기하며 여러 날 동안 함께 지냈습니다. 간의대부(諫議大夫)에 앉혔으나 광은 뜻을 꺾지 않고 곧 부춘산(富春山)에서 농사를 지으며 살았습니다. 뒷세상 사람들은 그가 낚시하던 자리를 '엄릉여울'이라고 이름 붙였습니다.

선거철만 되면 사람들은 정신이 없습니다. 거의 정치동네 사람들 이야기지만 참으로 놀라운 일들을 서슴없이 저지르고 있습니다. 이른바 '철새 이야기'가 그것인데, 이건 숫제 난장판입니다. 자신들 손으로 뽑은 이른바 국민경선 대통령후보를 갖은 수로 흔들어 대다가 마침내는 철천지원수처럼 여겨 입에 담지 못할 말로 '씹어 대던' 당으로 옮겨 갑니다. 그러면서 하는 말인즉, "국가와 민족을 위한 고뇌에 찬 결단"이라고 합니다. 갖가지 입에 발린 소리로 이말저말 늘어놓고 있지만 그들 마음이 가 있는 곳은 언제나 젖과 꿀이 흐르는 벼슬자리에 있으니, 철새라는 말은 맞는 것 같습니다. 살아남기 위해서 좀 더 알맞은 삶 보금자리를 찾아 날아오고 날아가는 것이 철새이니 말입니다.

兩疏는 見機하니 解組를 誰逼이리오

양 소 견 기 해 조 수 핍

兩 두 량
疏 성길 소
見 볼 견
機 기틀 기

解 풀 해
組 끈 조
誰 누구 수
逼 핍박할 핍

소광(疏廣)과 소수(疏受)는
낌새를 알아차려,
인끈˙을 풀었으니 누가
다그칠 수 있으리오.

한(漢)나라 선제(宣帝) 때 태자(太子)
태부(太傅)였던 소광(疏廣)과
소광 조카로 태자 소부(少傅)였던
소수(疏受)는 일 낌새를 보는 데 밝음이
있는 어진 이들이었음.
권세 있는 자리에 있지 못할 것을 알고
벼슬을 내놓고 시골집으로 돌아갔으니
공을 이루고도 끝을 곱다시 마친 드문
사람들이었음.

인(印)끈 : 벼슬 보람인 도장을 묶은 끈.
목대잡이 : 여러 사람을 도맡아 거느리고 일을 시키는 사람. 길잡이. 채잡이. 앞장선 이. 이끄는 이. 주도자(主導者).
부쩌지 : 한 곳에 붙어 배겨 냄. 부접.

홍국영(洪國榮) 눈물

"저는 7년 동안 나랏일을 맡아 하였는데 그동안 조정 명령이 거지반 제 손에서 나왔습니다."

스물네 살 때 과거에 오른 홍국영(1748~1781)은 남달리 눈치가 빠르고 몸가짐이 날렵하였으며 얼굴 생김새가 아름답고 끼끗하였으니, 혜경궁 홍씨가 《한중록》에서 정조(正祖)가 동궁(東宮) 적부터 "마치 사내대장부가 간사한 첩에게 미혹된 것과 같으셨다." 하고 나쁘게 말했을 만큼 잘생긴 사내였다고 합니다. 거기다 슬기 좋은 뇌와 한때 변통에 능하였으니, 정조 고임을 받을 만하였습니다. 떠도는 이야기로는 정조 목숨을 구했다고도 합니다. 그때에 임금 자리를 이어갈 사람은 중국 역대 임금이 나라를 다스린 역사인 《통감》을 반드시 익혀야 하였습니다. 그런데 《통감》에는 할아버지 영조(英祖)가 아버지 사도세자(思悼世子)를 죽인 일을 빗대어 손가락질할 수 있는 어섯이 많았습니다. 이 어섯을 정조가 어떻게 생각하고 있는지 알아보라는 간신들 부추김이 이어져 영조가 느닷없이 이를 챙겨 보려고 하였습니다. 그때 홍국영이 골칫거리가 될 어섯들을 종이로 가리거나 칼로 베어 버리고 내주었습니다. 그래서 왕세손(王世孫) 정조는 아슬아슬한 고비를 넘길 수 있었다는 거지요.

왕 자리에 오른 정조는 모든 슬픔과 노여움을 묻어 두고 '개혁 칼'을 빼어 들게 됩니다. "만약 경이 없었다면 오늘의 내가 있었겠는가." 하고 자주 말했을 만큼 홍국영을 깊이 믿은 정조는 홍국영을 '의리의 주인'이라고 부르면서 도승지(都承旨)에 둡니다. 이제 대통령 비서실장과 같은 자리지요.

승승장구하던 홍국영이 정계를 떠나게 되는 것은 서른세 살 때였습니다. 탕평정치라는 정조 나라 다스리는 수와 홍국영 수가 달랐던 것이니, 이때에 홍국영은 노론정권 목대잡이*로 떠올랐던 것입니다.

정계를 떠나게 된 홍국영은 마음을 부쩌지* 못하고 여기저기 떠돌아다녔다고 합니다. 경기도 바닷가를 거쳐 강릉 바닷가에 머무르게 되었는데, 날마다 술을 마시며 산꼭대기에 올라 바다를 보며 큰 소리로 울기 몇 달 만에 울화병으로 죽었으니, 서른네 살 때였다고 합니다. 실타래처럼 얽힌 권력다툼 속에서 쓰러져 간 것이지만, 물러날 때를 알기에는 너무 젊었던 듯합니다.

갖은 잔꾀에 능한 정치인들이 활개치고 있는 오늘입니다. 출처(出處)를 몰랐던 홍국영이야 젊은 핏기 탓이었다고 하겠지만, 칠십 넘어 팔십이 다 되는 극노인들이 떠날 때를 모릅니다. 젊어서는 색을 조심하고 늙어서는 더러운 게염을 조심해야 한다던 옛사람 말은 정녕 참말인 것 같습니다.

索居閒處하니 沈默寂寥하니라
삭 거 한 처 침 묵 적 요

沉 잠길 침
默 잠잠할 묵
寂 고요할 적
寥 쓸쓸할 료

索 한가로울 삭
居 살 거
閒 한가할 한
處 곳 처

홀로 떨어져 살고
한갓지게 머무니,
잠긴 듯 잠잠하고 고요하구나.

벼슬살이에서 물러나 초야에 묻혀 사는
사람은 찾아오는 벗도 없어 쓸쓸하지만,
세상 번거로움에서 벗어나 있으니 마음
편하다는 말임.
마음을 지키고 얼을 길러 하늘 뜻만을
오로지하므로 근심걱정이 없다는
이야기로, 선비 몸가짐을 말하고 있음.

지실 : 언걸. 재해(災害).

《일사유사(逸士遺事)》 : 1905년 을사늑약이 맺어지자 《황성신문》에서 〈시일야방성대곡(是日也放聲大哭)〉이라는 사설을 써서 왜제 못된 꾀를 매섭게 꾸짖었던 우국지사 위암(韋庵) 장지연(張志淵, 1864~1921)이 1921년에 엮은 조선시대 중인을 비롯한 밑바닥사람 전기를 모은 책.

연꽃과 진흙

해주(海州) 땅에 전만거(田滿車)라는 사람이 있었습니다. 그는 수양산(首陽山) 아래에 숨어 살면서 나이 칠십이 되도록 아내와 밭을 갈고 밤에는 책을 읽으며 맑고 깨끗하게 살았는데, 세상 사람들은 그가 어진 사람인 줄 알지 못하였습니다.

숙종(肅宗) 25년(1699)에 크게 흉년이 들어 조정에서 청나라에 도와주기를 바랐고, 청나라에서는 산동(山東)에서 배를 띄워 곡식을 실어다가 지실* 입은 사람들을 건져 주었습니다. 이때에 전만거는 시를 지어 그 곡식을 손사래쳤습니다. 그가 지은 시는 다음과 같습니다.

> 내 들으니 청나라 곡식을 / 동쪽으로 실어 온 것이 2만 석 / 그것을 해서 백성들에게는 / 꾸어 주지 마라 / 수양산 고사리가 푸르지 않은가.

그 시에는 또 이런 것도 있습니다.

> 나는 본디 맑게 가난하니 / 밭 가는 소 한 마리가 / 밑천이로세 / 밭을 갈다가 한가위에는 / 산골짜기에서 놓아주었네 / 그것을 타고 사람들 있는 데로 / 가지 않는 까닭은 / 그것이 혹 귀 씻은 물을 / 먹지나 않을까 두려워함일세.

그는 마침내 백이·숙제와 같이 산속으로 깊이 들어가서 고사리를 캐 먹으며 살다가 어디로 가 버렸는지 아는 사람이 없었습니다.

《일사유사》에 나오는 이야기입니다. 이러한 이야기는 한낱 지나간 옛날에 있었던 이야기에 지나지 않는 것일까요. 진흙창 사바탁세(娑婆濁世)와 뒤섞이지 않고 혼자서만 깨끗하게 살아가겠다는 이러한 삶은 그 삶 스스로야 얼마든지 아름다울 수 있겠지요. 이제는 물론 그렇게 살고 싶어도 그럴 수 없는 세상입니다. 진흙창 똥바다 속에 살면서도 진흙창 똥바다에 뒤섞이지 않는 삶은 참으로 어떠한 삶일는지요.

求古尋論_{하고} 散慮逍遙_{하니라}

求 구할 구
古 옛 고
尋 찾을 심
論 의론할 론

散 흩어질 산
慮 생각 려
逍 노닐 소
遙 노닐 요

구 고 심 론
산 려 소 요

옛것과 생각을 나누었던
자취를 찾고,
걱정을 흩어 버리고
한가로이 노닌다.

잡다한 세상일에서 벗어나 게염 없이
한갓진 곳에 사는 사람은 언제나 입을
닫고 세상일을 말하지 않음.
다만 옛사람 도를 책 속에서 구하고 그
바른길을 찾아서 생각을 주고받음.
한갓진 땅에서 자취를 감추고 사는
사람은 옛사람 올바른 도를 좇아 스스로
흐뭇하다는 말임.

뭉뚱그린 생각 : 개념(槪念).
금쳐놓다 : 일몬이 앞으로 어떻게 되리라고 미리 말해 두다. 예언(豫言)하다.
맞서버티다 : 적대(敵對)하다.
대갚음 : 앙갚음. 복수(復讐).
아예 : 결단코.

198

"'네바다 사막'을 지켜보라!"

"네바다 사막을 지켜보라. 인류 절멸 재앙은 네바다 사막에서부터 비롯될 것이다."
북미합중국 예언자인 에드거 케이시가 했다는 말입니다. 케이시가 이런 말을 했던
것은 1920년대인데, 1920년대라면 핵이라는 것 뭉뚱그린 생각°조차 없었을 때입니다.
사람들은 이 말을 귓등으로도 듣지 않았습니다. 그런데 케이시가 금쳐놓은° 이 말은
틀리지 않아 원자폭탄이라고 하는 놀라운 잠개가 만들어졌고, 그리고 미국에서 만들어진
거지반 핵무기는 네바다 사막 깊숙한 곳으로 들어가게 되었습니다.
사람들 손으로 만들어진 몬은 반드시 쓰이게 되어 있습니다. 잠깐 덮어 두고 있을
뿐입니다. 그렇다면 핵으로 말미암아 땅별이 결딴나고 사람무리 씨가 마를 것은
불을 보듯이 빤한 일입니다. 그런데 놀랍고 무서운 것은 사람 뜻에 좇아서가 아니라
자연계 바뀜에 좇아 핵이 터지게 되어 있다는 점입니다. 이른바 천재지변이 그것으로,
지진·해일·화산폭발이 일어나면서 땅속에 감춰 둔 핵이 터지게 되는 것입니다. 그리고
더욱 끔찍한 것은 천재지변으로 말미암은 사람들 뒤죽박죽된 마음을 가라앉히기 위하여
맞서버티는° 나라에 먼저 핵을 때린다는 점입니다. 맞서버티는 나라에서 먼저 쏘았으므로
어쩔 수 없는 대갚음°이라고 하면서 권세자루를 쥔 사람들을 비롯한 과학전문가 무리들은
핵공격에도 끄떡없는 땅속 '벙커'에 앉아 '전자게임'을 하게 됩니다. 짐작으로만 하는 말이
아예° 아닙니다. 밝게 깨친 이들이 여러 천 년 앞서부터 미리 알려 주었던 말들입니다.
그러한 낌새들이 드러나고 있는 것 또한 벌써 오래되었습니다.
요즈음 들어 부쩍 늘어난 것이 '도인(道人)'이라고 하는 이들입니다. 이른바 '컴본주의
시대'가 비롯되면서부터 미덥지 못한 것으로 여겨 한 눈길조차 주지 않았던 것이 '도
세계'였습니다. 도 또는 도인이라고 하면 너무 그윽하고 아득해서 낱낱이 겪는 듯한
느낌으로 오지 않으니, 우주 삼라만상 본바탕 갈피를 꿰뚫은 사람 또는 꿰뚫고자 애쓰고
있는 '밝은 사람들'이라고 하지요.
앞으로 올 세상은 어떤 세상일는지요. 어떻게 무엇을 파고들어야 알 수 있을는지요.

기쁜 일은 아뢰어지고
근심은 내쳐지며,
슬픔은 사라지고 즐거움이
손짓하여 부른다.

몸을 감추어 세속잡사(世俗雜事)에
얽매이지 않는 사람은 늘 느긋한
마음으로 한갓지게 살아갈 수가 있음.
마음에 거리끼어 근심되는 일이
없으므로 즐거운 마음만 생김. 때를 못
만난 선비가 숨어 살며 스스로 달갑게
여기는 삶을 말하고 있음.

欣奏累遣하고 感謝歡招하니라
흔 주 누 견 척 사 환 초

欣 기쁠 흔
奏 아뢸 주
累 여럿 루
遣 보낼 견

感 슬플 척
謝 물러갈 사
歡 기쁠 환
招 부를 초

짝수 : 턱. 갈피. 이치(理致).
온널판 : 우주(宇宙). 대자연(大自然).
돌림 : 욺. 업(業).
본래무일물(本來無一物) : 선종(禪宗)에서, 만물은 본래공(本來空)이므로 하나도 집착할 것이 없다는 것을 이르는 말.

남은 시간이 많지 않다 2

참으로 살기 좋은 세상이라고 합니다. 이렇게 손쉽고 편한 '컴퓨터 세상'을 못 보고 죽은 옛날 사람들은 불쌍하다고 말들 합니다. 그렇습니다. 손쉽고 편한 것만으로 본다면 살기 좋은 세상임에 틀림없습니다. 그런데 참으로 그러한가?

우리가 알아야 할 것은 가장 걱정 없고 즐거울 때가 참으로는 가장 바드러운 때라는 것입니다. 살 만하게 되자 죽을병에 걸리고, 봄인가 했는데 어느덧 겨울입니다. 고르지 못하면 기울어지고, 가득 차면 넘치며, 피어난 꽃은 반드시 지게 마련인 것이 천지만물 짝수*입니다. 태어나서 자라다가 늙고 병들어 마침내는 죽게 마련인 것이 사람살이 짝수이고, 생겨나서 뻗어나가다가 사라져서 바뀌게 마련인 것이 일몬 짝수이니, 성주괴공(成住壞空)입니다.

저 갠지스 강 모래알보다도 작은 이 '지구'라는 이름 땅별만이 아니라 온널판*에 있는 모든 것들이 다 이 법칙에서 벗어나지 못합니다. 모든 것들은 다 공(空)으로 돌아갑니다. 그러나 그것으로 끝나는 것이 아니라 공에서부터 다시 비롯되어 끝없이 이어져 되풀이되니, 비롯됨도 없고 마침도 없는 것이 온널판이 돌아가는 짝수인 까닭입니다. 이러한 만고불변 짝수를 틀림없이 깨쳐 되풀이되는 돌림* 쇠사슬에서 벗어나자는 것이 모든 것을 남김없이 밝게 깨치신 이 가르침이었습니다.

무서운 세상입니다. 이제는 '도인(道人)'들이 나와서 앞길을 가르쳐 주던 세상이 아닙니다. 스스로 찾아내서 스스로 걸어갈 수밖에 없습니다. 무엇을 그야말로 어떻게 해야 될는지요. 깊게 생각하는 이들은 하나같이 '끝'을 말하고 있는 요즈음입니다. 이른바 도인들이 말하는 '세상 끝'이야 미루어 짐작하기 어려운 일이니 그만두기로 하고, 눈에 보이는 것들이 그렇습니다. 생태계 결딴남 말입니다. 자연생태계 고리가 끊어져 돌고 도는 먹이사슬 짜임새가 엉망진창이 되어 버렸다는 것은 사람마음 생태계 고리가 끊어져 버렸다는 것을 뜻합니다. 보다 손쉽고 편해서 즐겁게 살고자 하는 끝모를 게염 때문입니다. 본래무일물* 밑바탕 짝수를 깨달아 부질없고 덧없는 게염 뿌리를 뽑아내지 않고서는 더불어 함께 지옥으로 떨어질 수밖에 없으니, 골칫거리는 가치관입니다. 어떻게 사는 삶을 아름답고 훌륭한 삶으로 볼 것이냐 하는. 남은 시간이 많지 않습니다.

渠 도랑 거
荷 연꽃 하
的 과녁 적
歷 지날 력

園 동산 원
莽 풀 망
抽 뽑을 추
條 가지 조

渠
하
적
력
원
망
추
조

渠荷는 的歷하고 園莽은 抽條하며

도랑 연꽃은 또렷이 빛나고,
동산 잡풀은 죽죽 뻗어
우거졌으며,

이 글귀부터 뒤
'낙엽표요(落葉飄颻)'까지는 이른바
'인식의 전환'을 보여 주고 있음.
낌새를 알아 스스로 벼슬자리에서
물러난 다음 자연과 벗하며 살고 보니,
지금까지 계염에 가려 보이지 않던
하찮은 것들 참모습이 새롭게 보인다는
말임.

안해 : '아내'를 예전에 이르던 말. 집안일을 목대잡아 갈무리하는 사람이라는 뜻에서, '집안 태양'이라는 말임.
ᄀ : 앞 글자(쑬)와 같다는 뜻.

* 글 쓰는 사람 선친(김봉한)이 1943년 어머니한테 보내신 편지임. '련희(蓮姬)'는 아버지가 어머니한테 지어 주신 아호 겸 당호(黨號)였음. 양면괘지에 철필(鐵筆)로 세로 씌어졌으며, 한자 드러냄과 맞춤법·띄어쓰기는 본딧글에 따랐음. 그때 아버지 춘추는 27세였고, 어머니는 22세였음(글쓴이).

안해*에게 보낸 편지 1

蓮姬!

내 목숨이나 달음업시 그대를 사랑하오. 이 世上 모-든 것이 다 貴치 안이하고, 모-든 사람이 다- 木石과 같이 차고 쓸ㄱ*할지라도 오즉 蓮姬만을 貴重히 永遠히 사랑하려오. 내 精力이 잘아는 곳까지, 내 壽命이 다할 때까지 그대를 사랑하려오.

蓮姬!

남편을 사랑하랴면 우선 外人을 사랑하고, 남편의게 사랑을 받으랴면 먼저 外人의 사랑을 받어야하오. 父母同氣를 비롯하여 其外 여러사람의게 사랑을 밧게된다면 비록 남편된 자 어리석다할지라도 그 안해를 안이 사랑할 슈 업슬 것이오. 남편만을 사랑하고 外人의 憎惡(미움)를 받은 사람이라면 그 사랑이 眞實로 아름다운 사랑이 못될 것이니 그 男便의 사랑도 따러서 굿고길게 받을슈 업슬것인 줄노 알어요.

蓮姬! 사랑하는 나의 안해여! 내 그대를 사랑함은 젊은 血氣로 輕薄히 사랑함이 안인줄을 理解하여야 하오. 사랑을 더 둣터히 하고서 당신의게 勸하는 바 잇스니, 人格을 向上케하고 知識을 넓이고, 過去의 不充分한 点을 現時에 업시고, 現時보다 未來를 아름답게 하기를 勞力하여야 하오. 過去를 不願하는 사람은 未來前程에 發展性이 업는 법인즉 七十을 살어도 終是 일반일것이오.

'天은 自己스사로 自己를 도웁는 사람이 안이면 이를 도와주지 안이한다'는 말이 잇다오. 비록 짧은 一生이라하나, 이 一生을 넘기자면, 그 波浪이 極히 험하고 可히 두려울 点이 만코많은 것이나 하날이 配定하신 分福으로 알어 天命을 順從하고 自身을 修練하지 안이하면 오즉 自己의 害만을 助長식힐 分, 달은 아모런 所益이 업슬것으로 알어야하오. '배우지 안이하면 사람이 안이라'는 말이 잇습니다. 이는 비단(非但) 學問만을 일음이 안이오. 모-든 것을 恒常向上케 勞力함을 일는말이니 一生이 다하는 날까지 힘써 배우는 것이 사람의 사람다운 職責일가하오.

"神이여!

사랑하는 나의 안해 젊은 蓮姬의게 加護하심을 앗기지 말으시고, 蓮姬여! 萬里前程에 四時長春의 幸福을 辭讓하지 말어주오."

비파나무는 늦게까지 푸르고,
오동나무는 일찍 시든다.

이른바 '중심'에서 벗어나 '주변'으로
눈을 돌렸을 때 보이게 되는 늦가을
모습을 그려 보이고 있음.

枇杷는 晩翠하고 梧桐은 早凋니라

비 파 만 취 오 동 조 조

枇 비파나무 비
杷 비파나무 파
晩 늦을 만
翠 푸를 취

梧 오동나무 오
桐 오동나무 동
早 이를 조
凋 시들 조

참척(慘慽): 자손이 부모나 조부모보다 먼저 죽는 일.
〈난정서(蘭亭序)〉: 중국 진(晉)나라 왕희지(王羲之, 307~365) 산문. 〈삼월삼일난정시서(三月三日蘭亭詩序)〉라고도 함.
353년 3월 3일에 사안(謝安)·지둔(支遁) 같은 41인이 회계산(會稽山) 양란저(陽蘭渚) 정자에 모여서 제를 올리고 술
을 마시며 시를 지었는데, 기사(記事)와 영회(詠懷)를 모아 문집을 만들고 왕희지가 서를 지었음.
뒨장질: 사람·짐승·물건 같은 것을 뒤져내는 짓.
본메: 증거물.
닭울이: 닭이 울 무렵. 새벽.

서수필(鼠鬚筆) 이야기

"학문을 헸더라면 시상을 건질 대문자를 냉겼을 테구…… 글씨만 썼더래두 시상을 울릴
밍필이 됬을 사람이니 헤보넌 말이다만……."

참척* 보신 기막힘을 떠올릴 때면 언제나 애잡짤해 하시던 것은, 붓이었습니다.
증조할아버지께서 쓰셨다는 붓 한 자루였는데, 서수필(鼠鬚筆)이었다고 하시었습니다.
쥐수염만으로 맨 붓으로 증조할아버지께서 가장 아끼시던 것이었답니다. 붓이란
무엇보다도 부드러우면서 힘이 있어야 하는데 그런 조건을 다 갖추고 있는 것이
서수필이라고 하시었습니다. 그래서 붓 가운데서 가장 귀하게 치며 예전 명필들은 다
서수필을 지니고 있었다 하시었습니다. 유명짜한 왕희지(王羲之) 〈난정서〉*도 서수필로 쓴
것이라고 하였습니다. 김생(金生) · 탄연(坦然) · 석봉(石峰) · 눌인(訥人) · 원교(圓嶠) ·
추사(秋史) 같은 명필들이 다 그러하였다는 것입니다. 길고 빳빳한 것이 쥐수염인데 쥐가
놀랄 때마다 크게 떨리기 때문에 부드러운 것이라고 하였습니다. 더구나 큰 배 뱃마루
밑에 사는 쥐는 뱃마루가 사람들 발길에 닿을 때마다 놀라 수염이 쭈뼛쭈뼛 떨리는 까닭에
그러하다는 것이었습니다.

"아무리 창황망조헌 판이었더래두 그 붓만큼은 챙겼어야 헸거늘……. 허기야 죄 쓸어
가넌 판에 그럴 정황두 옰었다만……."

사찰계 형사들이 때없이 들이닥쳐 아버지가 쓰시던 물건을 뒨장질* 해 죄 압수하고 몰수해
가던 판에 그 붓도 껴묻혀 간 것이라고 하였습니다. 무슨 사상 관계 서책들과 편지며 원고
같은 것들은 할아버지가 벌써 태워 버리고 파묻어 버린 뒤끝인지라 무해무득한 여늬 책
몇 권만 꽂혀 있는 아버지 서재에서 무슨 큰 본메*라도 된다는 양 뽑아가 버린 붓이었다고
하였습니다.

"쥐먼 끄질까 불먼 날아갈까…… 할머니께서 그렇게 구이애허시더니……."

스물 몇에 남편을 잃고 또한 기막힌 세월을 살아오신 증조할머니께서는 더구나 장손인
아버지를 귀애하시었다고 하였습니다. 자진(自盡)한 남편 재주를 빼닮은 손자를 돌보는
낙으로 살아가신 증조할머니셨다고 하였습니다. 왜제 때는 고등계 왜형사한테 쫓기고
해방된 다음에는 사찰계 조선형사한테 쫓기던 손자를 위해서 닭울이*마다 뒤란 장독대에
정화수 한 보시기 떠 놓고 비나리를 하시었다는 증조할머니였답니다. 경술국치를 당하자
곡기를 끊어 자진하심으로써 선비 길을 지키셨던 지아비를 기리며 해방 전해까지 사셨던
증조할머니셨습니다. 증조할아버지 아호가 만취(晚翠)였습니다.

묵은 뿌리들은 말라 시들고,
떨어진 잎들은 바람에
흩날린다.

'진근(陳根)'은 '묵은 뿌리'를 가리키고
'위예(委翳)'는 '말라 시들어지다'는
뜻이며, '표요(飄飖)'는 떨어진
나뭇잎이나 깃발 같은 것들이 바람에
휘날리고 나부끼는 꼴을 뜻하니, 가을이
가고 겨울이 오는 모습을 그려 주고
있음.

陳根은 委翳하고 落葉은 飄飖니라
진 근 위 예 낙 엽 표 요

陳 묵을 진
根 뿌리 근
委 맡길 위
翳 가릴 예

落 떨어질 락
葉 잎 엽
飄 나부낄 표
飖 나부낄 요

《회남자(淮南子)》: 전한(前漢) 회남왕(淮南王) 유안(劉安)이 식객(食客)으로 불러 모은 여러 학자들에게 명하여 엮은 도가(道家) 계열 책.
바탈 : 본바탕. 밑바탕. 제바탕. 마음바탕. 본성(本性). 본질(本質).
몸닦달 : 수행(修行).

헐벗은 나무를 바라보며

조그마한 것을 보고 큰 것을 알 수 있다고 하였습니다. 그것은 나뭇잎 하나가 떨어지는
것을 보고 한 해가 저무는 것을 알게 되고, 또 병 속 물이 언 것을 보고 온 누리가 춥다는
것을 알 수 있기 때문이지요.(以小明大 見一葉落 而知歲之將暮 睹瓶中之水 而知天下之寒)
《회남자》〈설산훈(說山訓)〉에 나오는 말입니다.

사람만이 아닙니다. 이 누리에 있는 모든 미적이들은 보다 높은 위쪽으로 올라가고자 하는
바탈˚을 가지고 있습니다. 나무들이 잎을 벌리고 있고 사람이 두 다리로 땅을 딛고 곧추서
있는 것은 다 위로 올라가고자 하는 타고난 바탕이 있기 때문입니다.
위는 하늘입니다. 하늘에는 무엇이 있는가? 해가 있습니다. 밝게 빛나는 해를 찾아
하늘 꼭대기로 올라가고자 합니다. 무릇 모든 종교와 예술이 다 여기서부터 비롯되니,
해바라기성입니다.
예로부터 하늘 꼭대기로 올라가고자 하는 아름답고 거룩해서 차라리 슬픈 꿈을 지니고
있었던 것이 우리 겨레였습니다. '조선(朝鮮)'이라고 하는 나라 옛 이름에서도 알 수 있듯이
뜻을 하늘에 둔 겨레였습니다. 푸성귀를 으뜸삼은 먹을거리와 나무로 기둥 세워 흙으로
벽을 치고 짚으로 비바람과 눈보라를 막았던 잠자리에서도 알 수 있듯이 신선(神仙)
나라였습니다. 뜻을 하늘에 두었으므로 당제국(唐帝國)이 들어오기 전까지만 해도 기름진
먹을거리를 좋아하지 않았습니다. 땅 위에서 삶은 다만 신선이 되기 위한 몸닦달˚ 동안에
지나지 않았습니다. 풀잎사귀와 뿌리 그리고 나뭇잎을 가지고 반찬을 만들어 먹는 겨레는
이 누리에서 우리 겨레밖에 없습니다. 어르기를 하는 데도 온널판 움직임에 맞추어
날과 때와 날씨를 살피었으니, 오로지 하늘로 올라가고자 하는 슬픈 바람에서였습니다.
신새벽에 일어나 머리 빗고 낯 씻고 향불 사른 다음 구슬처럼 맑은 찬물 한 보시기
받쳐 놓은 쪽소반 앞에 두 손 곧추세워 비나리를 하는 것으로 하루를 열었던 것들이 다
그것이었습니다.
그렇게 살아온 겨레였습니다. 그랬는데…… 비나리를 하고자 하여도 물이 없습니다. 뼈가
시리게 맑고 찬 정화수(井華水)는 그만두고 마음 놓고 마실 수 있는 수돗물 한 바가지가
없습니다. 산천이 이미 썩어 버린 지 오래이기 때문입니다. 하늘 밑에 벌레들 마음이 썩고
병들었으므로 산천이 썩어 버렸고, 산천이 썩어 버렸으므로 하늘 밑에 벌레들 마음 또한
썩어버린 것입니다. 무엇을 참으로 어떻게 해야 될 것인지…… 헐벗은 나뭇가지처럼 다만
스산할 뿐입니다.

곤어(鯤魚)는 홀로
제 뜻대로 노닐다가,
하늘 테두리를 넘어
미끄러지듯 날아간다.

동녘 하늘에 붉은 빛이 떠올라 아침 해가 솟아오르려고 할 때, 곤새가 하늘 높이 날아올라 훨훨 날아다니는 모습을 말한 것임.

'곤(鯤)'은 봉황 하나이고, '강소(絳霄)'는 동터 오르는 동녘 하늘을 말함.

《장자(莊子)》〈소요유(逍遙遊)〉에 보면 「북명(北溟) 바다에 물고기가 있는데 그 이름은 곤(鯤)이다. 곤어(鯤魚)는 하도 커서 몇 천리나 되는지 알지 못한다. 곤어가 탈바꿈하여 새가 되니 그 이름은 붕(鵬)이다. 붕새 등은 몇 천리나 되는지 알지 못한다.」하였음.

遊鯤은 獨運하여 凌摩絳霄하니라

유 곤 독 운 능 마 강 소

遊 놀 유
鯤 큰고기 곤
獨 홀로 독
運 움직일 운

凌 뛰어넘을 릉
摩 문지를 마
絳 붉을 강
霄 하늘 소

능마강소(凌摩絳霄) : '능마(凌摩)'는 하늘 테두리를 넘어서서 미끄럼을 타듯 날아가는 봉새 모습을 말하고, '강소(絳霄)'는 가장 높은 하늘을 말함.
구쌍지(句雙紙) : 예전 스님네 끽긴한 말이나 스승 가르침과 수행에 도움이 될 어구·게송 따위를 적어 둔 수첩.
허위단심 : 목적지에 이르려고 허우적거리며 매우 애를 씀.
어뜨무러차 : 무거운 것을 들어 올리거나 힘들게 일어설 때 내는 소리.
극터듬다 : 겨우 붙잡고 기어오르다.

새라면 좋겠네 물이라면 혹시는 바람이라면

삼일수하(三日樹下)라는 말이 있습니다. 한 나무 아래 사흘이 넘도록 머무르지 말라는 말이지요. 한군데 오래 머무르다 보면 애착과 집착이 생겨 깨달음을 얻기 위한 몸닦달에 걸림이 온다는 부처님 가르침입니다.

떠돌아다녔습니다. 북통 같은 바랑 지고 안 가 본 데가 없습니다. 처음에는 절을 찾아다니며 죽비(竹箆) 소리에 가슴 졸이기도 하였지만 나중에는 숫제 산과 저잣거리를 가리지도 않았습니다. 대가사(大袈裟) 한 장, 바루 한 벌, 속옷 몇 점, 세면도구, 구쌍지* 한 권, 그리고 아흐《금강경》한 권 들어 있던 바랑마저 버렸습니다. 칫솔 한 자루 검처럼 꼬나쥐고 휴전선 아랫녘 땅은 안 가 본 데가 없을 만큼이었습니다. 허위단심* 잿마루 올라 붉은 속살 드러내고 있는 황토마루에 아그려쥐고 앉아 "이 뭣고?" 할 때면, 물결처럼 갈빗대 후비는 쇠북소리였습니다.

그런데 모를 일이었습니다. 알 수 없는 노릇이었습니다. 벌써 또 날은 저물어서 밤새들이 깃을 치는 소리 화두(話頭)를 날려 버리는데, 어뜨무러차*! 발을 굴러 발등 덮는 놀 털어 버린 이 중생은 몸을 돌리는 것이었으니. 숨가쁘게 극터듬어* 올랐던 잿마루 되짚어 내려가는 이 중생 입에서 터져 나오는 것은 그리고 염불(念佛)이었습니다. 사무치게 부처 마음을 그리워하는 염불이 아니라 입으로만 소리 내어 불러 보는 송불(頌佛)이었습니다. 달도 없는 밤길을 걸어가는 이 중생 귀를 물어뜯는 것은 그리고 옛 스님네 기침 소리였습니다.

　　– 무엇을 일러 해탈이라 합니까? / 누가 너를 얽매었더냐?
　　– 무엇을 일러 정토라 합니까? / 누가 너를 더럽혔더냐?
　　– 무엇을 일러 열반이라 합니까? / 누가 너한테 생사(生死)를 주었더냐?

"새라면 좋겠네/물이라면 혹시는 바람이라면……" 하고 소리 죽여 울었던 시인이 있었습니다.

아무것에도 걸림 없이 푸른 하늘을 훨훨 날아다닐 수 있는 새라면 좋겠습니다. 산을 만나면 두 팔 가득 보듬어 안아 돌아가고 바위를 만나면 땅속 깊이 스며들어 촤르르 쾰쾰 흘러갈 수 있는 물이라면. 늘 머무르되 늘 떠나고 늘 떠나되 늘 또한 머무를 수 있는 바람이라면.

저잣거리 책방에서
글 읽기에 골똘하니,
눈길을 붙이기만 하면
그대로 주머니와 상자 속에
갈무리하는 것 같다.

후한(後漢) 때에 앞서가는 사상가로
박람강기(博覽強記)하였던 왕충(王充,
27~97)은 글 읽기를 좋아하였으나 책
살 돈이 없어 낙양(洛陽) 저자 안에 있는
책방에 가서 펴놓은 책을 읽었는데,
월총*이 뛰어나 한 번만 훑어보고도 그
알맹이를 틀어잡았다는 이야기임.

耽讀翫市하니 寓目囊箱하니라

탐 독 완 시 우 목 낭 상

耽 즐길 탐
讀 읽을 독
翫 갖고놀 완
市 저자 시

寓 붙일 우
目 눈 목
囊 주머니 낭
箱 상자 상

월총 : 지닐총. 월재주. 뒷정신. 지닐재주. 기억력(記憶力).
애옥하다 : 살림이 몹시 구차하다. 곤궁(困窮)하다.
자(字) : 본이름 밖에 부르는 이름. 예전에, 이름을 소중히 여겨 함부로 부르지 않았던 관습이 있어서 흔히 장가든 뒤
에 본이름 대신으로 불렀음.
호(號) : 본명이나 자 밖에 쓰는 이름. 허물없이 쓰기 위하여 지은 이름임. 시호(諡號)는 제왕이나 재상·유현(儒賢) 들
이 죽은 뒤에, 그들 공덕을 칭송하여 붙인 이름임.

할아버지 생각

"독서지유환지시(讀書之有患之始)니 절학무우(絶學無憂)라."
책 잘못 읽은 죄로 늬 애비는 그렇게 되었다고 장탄식을 하면서도 손자한테는 책을
읽으라고 하시던 할아버지였습니다. 사람으로 이 세상에 나와서 배우지를 않는다고
한다면 마치 어둡고 또 어두운 깜깜칠야 흑암 속에서 한 점 등불도 없이 다니는 것과
무엇이 다르겠느냐며 다섯 살짜리 핏덩어리를 앉혀 놓고 수클을 깨우쳐 주시던
할아버지였습니다. 할아버지가 장 하시던 말씀은 책을 읽으라는 것이었습니다. 책을
읽어야만 마침내 사람이 될 수 있다고 하시었습니다.
사람이 책을 읽지 않는 것은 마치 아무런 재주도 없이 하늘에 올라가려고 하는 것과 같고,
책을 읽어서 슬기샘이 터져 그 뜻이 훌륭해지고 보면 높은 산꼭대기에 올라 발아래를
내려다보는 것처럼 후련한 마음이 되는 것이라고 하시었습니다. 그러므로 집안 살림이
비록 애옥하다*고 할지라도 학문을 버리지 말아야 할 것이며, 오히려 더욱더 부지런히
파고들어야 한다고 하시었습니다. 학문은 곧 몸의 보배요 배운 사람은 또한 이 세상
보배로운 일꾼이 되니— 배우고 익혀 올바르게 살아가면 군자(君子)가 되고, 배우지 않으면
소인(小人)이 되는 것이라고 하시었습니다. 구슬이 아무리 아름다운 보배라고 할지라도
알맞게 다듬지 않고서는 그릇을 만들 수 없듯이 사람으로 이 세상에 태어나서 배우지
않고서는 의(義)를 알지 못한다는《예기》말씀을 들려주며, 배운 사람은 논에 벼와 같고
배우지 않은 사람은 논에 피와 같은 법이라고 하시었습니다.
자*는 치현(致顯)이요 호*는 장암(杖庵)이었으며, 성균진사(成均進士) 아들이요
외부주사(外部主事) 손자로 정유년(丁酉年)에 태어나셨던 할아버지는 조선
사람이었습니다. 뽕나무밭이 푸른 바다가 되어 버린 세상에서 장차(長次) 두 자식을
앞세운 한과 전조(前朝)를 그리워하는 향수에 젖어 우두망찰 장탄식만 하시었으나, 손에서
장 책이 떠나지 않던 선비 집안에 태어난 것을 큰 자랑으로 여기셨던 분입니다. 가슴이
미어지게 잃은 자식이 떨구고 간 손자한테 수클마다나 깨우치게 하고 또 성현 말씀이며
전조 풍속을 들려주는 것으로 오직 한 가지 낙을 삼아 사시던 할아버지 향수(享壽)
일흔일곱. 그 스산하던 마지막 조선 유생(儒生)이 이뉘를 버리셨다는 것을 알게 된 것은
산문(山門)에서였습니다.

易輶는 攸畏이니 屬耳垣墻하니라
이 유 유 외 속 이 원 장

易 쉬울 이
輶 가벼울 유
攸 바 유
畏 두려울 외

屬 붙일 속
耳 귀 이
垣 담 원
墻 담 장

쉽고 가볍게 보이는 것은
두려워해야 할 바이니,
귀를 담장에 붙여 놓았기
때문이다.

모든 일에 삼가는 마음으로 조심하고
자발없는 말로 남을 헐뜯거나 비웃지
말아야 한다는 것이니, 군자(君子)된
사람 마음가짐과 몸가짐을 잡도리하는
말임.

오밤중 : 한밤중.
출천지재(出天之才) : 하늘이 낸 재주.
무지렝이 : '무지렁이' 충청도 내포 말. ① 헐었거나 무지러져서 못 쓰게 된 물건. ② 어리석고도 무식한 사람.

시루가 이미 깨어졌는 것을

"네 나이 올해 몇인고?"

할아버지가 새삼 나이를 물어 오시는 것이었고, 이 중생은 마른침을 삼키었습니다. 그리고 꿇고 앉은 두 무릎 위에 올려놓고 있던 두 주먹을 꼭 오므리며

"아홉 살인듀. 슬 쉤으니께 인저,"

하다 말고 숨을 삼키었습니다. 금방이라도 보꾹이 내려앉고 방고래가 꺼질 것만 같은 할아버지 장탄식이 터져 나왔던 때문이었습니다.

"봉생봉이요 용생용이라던 옛사람 말두 증녕 허언이었더란 말인가."

봉생봉(鳳生鳳)이요 용생용(龍生龍)이라는 것은, 봉황새는 봉황새를 낳고 용은 또 용을 낳는다는 말이었습니다. 뒤를 잇는 것은 그리고 언제나 똑같았으니, 호부(虎父)에 견자(犬子) 날 리 없다던 옛사람 말 또한 허언(虛言)이었더란 말인가. 범 같은 아비가 가히 개 같은 자식을 둘 리 없다는 것이니, 아버지였습니다. 이 중생이 말을 조금이라도 가볍게 하거나 지망지망할 때면 한숨처럼 터져 나오는 말씀이었고, 죽고 싶었습니다. 아무래도 나는 안 되는 것이었습니다. 그 타고난 바 재주가 아버지한테 못 미치는 데다 글공부 또한 게을리 하는 것이니, 아무리 해도 아버지를 따라갈 수가 없는 것이었습니다.

그런데도 할아버지는 장 아버지 말씀을 꺼내서 이 중생을 주눅들게 하시는 것이었습니다. 당신으로서야 너무도 원통하고 절통하게 앞세운 자식이었으므로 생각하면 생각할수록 눈에 밟혀 그러셨던 것이겠지만, 견딜 수가 없었습니다. 증이파의(甑已破矣)니 고지하익(顧之何益)이리요– 시루가 이미 깨어졌는 것을 돌아다보면 무엇하겠느냐?– 만서도, 그렇게 되지를 않으시는 모양이었습니다.

"저것이 무엇이냐? 한번은 해를 보구 물었것다. 그랬더니 측 허구 허넌 대답이, '불입니다.' 그러넌구나. 호오. 어찌해서 해를 일러 불이라구 허넌고? 즉답 왈, '어둔 것을 밝혀 주넌 것은 불백긔 더 있것습니까.' 늬 애비 다섯 살 때였더니라."

할아버지 눈길은 이미 손자를 보고 계시지 않았습니다.

"한번은 증조할머니께서 애비더러 뒷방이 가서 대접을 가져오라구 허셨구나. 칠흑 같은 오밤중°인디 어쩌나 보자시는 것이었지. 뒷방 한가운데 놔둔 대접에는 물이 가득 댕겼넌디, 허. 물 한 방울 안 흘리구 측 허니 갖구 오더구나."

할아버지 성음은 가느다랗게 떨려 나왔습니다.

"하늘은 그 재조를 투긔허야 출천지재°넌 일쪽 데려가시구…… 무지렝이°덜만 남어 난세를 더욱 어지렙히넌고여."

具膳飡飯하고 適口充腸하니
구 선 손 반 적 구 충 장

찬 갖춘 밥을 물 말아 먹고,
입에 맞게 창자를 채우는
것이니,

밥 먹을 때에는 다만 입에 맞는
먹을거리로 주린 창자를 채우는 것으로
넉넉해야지, 쓸데없는 게염으로 많이
먹으려고 하지 말라는 말임.
'밥을 물에 말아 먹다'라는 뜻
'손반(飡飯)'은, '소박한 밥상'이라는 말임.
그럼에도 반찬을 갖추어야 한다고
말한 것은, 건강을 해칠 만큼 볼품없는
밥상이어서는 안 된다는 뜻으로 읽어야
할 것임.
《논어》〈학이(學而)〉편에 보면「군자는
먹는 데 배부른 것을 구하지 않고
거처하는 데 포근한 것을 구하지 않는다.
君子食無求飽 居無求安」고 하였음.

具 갖출 구
膳 찬 선
飡 밥말 손
飯 밥 반

適 맞을 적
口 입 구
充 채울 충
腸 창자 장

모꼬지 마당 : 잔치 자리. 연회장(宴會場).

지옥과 극락 다른 점

죽었다가 살아난 사람이 있었습니다. 저승사자가 맡은 일을 잘못하는 바람에 다시
이승으로 돌아오게 된 그 사람은 염라대왕 분부 따라 지옥과 극락을 살펴보게 되었습니다.
무궁화 여섯 개짜리 특급호텔 모꼬지 마당*처럼 번쩍번쩍 으리으리한 방에 많은 사람들이
모여 있었습니다. 눈처럼 하얀 천으로 덮여진 둥그넓적 커다란 밥상 위에는 온갖 푸짐한
먹을거리들이 차려져 있었습니다. 그런데 밥상마다 죽 둘러앉아 있는 사람들은 모두
뼈와 가죽이 서로 붙어 있는 끔찍한 몰골들이었고, 목소리를 높여 가며 서로 싸우는
것이었습니다. 어째서 맛있는 먹을거리를 두고 싸울까 하고 가만히 보니, 사람들 왼손이
모두 걸상에 묶여 있는 것이었습니다. 오른손에는 수저가 묶여 있었는데 엄청나게 길어 한
2미터쯤 되어 보였습니다. 그렇게 긴 수저로 먹을 것을 뜨고 집어 보지만 너무 길어 자기
입으로 들어오지 않고 마주 앉은 앞사람 등 너머로 쏟아져 내리는 것이었습니다. 그러면서
서로 악다구니를 퍼부어 대며 싸우는 것이었습니다.
"너 때문에 내 밥을 못 먹는다!" "너 때문에 나도 내 밥을 못 먹는다!"
극락 또한 지옥과 똑같은 곳이었습니다. 그런데 극락 사람들은 모두 핏기 좋은 얼굴로
따뜻하고 정다운 이야기를 나누며 먹을 것을 먹는 것이었습니다. 그 사람들 또한 지옥과
마찬가지로 왼손은 걸상에 묶여 있고 바른손에 묶여진 수저 또한 2미터쯤 되게 기다란
것이었습니다. 지옥이나 극락이나 똑같은 틀거리고 꼴인데 무슨 까닭으로 이렇게 커다란
다름이 있는 것일까 하고 가만히 살펴보니, 아하. 저마다 긴 수저로 뜨고 집은 먹을 것들을
마주 앉은 사람 입 속에 넣어 주는 것이 아닌가. 웃는 낯으로 그들은 말하였습니다.
"먼저 잡수시지요." "그쪽에서 먼저 잡수시지요."
염라대왕이 그 사람을 바라보았습니다.
"잘 보았느냐? 이승에 가거든 사람들한테 이르거라."
"예, 대왕마마."
"나만 먼저 먹으려고 하면 세상은 지옥이 되고, 남을 먼저 먹이려 들면 극락이 되니……
극락과 지옥의 다름이란 그것뿐이로구나."
먹을거리를 가지고 싸워 온 것이 사람무리 지나온 자취였습니다. 나와 내 식구를 첫째로
한 우리 편만 대를 물려 가며 잘 먹고 잘 살겠다는 축과 더불어 함께 나누어 먹자는 축들이
싸워 왔던 것입니다. 전우익이라는 늙은 농군이 쓴 책 이름이 떠오릅니다. "혼자만 잘 살믄
무슨 재민겨?"

飽飫하면 烹宰하고 飢하면 厭糟糠하니라
포어 팽재 기 염조강

배부를 포 飽
배부를 어 飫
삶을 팽 烹
재상 재 宰

주릴 기 飢
싫을 염 厭
술지게미 조 糟
겨 강 糠

배부르면 고기음식이라도
먹기 싫고,
배고프면 술지게미나 겨도
달갑게 여긴다.

음식이라는 것은 어떤 '절대적 맛'이
있는 게 아니라, 그 사람 살림 형편이나
몸 셈평에 따라 아퀴지어진다는 것을
말하고 있으니― 바뀌지 않는 '절대적
가치'인 도(道)를 얻기 위하여 힘써야
한다는 뜻임.

팽재(烹宰) : '짐승을 잡아 지지고 볶는다'는 뜻으로 '고기음식'을 가리킴.
조강(糟糠) : 술을 거르고 남은 찌꺼기인 지게미와 곡식의 겉껍질인 겨를 가리키니― 철없을 적부터 같이 고생하며 늙어 온 아내를 일컫는 말인 '조강지처(糟糠之妻)' 말밑이 됨.
함지땅 : 분지(盆地).
가늠점높이 : 점높이. 표고(標高).
더기 : 고원(高原).
긴한목 : 목. 길목. 요충지(要衝地).
알음알이 : 지식(知識).

놀랍고 슬펐던 까닭 1

중국의 한 석유탐사반은 최근 중국 북서부 신강(新疆) 지방의 타클라마칸 사막 깊숙한
곳에서 넓이 1백 평방킬로미터의 오아시스에 유토피아를 이루고 외부 세계와 단절한 채
살고 있는 2백여 명으로 구성된 한 종족을 발견했다고 중국통신사(CNS)가 보도. 이 종족은
선조들이 약 3백50년 전에 이곳에 정착한 뒤 외부와는 단절한 채 원시적인 방법으로
살아왔기 때문에 중국 최후의 왕조였던 청왕조나 현대의 사정들에 관해 전혀 아는 게
없었다고.

몇 해 전 신문 '해외토픽'난에 나온 기사인데, 두 가지 느낌을 받았습니다. 놀라움과 슬픔이
그것입니다.

신강성이라면 열 개가 넘는 소수민족이 살고 있는 위구르 자치구를 말합니다. 곤륜산맥과
천산산맥에 둘러싸인 드넓은 함지땅* 복판은 사막이 되고 그 둘레 산기슭에는 오아시스를
이룬 곳도 있는 가늠점높이* 1천~2천 미터 더기*이지요. 예로부터 서역(西域)이라고
불리던 곳 한 도막으로 동서교통 긴한목*이었습니다.

2백여 명으로 이루어진 이 종족이 어떤 종족이며 그리고 어디서 어떤 겪은일을 거쳐
그곳까지 가게 되었는지는 알 길이 없으나, 한 가지 뚜렷한 것은 원시공동체 모습으로
살고 있을 것이라는 점입니다. 명왕조가 청왕조로 바뀌었다가 공산혁명이 이루어져
오늘에 이르고 있는 것을 모를 만큼이라면 그들에게는 통신수단이니 뭐니 하는 이른바
'문명'이 없었다고 봐야겠지요. 문명 바탕이 되는 문자가 없었다고 봐야겠지요. 아니,
쓸데가 없었을 것입니다.

문자가 없으므로 책이 없을 것입니다. 책이 없으므로 온갖 알음알이*를 가르쳐 주는
학교가 없을 것입니다. 옆에 앉은 동무를 쳐서 무찔러야 할 적으로 여겨야 하는
무한경쟁시대에 살아남기 위하여 점수 따는 기계를 만들어 주는 학교가 없으므로
이른바 먹물들이 없을 것입니다. 급수 낮은 장사치에 지나지 않는 엉터리 먹물들이 없어
'국가라는 이름 최고 착취기관'이 없을 것입니다. 경쟁력 강화만을 깃발처럼 내세우며
인민들을 무한경쟁 뚱바다 속으로 밀어 넣는 국가가 없을 것이므로 공업 우선 개발독재가
없어 조상 전래 논밭에서 내몰리는 농민이 없을 것입니다. 농촌이 뜯어헤쳐지지 않으므로
대도시 달동네로 기어들어 미친 듯이 올라가는 전세값·사글세값을 못 대 스스로 목숨을
끊는 도시빈민이 없을 것입니다.

親_친戚_척과 故_고舊_구에 老_노少_소는 異_이糧_량이니라

親	친할 친
戚	겨레 척
故	연고 고
舊	옛 구

老	늙을 로
少	젊을 소
異	다를 이
糧	양식 량

곁붙이와 불알동무들을
(대접할 때는),
늙고 젊음에 따라 먹을 것을
달리해야 한다.

군자(君子)는 집에 있을 때
친척·친구들과 가깝게 지내되,
참마음으로 어른을 섬기고 위해서 먹는
것에도 늙고 젊음 나뉨이 있어야 한다는
말임.
음식물을 삭일 수 있는 힘이 모자라는
노인들에게 음식을 대접할 때는 깍듯한
마음 씀이 있어야 한다는 데 이 글귀
힘줌이 있음.
'구선손반(具膳飱飯)'부터 여기까지 먹는
것에 대한 몸가짐을 말하고 있음.

고루살이 : '공동체' 우리 본딧말. 신라 때 '화백(和白)'이 '고루살이' 소리빌림임. 함께 일해서 함께 나눠먹는 평등사회
였으므로, 이른바 말 그대로 '공산사회'였던 것임.
몰강스럽다 : 모질고 억세며 악착스럽다.
제바닥 : 제고장, 제땅. 본토(本土).
게염스럽다 : 탐욕스럽다.

놀랍고 슬펐던 까닭 2

한 줌도 못 되는 부자들 대량소비를 앞세운 대량생산이 없을 것이므로, 좋지 못한 노동조건과 노동환경 아래 끙끙거리며 병들어 죽어 가는 노동자가 없을 것입니다. 사람으로 이 세상에 태어나서 겪게 되는 모든 아픔과 괴로움 밑뿌리 불씨인 사유재산이라는 것이 쓸데없는 것이므로 자본가가 없을 것입니다. 자본가가 없어 빼앗아 먹는 것이 없을 것이므로 계급투쟁이 없을 것입니다. 참된 뜻에서 '노동', 곧 '일'만이 있을 것입니다. 더불어 함께 오순도순 살아가는 2백여 명 고루살이*가 자유롭고 평등해서 행복하게 살아가는 데 꼭 있어야 할 물건만을 사람사람이 저마다 타고난 바 그 솜씨에 따라 더불어 함께 만들어서 더불어 함께 나눠 쓸 것입니다. 이른바 '잉여생산물'이 쓸데없으므로 남보다 좋은 물건을 더 많이 더 빠르게 갖고자 하는 모든 다툼이 없을 것입니다. 다툼이 없으므로 노래하고 춤추며 살 것입니다.

극락세계가 아니고 무엇인가. 노자(老子)가 말한 무위자연(無爲自然) 세계요 장자(莊子)가 말한 대붕(大鵬) 세계이며 토머스 모어나 캄파넬라가 그려 보였던 '유토피아'가 아닌가. 이런 세계가 있다니 ! 기사를 보고 놀랐던 까닭입니다.

그런데…… 바깥 세계한테 들켜 버렸습니다. 콜럼버스라는 몰강스러운* 장사치한테 들켜 버리면서부터 아메리카 제바닥* 사람들 불행이 비롯되었고 서구열강한테 들켜 버리면서부터 우리나라를 넣은 동양 불행이 비롯되었듯이, 석유탐사반한테 들켜 버리면서부터 이들 불행은 비롯됩니다. 자본주의 이리 떼가 이들을 '문명세계'로 이끌어 내려고 할 것입니다.

우선 '코카콜라'와 '아이스크림'을 입에 넣어 줄 것이고 냉장고며 에어컨이며 비디오며 컴퓨터며 손전화며 그리고 온갖 전자제품을 안겨 줄 것입니다. 이른바 문명이 쓸데없이 행복하게 살던 고루살이는 깨어지고, 이들은 아메리카·라틴아메리카 제바닥 사람들이 그러했던 것처럼 게염스러운* 문명세계 관광객들 '밥'이 될 것입니다. 관광객이라는 이름 승냥이 떼가 터뜨려 대는 '카메라' 앞에 서 주는 삯으로 받는 몇 푼 '팁'으로 코카콜라와 아이스크림을 사 먹으며 아이스크림이 녹아내리듯 그렇게 사라져 갈 것입니다. 기사를 읽고 슬픔을 느꼈던 까닭이올시다.

妾 첩 첩

御 모실 어

績 길쌈 적

紡 길쌈 방

侍 모실 시

巾 수건 건

帷 장막 유

房 방 방

妾御는 績紡하고 侍巾帷房하니라

첩 어 적 방 시 건 유 방

아내와 첩은 길쌈을 하고,
장막 친 안방에서 수건 들고
시중든다.

삼껍질을 벗기고 실을 뽑아 물레 돌려
옷감을 짜는 고되고 힘든 막일을
여성에게 떠맡긴 것에는, 여성을
더욱 쉽게 부려 먹으려는 남성 지배
이데올로기가 숨어 있음.
'수건과 머리빗을 들고 시중 든다'는
뜻인 '시건즐(侍巾櫛)' 준말인
'시건(侍巾)'은– '건즐을 받든다'는
옛말에서 보듯 처첩(妻妾)들이 스스로를
낮춰 부르는 말이 되었던 바, 또한 남성
지배 이데올로기를 안받침하고 있음.

갖춘바탕 : 바탕. 본바탕. 바대. 품질(品質).
뻐세다 : 뻣뻣하고 거세다. 뻣세다. 강고(强固)하다.
앙버티다 : 맞서다. 대서다. 대들다. 벋대다. 달려들다. 대지르다. 되받다. 버티다. 내버티다. 벋장대다. 개개다. 저항(抵抗)하다.

'일부일처제'에 대하여

남성들이 여성들 자유 가운데서 무엇보다도 먼저 그리고 틀림없이 빼앗아 버리고자 온갖 뇌를 다 짜냈던 것이 '성적 자유'였습니다. 여성 발을 전족(纏足)으로 만들고, 터질 듯 불룩한 젖무덤에 엉덩이는 온달처럼 크고 탐스럽되 오이씨처럼 앙증맞은 발에 허리는 또 버들가지처럼 한 주먹밖에 되지 않아야 왈 일색이라고 불렀던 것이 다 그것입니다. 여성을 꽃에 비추어 본다든지 단장술을 나아지게 한 것도 다 마찬가지이니, 한마디로 줄여 말해서 일할 수 있는 힘을 빼앗아 버리자는 것이었습니다. 그러니 일할 수 없는 여성이 남성 노리개 또는 치레거리가 되는 것은 두말할 나위가 없는 일이었지요.

일부일처제라고 하지만 참으로는 일부다처를 하고 있는 것이 오늘 꼴입니다. 남성이 돈을 주고 살 수 있는 여성은 곳곳마다 널려 있습니다. 어느 때 어느 곳에서나 쌀 한 말 값만 있으면 여성을 살 수 있습니다. 쥐고 있는 권세자루와 지니고 있는 돈 많고 적음에 따라 살 수 있는 여성 갖춘바탕˚에 다름이 날 뿐, 여성을 살 수 있다는 자유에 얽매임을 받지는 않습니다. 이른바 '성의 계급화'이지요. 모권사회가 무너지면서부터 주욱 이어져 온 일이어서 새삼스러울 것은 없지만, 요즘처럼 그것이 깊어진 적은 없었다는 말씀이올시다. 여성이 놓인 자리는 어떠한가요. 이른바 '서방질'과 '몸팔기'로 일부일처제 뻐센˚ 굴레를 끊어 내거나 비틀어 보고자 하지만 잡도리 호된 법 억누름을 받게 됩니다. 법이라는 이름 가시철망만이 아니라 이른바 '여론'도 골칫거리입니다. 여론이라는 이름 돌팔매. 더럽다고 침 뱉고 손가락질하며 돌로 쳐 죽이라고 아우성을 칩니다. 이제야 이른바 법률이라는 것이 있어 그런 일이 없지만 예전에는 돌로 쳐 죽였습니다. 돌로 쳐 죽일 수 있는 터무니는 그때도 여론이었습니다.

그런데 이 여론이라는 것은 누가 만드는가요. 그 모둠살이를 휘두르는 무리, 곧 열에 아홉 남성으로 이루어진 동아리입니다. 남성에게 앙버티는˚ 여성들을 갖은 법률과 제도 또는 여론을 일으켜 꼼짝 못 하게 만들어 버리는 것은 그러므로 더없이 마땅한 마무리가 됩니다.

이 세상에서 일어나고 있는 온갖 악 밑뿌리에는 돈이라는 물건이 자리 잡고 있습니다. 그 돈을, 그 돈에서 비롯된 생산물을 틀어쥐고 있는 이들은 열에 아홉 남성입니다. 생산물을 지배계급에서 도차지하지 말고 모둠살이를 이루고 있는 모두 것으로 해야 한다고 부르짖은 사람들이 있었습니다. 그런 사람들이 뜻을 모아 만들어 낸 것이 사회주의 나라였습니다. 그리고 그런 꿈이 무너진 것이 70년 만이니, 사람 선성(善性)을 너무 믿은 탓이라기보다 일부일처제에 그 빌미가 있었다고 한다면 지나친 생각일까요?

흰 깁*으로 만든 부채는
둥글고 깨끗하며,
은빛 나는 촛불은
환하게 빛나고,

이 글귀부터 '열예차강(悅豫且康)'까지는,
앞에 나오는 벼슬을 버리고 시골로
내려간 군자(君子) 한갓진 삶을 낱낱이
그려 보여 주고 있음. 그러나 '흰
비단으로 만든 둥근 부채'와 '환하게
빛나는 은촛불'로 드러나는 푼푼한 삶을
위한 터무니, 곧 '노동은 누가 하는가?'
하는 골칫거리가 나옴.

紈扇은 圓潔하며 銀燭은 煒煌하고

환선 원결 은촉 위황

紈 흰깁 환
扇 부채 선
圓 둥글 원
潔 깨끗할 결

銀 은 은
燭 촛불 촉
煒 빛날 위
煌 빛날 황

깁 : 비단.
사족중생(四足衆生) : 네발 달린 짐승.
붓나올 : 심지.
돌돌붓 : 볼펜.
본디몸 : 실체(實體).
거꿀생각 : 역설(逆說).
글초 : 원고(原稿).

그 가을 눈물 한 점 1

먼 골짜기에서 사족중생˚ 울부짖음이 귀를 찢었고, 무엇보다도 견딜 수 없는 것은 우우-
우우- 아우성치며 달려가는 바람소리였습니다. 천수경을 때리던 목탁을 집어던지고
문득 또 어디론가 떠나게 만들던 저 바람 소리⋯⋯. 소스라치게 놀라 벌떡 몸을 일으킨
이 중생은 다시 썼습니다. 까무룩 잦아드는 촛불 붓나올˚을 다스리며 눈을 부릅뜨고
이를 옥물고 썼습니다. 어깻죽지가 결려 와서 도저히 돌돌붓˚을 움직일 수 없으면
벌컥벌컥 문을 열어젖히고는 하였는데, 그때마다 울컥울컥 쏟아져 들어오던 안개.
업(業) 같고 무명(無明) 같으며 그리고 또 팔만사천 번뇌망상(煩惱妄想) 같기만 하던 그
안개. 안개 사이로 저 아래 저잣거리에 꽃으로 피어오르던 불빛, 불빛들. 아흐, 사람이여.
그리고 어머니. 갈비가 부러지도록 그것들을 힘껏 끌어안고 뒹굴고 싶었습니다. 뚜렷한
본디몸˚으로서. 산창(山窓)을 닫고 타 버린 초를 갈아 끼우고 나서 다시 돌돌붓을 잡으면
산메아리로 들려오던 산승(山僧) 새벽 도량석(道場釋) 소리⋯⋯. 이 중생은 소리쳐
관세음보살을 부르며 호마이카 쪽소반에 이마를 박는 것이었습니다.

아침의 절망은 언제나 이 중생을 못 견디게 만들었습니다. 말도 안 되는 것 같고 도대체가
내가 어젯밤에 쓴 것이 '소설'이 될 수 있는 것인지, 당최 알아낼 도리가 없었습니다. 박박
구겨서 아궁이에 쳐 넣으며 참말로 죽고 싶었습니다. 죽고 싶다는 것은 그러나 참말로
살고 싶다는 바람 거꿀생각˚일진대, 무엇인가를 다시 써야 할 것이었습니다. 그러기
위해서는 무엇보다도 먼저 밥을 든든하게 먹고 볼 일이었습니다. 그 절 살림은 넉넉하지
못하여서 반찬이라고는 소태 같은 짠지 한 가지였지만 돌 틈에서 솟아나는 석간수(石澗水)
하나만은 기막히게 달아서 찬물에 말아 두 사발씩 비웠는데, 미안하게도 금방 또 배가
고파지는 것이었습니다.

그렇게 두 달을 보냈을 때 이루어진 글초˚는 그러나 단 한 장도 없었습니다. 입술이 탔고
그렇게 달던 물맛이 소태였습니다. 병든 짐승처럼 끙끙거리며 산을 헤매던 이 중생은 참지
못하고 마침내 산을 내려갔습니다. 소낙비처럼 퍼부어 내리는 햇빛은 기막히게 좋은데
이 중생은 어깨를 접고 저잣거리를 헤매다가 경포대 해수욕장으로 가는 것이었습니다.
금방 건져 올린 생선처럼 펄떡펄떡 뛰는 해수욕객들을 깊게 맺힌 마음으로 바라보며
경월소주를 마시는 이 중생 마음은 내 깜냥에 대한 못미더움으로 찢어지는 것 같았고,
끔찍한 그 마음을 달래기 위하여 또 급하게 잔을 뒤집어야만 했는데, 내가 싫었습니다.

낮에는 졸고 밤에는 자니,
대나무 침상과 상아로 치레한
긴 걸상이다.

낮에 쉴 때나 밤에 잠잘 때 조금도
모자람이 없어 걱정 없다는 말임.
모든 당길심*을 떨쳐 버린 숨은이*
삶을 말하고 있는데- '사회적 존재인
인간'으로 짜장* 있을 수 있는 일인지,
곰곰이 따져 봐야 할 것임.

畫眠夕寐할세 藍筍象床이라

주면석매
남순상상

畫 낮 주
眠 졸 면
夕 저녁 석
寐 잘 매

藍 쪽 람
筍 죽순 순
象 코끼리 상
床 평상 상

남순상상(藍筍象床) : '남순(藍筍)'은 쪽빛처럼 푸른 대쪽을 엮어 만든 침상(寢牀)을 말하고, '상상(象床)'은 상아로 꾸민 긴 걸상인데, '상(床)'은 위는 책상과 같고 아래는 다리가 있어 앉거나 누울 수 있게 만든 것임.

당길심 : 바람. 당길마음. 바라는 마음. 욕망(慾望).

숨은이 : 은자(隱者).

짜장 : 과연. 정말로.

물너울 : 너울. 물결. 놀. 물놀. 파도(波濤).

돌맹이 : 길. 수. 꾀. 솜씨. 방법(方法).

다짐글 : 다짐기. 각서(覺書).

수(數)치레 : 행운을 누리는 일.

정랑(淨廊) : '뒷간' 절집 말.

영산마지(靈山摩旨) : '담배' 절집 변말.

그 가을 눈물 한 점 2

울부짖으며 아우성치며 밀려왔다가는 소리 죽여 낮게 흐느끼며 밀려가는 물너울*이며, 손뼉 소리처럼 쏟아지는 여자사람들 웃음소리. 그리고 아흐, 아무것도 이루지 못하고 끝없이 넘어지기만 해 온 초라한 사내를 비웃는 것 같은 밝은 햇살이며……. 쓸쓸했고 허전했고 슬펐고 외로웠으며 그리고 죽고 싶었습니다.

절망. 절망. 절망을 이겨 낼 수 있는 돌맴이*는 절망밖에 없는가. 이 중생은 옷을 입은 채 바다로 뛰어들었습니다. 바다 끝으로 가고 싶었습니다. 그 끝의 끝에 서 보고 싶었습니다. 그곳에는 무엇인가 있겠지. 그러나 얼마를 가지 못하고 이 중생은 경찰관에게 붙잡혔고, 다짐글*을 써 주고 산길을 오르면서 이 중생은 염불을 하였습니다. 염불처럼 서러워져 올려다본 하늘에는 아무것도 없었습니다. 1978년 여름이었습니다. 《목탁조(木鐸鳥)》라는 소설을 써서 만들지도 않았던 '중쫑'을 빼앗긴 지 세 해 만이었습니다. 강릉에서 30리쯤 떨어진 산꼭대기에 있는 보현사(普賢寺)라는 옛 절에서였습니다.

식은땀을 흘리며 불볕 저잣거리를 헤매던 끝에 어떻게 간신히 밥줄을 잡을 수 있었습니다. 수치레*였습니다. 한 달짜리 정해진 목숨으로 잡은 교정법사(校正法師) 자리였는데, 눈 깜짝할 사이에 한 달이 지나갔습니다. 은단 먹은 기계병아리처럼 비실거리며 그곳을 나서는데 같은 사무실을 쓰고 있던 출판사 사장이 이 중생을 불렀습니다. 함께 일해 보자는 것이었습니다.

일하는 모습을 눈여겨보았다고 하였습니다. 하루는 일터로 나가 문을 여는데 사람들이 입을 모아 소리쳤습니다.

"축하합니다."

영문을 몰라 머뭇거리고 있는데 사장이 다가와 손을 내밀었습니다.

"축하하오."

"무슨 말씀이신지……?"

"당선 소감을 써 가지고 어서 한국문학사로 가 보시오. 여러 번 전화가 왔었어요. 당선 작가 화보 촬영을 해야 한다고……."

소낙비처럼 퍼부어지는 손뼉 소리를 뒤로 하고 이 중생은 정랑(淨廊)*으로 들어갔습니다. 문을 안으로 걸어 잠그고 후들거리는 손으로 영산마지(靈山摩旨)*에 불을 당기었습니다. 그리고 벽에 이마를 대었습니다. 눈물 한 점이 볼을 타고 흘러내리었습니다.

絃 줄 현
歌 노래 가
酒 술 주
讌 잔치 연

接 접할 접
杯 잔 배
擧 들 거
觴 잔 상

현가주연
絃歌酒讌할제
접배거상
接杯擧觴하고

거문고 타고 노래하며
술 마시는 잔치 마당에서는
얌전하게 잔을 쥐고 두 손으로
들어 올려 권하고,

'현(絃)'은 줄로 만든 악기로
거문고·가야금·비파 같은 것이고,
'가(歌)'는 시·시조·노래를 말하니–
손을 불러서 즐겁게 노는 모습을 말함.
'접배거상(接杯擧觴)'은 잔치판에서
개인이 튀는 것을 막기 위한 한가지
제도임.
《예기(禮記)》〈악기(樂記)〉편에 보면
「한 잔을 올리는 예에도 손과 주인이
마주 절하여 종일 술을 마셔도
취하지 않는다. 一獻之禮 賓主百拜
終日飮酒 而不得醉焉」하였으니, 이른바
'주도(酒道)'를 말하는 것임.

접배거상(接杯擧觴) : '접배(接杯)'는 '두 손으로 얌전하게 잔을 들어 술을 권한다'는 뜻이 있고, '거상(擧觴)'은 '술잔을 손으로 눈높이까지 들어 올려 떠받들을 나타내며 권하는 것'을 말함. '상(觴)'은 뿔로 만들어졌는데, '향음주(鄕飮酒) 예(禮)'에 쓰였음.
도머리 : 머리를 좌우로 흔들어 '부(否)' 뜻을 나타내는 것. 도리머리.
서낙함 : 극성(極盛)함.
바이 : 전혀.
지닐총 : 지닐성. 월총. 지닐재주. 기억력(記憶力).
동무장수 : 동업자(同業者).
비친그림자 : 영상(影像).

226

술버릇 이야기 1

이 중생 술버릇은 꽤 얌전한 쪽입니다. 바람 불던 산사(山寺) 뒷방에서 대두로 한 병에 1백70원짜리 막소주에다 손가락 끝으로 돌소금 찍어 혼자서 마시고 혼자서 취해서 혼자서 울었을 뿐이므로. 그런데 이상한 일입니다. 참으로 알 수 없는 노릇입니다. 원판 안주 없이 배운 술이므로 시방도 안주는 거의 안 먹지만 막소주보다는 그래도 몇 배 질 높은 술을 마시게 되는데도 취기가 빨리 오는 것. 밤새도록 막소주를 마시고도 새벽이면 석간수 한 바가지 마시고 나서 낭랑한 바탕소리로 장엄염불(莊嚴念佛) 한 자락을 펼칠 수 있었는데. 시방은 진짜 소주나 맥주 그리고 또 어쩌다가 드물게는 양주를 마시고도 새벽이면 은단 먹은 기계병아리처럼 밑으로 고개가 꺾여지는 것이니. 물과 공기가 다른 탓이라고 스스로를 달래다 말고 힘껏 도머리*를 칩니다. 얼. 그렇습니다. 온 누리를 한 입에 넣고 씹어 삼키고도 모자랄 것처럼 뜨겁게 타오르던 얼 서낙함*이 흐려진 것입니다. 술을 마시면 이 중생은 오히려 말수가 줄어드는 쪽입니다. 말없이 잔을 기울이며 얼 탕갯줄을 늦춰 놓을 뿐입니다. 그렇게 얼마쯤 지나고 나면 잔을 뒤집는 빠르기가 시나브로 잦아집니다. 피댓줄이 돌아가기 비롯했다는 낌새이지요. 그러다가는 고개가 밑으로 숙여집니다. 이때쯤이면 사람들은 술판을 끝내고 일어섭니다. 이 중생은 번쩍 고개를 치켜듭니다. 그리고 착 가라앉은 목소리로 또렷하게 말합니다. "다른 데 가서 한 잔 더 하지." 바이* 취한 것 같지 않은 말투와 흐트러지지 않은 몸짓에 등을 돌리는 사람은 드뭅니다. 그런데 이때부터는 지닐총*이 없습니다. 이른바 '필름'이 끊어지는 것입니다. 술자리가 같은 또래 동무들일 경우에는 욕 좀 봅니다. 당최 집에를 못 가게 붙잡고 늘어지는 것입니다. 술자리는 거의 동무장수*일 경우가 많은데, 니르바나 저 언덕 쪽으로 가는 것 같은 아득한 눈빛으로 바라보며 이렇게 말함으로써 차마 꼼짝을 못 하게 만든다고 합니다. "나 혼자만 진흙창에 박아 놓구 너 혼자서만 맨땅을 밟것다구 발을 빼넌겨? 시방." 자리에 여성동무들이 있을 경우에는 또 다릅니다. 집에를 가지 말고 끝없이 함께 마시자고 붙잡는 것은 똑같지만, 손을 잡는 것입니다. 손을 꼭 잡고 당최 놓아주지를 않는 것입니다. 그리고 그것이 죄다입니다. 이 중생한테 손을 잡히고서 어쩔 줄 몰라 안타까운 눈길로 지아비 되는 이와 곁엣사람들을 바라본 여자사람들은 그러나 그렇게 많지 않습니다. 거의가 도와 덕이 높은 이들 지어미들인데, 똑같은 것은 그 여자사람들이 모두 '누나' 비친그림자*를 갖고 있다는 점입니다. 그 가슴에 내 야윈 얼굴을 묻고 목 놓아 소리쳐 울어도 좋을 '누나' 또는 '어머니' 비친그림자를 갖고 있다는 것입니다.

矯手頓足하니 悅豫且康이라
교 수 돈 족 　 열 예 차 강

矯 바로잡을 교
手 손 수
頓 두드릴 돈
足 발 족

悅 기쁠 열
豫 미리 예
且 또 차
康 편안할 강

손을 굽혔다 펴고 발을 구르니,
기쁘고 즐거우며 걱정 없기
그지없다.

잔치 마당에서 흥이 난 사람들이
덩실덩실 춤추는 것을 그려 보인 것으로,
술 마시고 춤추며 노래하고 노니 기쁘고
즐거워서 근심걱정을 잊게 된다는 것을
말하고 있음.

갈망 : 뒷갈망. 다룸. 거둠. 손씀. 다스림. 건잡음. 바로잡음. 깡그림. 거둬 모음. 추스림. 갈무림. 가라앉힘. 간동그림. 수습(收拾).
홈구덕 : 홈. 홈집. 병통. 병집. 빈틈. 나쁜 점. 모자란 점. 단점(短點).
둥근네거리 : 돌이판. 돌이네거리. '로터리'.
고동 : 경적(警笛).

술버릇 이야기 2

그런데 버릇 또한 덧나는 것일까요. 언제부터인가 손을 잡기만 하는 것이 아니라 잡은 손을 자꾸 비튼다고 합니다. 자꾸만 힘껏 비틀어서 손을 잡힌 여성동무가 아프다고 외마디 소리를 지르는데도 영 놓아주지를 않는다는 것입니다.

오래전 일입니다. 무슨 일로 출입을 했다가 낮술에 '필름'이 끊어진 꼴로 집에 갔는데, 마침 아는 사람 부인이 자기 동무 되는 여성과 놀러 와 있었습니다. 아내는 그들과 마주앙 한 병을 놓고 둘러앉아 답답하고 힘겹기만 한 세상살이 이야기를 나누고 있었고, 이 중생은 점잖게 인사를 나눈 다음 자리에 앉았습니다. 그러더니 갑자기 아는 여성과 함께 온 여자사람 손을 잡더라는 것입니다. 손을 잡고는 비틀기 비롯하더라는 것입니다. 그 여자사람은 마침 혼인반지를 끼고 있었으므로 아프다고 외마디 소리를 질렀고, 자리를 갈망°하느라 아내가 혼이 난 것이었습니다. 잡혔던 손을 연방 흔들며 그 여자사람이 이렇게 말했다며 아내는 하얗게 눈을 흘겼습니다. "다음번에 올 때는 꼭 반지를 빼놓고 와야겠는데요."

언젠가는 두 사람이 동부인을 해서 우리 집에를 왔습니다. 그들이 땅불쑥하게 가져온 양주를 마시며 우리는 일하고 싸우면서 살아가는 세상살이를 이야기하였습니다. 양주병을 들고 온 이는 술을 한 방울도 못 하는 이였고 부인들은 맥주만 한 잔씩 했으며 다른 사람 또한 자동차 몰 일을 걱정해서 조금씩 마셨으므로 술은 맴돌아 이 중생 혼자서 마신 셈이 되었습니다. 고개가 차츰 꺾여지기 비롯하자 이때다 싶어 아내는 이 중생 흠구덕°을 늘어놓기 비롯하였다고 합니다. 그런데 어느 틈에 고개를 든 이 중생이 한 부인 손을 잡더라는 것입니다. 손을 잡더니 힘주어 비틀어 올리기 비롯하더라는 것입니다.

그만두지요. 손을 불러 놓고 주인이 먼저 취해 버리고, 집에 가서 한 잔만 더 하자고 억지로 동무를 끌고 와서는 쓰러져 잠들어 버리고, 난생처음 보는 여성 손을 잡고 흐느껴 울었던 것이 무릇 기하이던가. 점심 때 또는 아침부터 일터에 있는 사람들을 불러내 마시기 비롯해서 고개가 차츰 꺾여지는 것을 보고 걱정이 된 이들이 집에 전화를 해서 아내가 아이를 들쳐 업고 달려왔더니 정랑에 갔다는 사람이 한 시간이 넘어도 안 돌아와 부리나케 버스를 타고 집 밑 둥근네거리°에 내려 보니 차들은 네 둘레서 고둥°을 울려 대고 순경은 호루라기를 불어 대는데 둥근네거리를 가로질러서 가고 있는 취한 사람이 바로 이 중생이더라는 것이었습니다. 술자리는 틀림없이 자정쯤 끝났는데 새벽 또는 아침에야 후줄근해진 몸으로 돌아온 것은 또 몇 차례였으며. 산을 바라보며 그리고 또 니르바나 저 언덕 쪽으로 하염없이 걸어가다가 겨우 얼이 들어 집으로 왔다는 말을 아내는 당최 알아듣지를 못하는 것입니다.

嫡 정실 적

後 뒤 후

嗣 이을 사

續 이을 속

祭 제사 제

祀 제사 사

蒸 찔 증

嘗 맛볼 상

嫡後<small>적 후</small>는 嗣續<small>사 속</small>하고 祭祀<small>제 사</small>는 蒸嘗<small>증 상</small>이니

맏아들은 대를 이어,
조상께 '증상(蒸嘗)'
제사를 지내니,

장가처(정식으로 예를 갖추어 맞은
아내)가 낳은 아들을 적(嫡)이라 하니
정실(正室)을 말하고,
제(祭)는 손에 고기를 들고 신(神)에게
처음으로 바친다는 뜻으로서 음식을
갖추어 온힘을 다한다는 말임.
증(蒸)은 겨울에 지내는 제사고, 상(嘗)은
가을에 지내는 제사를 말함. 농본주의
사회에서는 일품 나음과 못함좇아
가난함과 넉넉함이 나뉘어졌으므로
핏줄을 많이 두는 것이 가장 바람직한
일이었으니- 아버지가 이뤄 놓은
천량을 지켜 내기 위해서는 식구들을
거느릴 수 있는 힘이 있어야 했던
바, 본마누라한테서 낳은 '맏아들
중심주의'가 나오게 된 까닭임. 이러한
차례를 끊어지지 않고 이어가게 하기
위한 차림이 제사였음.

허희탄식(歔欷歎息) : 한숨을 지으며 아쉬워함.
몽구리 : ① 아주 바싹 깎은 머리. ② '중'을 얕잡아 이르는 말.
남초(南草) : 담배.
만귀잠잠(萬鬼潛潛) : 깊은 밤에 온갖 것이 잠자듯이 고요함.
봉창 : 창틀. 창문이 없이 벽을 뚫어서 구멍만 내고 안으로 종이를 발라서 봉한 창.
솔수펑이 : 소나무가 우거진 곳. 솔수펑.

상가승무노인곡(喪歌僧舞老人哭)

예전 한 사람이 참으루 가난허기 이를 데 읎어 조반석죽(朝飯夕粥)두 어려운 살림이라.
그런디 할아버지 지삿날이 돌어왔단 말여. 아븨 되넌 이가 허희탄식*만 허구 있넌디
아 아들이 만반지수(滿盤祭需)를 채려 올린단 말여. 영문두 물른 채 지사를 저쑵구 나서
워치게 된 거냐 허구 물으니께 아들이 답허기를,
"예. 우리 할아버님 지사가 맨날 돌어오넌 것두 아니구, 이 노릇을 워쩌먼 좋것냐구 탄식만
허구 있넌디, 아 안에서 걱정 말라구 허더니만 지수장을 봐오더군유."
아븨 되넌 이가 한옆으루는 긔뿌구 한옆으루는 거시기 혀서 메누리를 부르니께 아
메누리가 머리다 수건을 썼더란 말여. 웬일이냐구 허니께 메누리가 수건을 벗넌디 아
깎은 머리 몽구리*라. 머리를 베다 팔어서 지숫장을 봐 온 거다 이말이구나. 아븨 되넌
이가 긔가 맥혀서 남초*만 빨구 있넌디, 아 아버님 심긔 뷔편허시먼 되것냐구 허먼서 아
글쎄 메누리는 춤을 추구 아들은 노래를 부르넌겨. 상옷 입은 아들은 노래 허구 몽구리
된 메누리는 춤을 추넌겨. 이러니 아븨 되넌 이넌 하 긔맥혀서 낙루(落漏)를 헐 수밖긔 더
있것냐. 그때 한 과객(過客)이 하루저녁 유허려구 들렀다가 그 광경을 보게 됐것다. 워쩐
일이냐구 물으니께 상옷 입은 아들이 자초지종을 좌악 얘기헌단 말여. 그러자 그 과객이
허넌 말이 글 밴 일 있너냐? 허구 물어. 글은 점 밴 일이 있습니다. 거 아무 날 과거를
뵌다넌디 과거를 한번 봐보시우 헌단 말여. 아무 날이 되자 과연 과거를 뵈거던. 그런디
과제(科題)가 내걸리기를 '상가승무노인곡(喪歌僧舞老人哭)'이더란 말여. 자기 일이더란
말여. 그러니 남이 알 도리가 있나. 그래서 글을 져 바쳤더니 장원이 되 가지구 골 원이루
나가서 잘 살었다넌 얘긔로구나.

할아버지가 해 주시는 옛날이야기였습니다. 아버지 제사를 저쑵고 났을 때였습니다.
돌아가신 날짜를 알 도리가 없으므로 생신날 밤에 저쑵는 제사였습니다. 만귀잠잠* 깊은
밤 봉창* 문을 후비고 들어오는 것은 앞산 솔수펑이*에서 울어 예는 부엉이 소리였습니다.
할아버지는 부엉이를 꼭 '부흥(復興)'이라고 하시었습니다. 부흥이가 우는 것을 보아
우리 집도 반드시 다시 일어날 것이라는 말씀이었습니다. 집안을 부흥시키고자 할진대
무엇보다도 먼저 글을 읽어야 된다는 것이었습니다.

이마를 땅에 대어 거듭 절하되,
두렵고 두려워서 거듭
두려워해야 한다.

'계상(稽顙)'은 '머리를 땅에 이르게
한다'는 뜻으로 '계수(稽首)'와 같음.
두 번만 절한다는 것은 비나리치는데
흐르지 않고 예(禮)에 맞추자는 것으로,
더할 수 없이 우러른다는 뜻임.
제사를 저쑬 때 '두렵고 떨려서 몸 둘
바를 모르게 하라'는 것은, 조상들 힘에
빗대어 산 자들 권력과 위계질서를
굳건히 하기 위한 것이었음.

稽顙再拜하되 悚懼恐惶하니라

계상재배

송구공황

稽 조아릴 계

顙 이마 상

再 다시 재

拜 절 배

悚 두려울 송

懼 두려울 구

恐 두려울 공

惶 두려울 황

선원(仙源) 할아버지

"호란이 났을 때였너니라."

할아버지는 다시 한번 크흐음 하고 큰기침을 한 다음, 이 중생이 《천자문》을 배우던 저 다섯 살 적부터 귀에 못이 박이도록 듣고 또 들어 온 13대조 할아버지 순절사(殉節史)를 들려주시는 것이었습니다.

"그때에 조정의서는 강화(江華)루 피란허려 헸으나 호빙(胡兵) 긔세가 하 강포헌지라, 원임대신이셨던 슨원 할아버님께서넌 종묘사직 신주와 빈궁(嬪宮)과 원손(元孫)과 봉림(鳳林)·인핑(麟平) 두 대군을 뫼시구 강화루 들어가시구, 인조(仁祖)임금과 중신덜은 남한산성이루 들어가셨것다. 때에 강화에 수비 책무를 맡은 금찰사(檢察使)넌 김긍징(金慶徵, 1589~1637)이라구 반정공신(反正功臣)이루 영상(領相)이 된 김류(金瑬) 자식이었넌디, 안타깝고녀. 이 자가 수비에 방책은 세움이 읎이 연일 주색에만 탐닉허니, 오호 통재(痛哉)라. 마침내는 강화가 호빙의게 떨어졌더니라. 어찌 써 통탄헐 일이 아니든고. 때에 슨원 할아버님께서는 호빙이 밀려오자 집안 식구덜을 뫄 놓구 작별에 말씀을 나누신 후, 입구 지시던 옷을 벗어 하인헌티 주시며 '니가 만일 살어남거던 이 옷을 가져다가 내 몸을 대신해서 장사 지내게 허라.' 이르시구는, 남문(南門)이루 가시어 사람덜을 물리친 다음, 화약궤 위에 걸터앉으셨더니라. 그리구넌 핑소엔 남초를 안 허던 으른이 장죽을 무시더니 부시를 댕기니……."

할아버지는 잠깐 말씀을 끊더니 몇 번 눈을 껌벅이시었습니다.

"아, 만고에 우뚝허신 충절이셨고녀."

자를 경택(景擇), 호를 선원(仙源) 또는 풍계(楓溪)라 하시었고, 신유년에 나시어 경인년에 문과(文科)를 하시어 한림(翰林)이 되셨으며, 임신년에 정승에 오르셨다 하였습니다. 병자년에 절의(節義)로 순(殉)하셨으니, 향수(享壽) 일흔일곱이시었다고 하였습니다.

말씀 끝에 할아버지가 책롱 속에서 꺼내어 보여 주시는 것은 《선세유묵(先世遺墨)》이었습니다. 소반만이나 되게 큰 그 책에는 윗대 할아버지들 글씨가 담겨 있었는데, 맨 처음 나오는 것이 선원 할아버지 것이었습니다. 지렁이가 기어가는 것 같은 꼬부랑 초서(草書)로 씌어 있어 그 뜻은 알 수 없지만 이 중생은 아득하여지는 것이었습니다. 병자호란이며 정승이며 순절이며 하는 말들이 당최 실감으로 오지 않았을 뿐만 아니라 배가 고픈 것이었습니다. 무엇보다도 먼저 배가 고픈데 밥이 없는 것이었습니다.

편지는 간동하게
간추려서 하고,
안부를 묻거나 답장할 때는
잘 살펴서 빈틈없이 해야 한다.

볼일은 고갱이만 잡아 간동하게
하고, 안부를 묻고 답하는 일은
하나도 빠트리지 말고 빈틈없이 해야
한다는 이 말은- 편지 쓸 종이가
넉넉하지 못하던 때 마음가짐을 보여
주고 있음. 아울러 편지를 간동하게
하라는 것은 통신수단이 좋지 못하던
시절이었으므로 쓸데없이 잘못
알아듣는 것을 막기 위함이기도 하였음.
어떤 사달이 일어났을 때 길게 쓴 편지가
본메(물증) 잡혀 졸경을 치르는 일이
많았음.

전첩(牋牒)은 簡要하고
고답(顧答)은 審詳하니라

牋 글 전
牒 편지 첩
簡 대쪽 간
要 종요로울 요

顧 돌아볼 고
答 대답 답
審 살필 심
詳 자세할 상

전첩(牋牒) : 윗사람에게 올리는 서찰을 '전(牋)'이라 하고, 같은 또래끼리 주고받는 것을 '첩(牒)'이라 함.

고답(顧答) : 서로 안부를 묻는 것을 '고(顧)'라 하고, 대답하는 것을 '답(答)'이라 함.

그러께 : 지지난해. 재작년(再昨年).

경성콤그룹 : 1939년 이관술·이순금·김삼룡이 조직한 좌파 독립운동 단체. 기관지 〈공산주의자〉를 월간으로 발간하면서, 1940년 인천에 기관지 아지트를 마련하여 편집 책임자 박헌영을 안돈(安頓)시켰음.

안해에게 보낸 편지 2

새록새록 그대의게 대한 애착심이 더 깁허질 뿐. 이것이 곳 나의 유일한 생명선인가 하오. 허위만으로 얼킨 부평 같은 인생에 순진한 사랑만이 오즉 아름다웁고 행복될 것으로 밋어요. 물질에서 구하는 행복은 다만 인생의 가치를 저락식힐 뿐이오. 공명으로 인연된 행복도 허영에 벗어나지 못하는 것으로 밋어요. 물질과 영욕을 멀니하고, 순결하고 진실한 사랑을 주고밧으며 정신적으로 유쾌하고 만족한 생애를 누린다면 이것이 가장 슝고한 행복일 것이오. 미물이 안인 사람의 당연한 의무라고 안이할슈 업슬 것이지요. 이럿타면 행복이라 하는 것은 곳 자긔마음 여하여 달엿슬 뿐, 마음을 써나 구할 곳이 업슬줄노 밋어요.

매사를 물론하고 근거가 굿지 못하면 틈이 나기 쉬운 것이니, 사랑의 근거는 즉 德이요, 덕의 근원은 즉 일상日常의 수양이라 할 것이오. 평시에 수양이 부족한 사람은 덕이 박약할 것이오, 덕이 깁지못한 사람은 싸러서 그 사랑도 깁지못하고, 야븨하기 쉬웁고 일시적인 유희에 불과할가 하오. 갓흔 사랑에도 야븨한 사랑과 슝고한 사랑의 구별이 잇고, 유약한 사랑과 견고한 사랑의 구별이 잇스니, 피차의 차별은 가히 하날과 싸에 비할 수 잇슬가 하오.

덕으로써 남편을 사랑한다면 그사랑이 웃지 남편의게만 긋칠니가 잇나요. 우흐로 부모의 효양과 아래로 동긔간의 우애, 자질의 교육에 일으도록, 도리와 자애에 그올흔 곳을 일치안이할 것이니 웃지 아름답지 안이하겠소.

련희!

명랑한 안색을 잠시라도 버리지 말어요. 련희가 웃는 얼굴노 부모를 뫼시면 부모의 마음이 즐거우실 것이요 련희가 긔분이 조치못하면 부모이하 어린 동긔까지 그 영향이 밋칠 것이니 부듸 웃는 낫으로 그날ㄱ을 명랑하게 지내주시요. 부탁 안이한들 범연하실니 업지만 련희를 깊히 사랑하는 마음에 자연 이런 말을 쓰게 되는 것이오. 도리를 먼저하고 욕심을 뒤에 하면 후회가 업고 마음이 윤택하야진다 합니다. 연약한 몸에 고단하실 터히지만 될슈 잇는 대로 여가에 책을 보시오.

이 중생 아버지가 어머니한테 보내신 편지입니다. 앞 대문과 뒷 대문이 떨어져 나간 이 편지는 해방되기 그러께*, 그러니까 아버지가 27세 때였습니다. 아버지가 그때 어디에서 편지를 보내셨는지는 모릅니다. 다만 그 즈음 '경성콤그룹*' 사람들과 연비(聯臂)를 맺고 있었다는 할아버지 장탄식이 떠오를 뿐입니다.

때가 끼면 미역감을 것을
생각하고,
뜨거운 것을 잡으면
서늘하기를 바란다.

몸뚱이에 낀 더러운 때를 씻는다는
것은 마음을 깨끗하게 하고 싶다는
꿈을 말하고, 뜨거운 것을 만나면
서늘한 것을 찾게 된다는, 사람마다
갖고 있는 타고난 바람을 말하고
있으니- '성선설(性善說)'이 나오게 되는
뒷그림임.

骸垢에는 想浴하고 執熱하면 願凉하니라

해 구 상 욕 집 열 원 량

骸 뼈 해
垢 때 구
想 생각할 상
浴 미역감을 욕

執 잡을 집
熱 더울 열
願 바랄 원
凉 서늘할 량

해(骸) : '뼈'는 사람 몸을 이루는 바탕이 되므로, 몸뚱이를 통틀어 일컫는 말임.
투가리 : 뚝배기. 찌개나 지지미 같은 것을 끓이거나 설렁탕 같은 것을 담을 때 쓰는 오지그릇. 아래가 넓고, 속이 좀
좁은데, 보통 다흑색(茶黑色) 잿물을 칠하였으며, 겉꼴은 좀 투박함.
자빡대다 : 물리치다. 퇴짜놓다. 딱지놓다. 박차다. 내치다. 뿌리치다. 거부(拒否)하다.

236

'괴물' 이외수

그날 밤 우리는 세 번째 여관에서야 겨우 방을 잡을 수 있었는데, 그의 발 때문이었습니다. 방으로 들어가서 나는 우선 양말을 벗었는데 웬일인지 그는 그냥 구두를 신은 채였습니다. 잘 닦아 반짝반짝 윤나는 구두를 신고 있는 그에게 내가 말하였습니다.

"아니. 왜 신을 안 벗구…….."

그는 털퍼덕 주저앉으며 이빨로 소주병을 벗겼습니다.

"벗었어."

"어?"

가만히 보니 구두를 신은 게 아니라 그것은 때였습니다. 거짓말 안 보태고 1센티미터 두께의 때가 양말에 쓸려 잘 닦은 구두처럼 빛나고 있는 것이었고, 그래서 나는 그가 구두를 신고 있는 것으로 잘못 보았던 것입니다. 숙박계를 들고 들어오던 아주머니는 그 발을 보고 그만 "아이구머니나!" 외마디 소리를 지르며 방을 뛰쳐나갔고, 우리는 그곳에서 쫓겨났던 것이며, 세 번째 집에서는 마침내 아주머니가 떠다 주는 물에 그가 눈물을 철철 흘리며 발을 씻음으로써 겨우 쫓겨남을 면할 수 있었던 것이었습니다.

발만이 아니라 그는 낯도 이빨도 닦지 않는데, 이상한 것은 조금도 내음이 나지 않는다는 점입니다. 그것은 틀림없이 그가 손에 넣은 어떤 '경지'일 것이며, 그리고 대모한 것은 그가 일부러 그런 '기행(奇行)'을 꾸미는 것이 아니라, 낯을 씻고 이빨을 닦고 발을 씻는 따위 늘상 있는 일을 잊어버리고 있다는 점입니다. 물론 밥도 잘 안 먹습니다. 적어도 목숨만은 지켜 줄 수 있는 더할 수 없이 적은 양 밥을 어쩌다 겨우 먹을 뿐, 늘 술로 때웁니다.

졌다, 고 나는 생각했습니다. 그와 나는 함께 끌어안고 이레 낮 이레 밤을 함께 뒹굴었는데, 딱 한 투가리* 개장국을 먹었을 뿐입니다.

그 말에 따르면 늘 있는 일을 잊은 지가 한 6년쯤 되는데, 그렇게 편할 수가 없다는 것입니다. 그러면서 그는 이렇게 혼잣말처럼 중얼거리는 것이었습니다.

"병신 같은 새끼들 자유가 무엇인지도 모르면서 먹고 살겠다고……."

23년 전 썼던 글인데, 글지 이외수(李外秀) 이야기입니다. 요즈음에도 몸을 씻는 일을 자빠대고* 있는지 모르겠습니다. 그를 다시 만나 본 것이 5년 전이었습니다. 홍천강(洪川江)가 어느 집 뒷방에서 망상번뇌에 시달리고 있을 때였는데, 물어보지는 않았지만 예전과 똑같은 것 같았습니다. 아니, 더욱 깊어진 것으로 보였습니다. 신문을 보니 《괴물》이라는 소설을 썼다고 합니다. 졌다, 고 생각했습니다. 나 같은 중생으로서는 꿈꿀 수도 없는 이름인 것입니다.

驢騾犢特이 駭躍超驤하니라
여라독특 해약초양

驢 나귀 려
騾 노새 라
犢 송아지 독
特 수소 특

駭 놀랄 해
躍 뛸 약
超 넘을 초
驤 말뛸 양

나귀와 노새와
송아지와 소들이,
놀라 날뛰고 훌쩍
뛰어넘어 달린다.

집안을 푸근하게 건사하기 위해 천량을
이루는 데 집짐승이 대모하다는 것과,
태평성대를 맞아 나귀와 소들까지
마음대로 뛰노는 모습을 보여 주고
있음.《예기》〈곡례(曲禮)〉편에 보면-
「민서」들한테 사는 셈평을 물으면
집짐승 수를 세어서 대꾸한다. 間庶人之富
數畜以對」는 글귀가 있음.

민서 : '서민'은 왜제가 '민서'를 뒤집은 것임.
《어우야담(於于野談)》: 조선왕조 선조 때 문장가 유몽인이 지은 야담집.
천조일손(千祖一孫) : 천 명 윗대 가운데 한 핏줄만 살아남는다는 뜻.

입발굽병 이야기

우리 집에는 사내아이 종 말석(末石)이가 있다. 성품이 어리석어 나이 이십이 넘었는데도 자신이 태어난 해가 언제쯤인지 몰랐으며 열까지도 세지 못하였다. 나이를 물어보게 하면 대답하였다.

"연전에는 열일곱이었는데 지금은 열여섯이에요."

할 줄 아는 것이라고는 오직 나무 하는 것이었는데 열 묶음의 수도 헤아리지 못하는지라 힘으로 경중을 따져서 지고 왔다. 온 집안사람들이 비웃으며 그 연유를 물어보니 다음과 같았다.

그가 아이 적에는 용모 단정하고 타고난 성품이 영리하여 출중하였다. 가장이 들에 나가 김을 매면서 아이에게는 산딸기를 따오라 시켰다. 바야흐로 여름인지라 붉은 산딸기 열매가 숲 가득하여 맨살을 드러낸 채 광주리를 가지고 산딸기를 땄다. 어떤 마을 소가 그 숲에 매여 있었는데 무르익은 산딸기 열매가 그 소 아래에 많이 있는 것이었다. 그래서 기어서 다가가 따려는데 소가 놀라 치받더니 뿔 위에 올려놓은 채 날뛰어 아이는 십여 길 공중으로 솟아올랐다 땅에 떨어지고 말았다. 혼미해진 정신을 수습하지 못하자 소는 더욱 노하여 코 꿴 줄을 당겨 끊어 버리고는 받고 뛰어오르기를 너댓 차례 하니 뱃가죽이 세 갈래로 찢어져 오장육부 수십 자 길이가 쏟아져 나와 피가 도랑을 가득 채우니 까마귀가 다투어 쪼아 댔다. 나무꾼이 달려가 이 사실을 알리자 주인이 와서 보았는데 아이는 기절한 지 이미 오래였다. 아이를 안고 냇가에 나가 장을 씻어 뱃속에 도로 집어넣고 몇 리 떨어진 곳에 사는 의원을 찾아가 찢어진 곳을 꿰매고 또 장·기름·전초(全椒)·생지황 등을 먼 마을에서 구해 와 한데 섞어 여러 그릇을 만들어 입을 벌려 먹이니 밤이 되자 소생하였다. 수개월이 지나자 꿰맸던 살갗의 상채기도 다시 온전해졌으나 이로부터 정신이 갑자기 어지러워져 이처럼 어리석게 되었다고 한다.

그런 지 달소수 뒤에 소 주인이 소를 끌고 들판에 나가 놓아먹였는데 날이 저물어도 돌아오지 않았다. 집안사람들이 이상하게 여겨 찾아보니 소가 또 주인을 받아 죽여서 숲 속에 엎어져 있는데 까막솔개가 내장과 두 눈을 다 쪼아 먹었으며 마을 개들은 그 살을 갈가리 찢어 놓은 것이었다. 사람들은 마침내 그 소를 나무에 묶어 놓고 네 다리를 찢고 큰 도끼로 그 목을 잘랐다.

《어우야담》에 나오는 이야기입니다. 입발굽병이 걷잡을 수 없이 번져 나간다고 합니다. 유럽 대륙을 휩쓸더니 우리나라에까지 몰려와 가축을 기르는 농군들이 어쩔 줄 몰라합니다. 《어우야담》처럼 도끼로 어떻게 해서 될 일이 아니고, 무섭습니다. 이름 모를 돌림병으로 천조일손 하리라던 옛사람 참언(讖言)이 떠올라 머리칼이 솟구치는 듯합니다.

강도와 도적을 죽이고 베며,
등돌리고 달아나는 자는
사로잡아 들인다.

이른바 '제도권 질서'를 올러대거나
망가뜨리려는 자들에 대한
'일벌백계(一罰百戒)'를 말하고 있음.
사람을 해치거나 죽이고도 거리낌이
없는 자를 적(賊), 남 물건을 훔친 자를
도(盜), 임금을 저버리고 자기가 임금
노릇을 하려는 자를 반(叛), 나쁜 일을
저지르고 달아난 자를 망(亡)이라
하였음.

誅斬賊盜하고 捕獲叛亡하니라
주 참 적 도 포 획 반 망

誅 벨 주
斬 벨 참
賊 도적 적
盜 도적 도

捕 잡을 포
獲 얻을 획
叛 배반할 반
亡 없을 망

김부식(金富軾)과 정지상(鄭知常)

김부식(金富軾, 1075~1151)과 정지상(鄭知常, ?~1135)이 한 시대에 문장으로 드날리는 이름이 같았다. 두 사람은 서로 사이가 좋지 않았다. 세상에서 전하기를 지상의 「절에 염불소리 그치니 하늘빛 유리처럼 맑다.」라는 시구가 있었는데, 부식이 좋아해서 자기 시로 만들고자 달라고 했으나 끝내 듣지 않았다고 한다. 나중에 지상은 부식에게 죽임을 당하여 무서운 귀신이 되었다.

하루는 부식이 봄을 읊는 시에 「버들 빛은 천 가닥 푸른 빛이요, 복사꽃은 만 점이 붉은 빛이다.」 하였다. 갑자기 공중에서 정지상 귀신이 부식의 뺨을 치면서 "천 가닥 실과 만 점 복사꽃잎을 누가 세어 봤느냐? 어째서 '버들 빛은 가닥가닥 푸르고, 복사꽃은 점점이 붉다.'고 하지 않느냐?" 하였다.

부식은 마음으로 싫어하였다. 뒤에 어느 절에 가다가 정랑에 갔다. 부식이 볼일을 보려고 바지를 내렸는데 지상 귀신이 불알을 꽉 움켜잡아 부식의 얼굴이 붉게 물들자 묻기를 "술도 마시지 않았는데 어찌 얼굴이 붉으냐?" 하였다. 부식이 아픔을 참느라고 이를 옥물며 말하기를 "건너편 산 언덕 단풍이 얼굴에 비쳐서 붉다."고 하였다. 정지상 귀신이 불알을 잡고 있는 손에 더욱 힘을 주며 말하기를 "이 가죽주머니가 무엇이냐?" 하니, 부식이 말하기를 "너의 아버지는 쇠주머니냐?"고 하였는데, 낯빛이 바뀌지 않았다. 정지상 귀신은 더욱 힘주어 불알을 잡았다. 부식은 마침내 정랑 안에서 죽고 말았다.

이규보 《백운소설》에 나오는 이야기입니다. 묘청이 서경(西京)에서 대위국(大爲國)을 선포하고 년호를 천개(天開)라 하며 천견충의군(天遣忠義軍)을 일으켰을 때, 토벌대사령관을 했던 김부식이었습니다. 묘청을 인종에게 천거하며 뜻을 같이하였던 정지상은 김부식 손에 죽었습니다. 단재(丹齋) 신채호(申采浩)가 '조선역사 일천년래 제일대사건'이라고 했던 '서경전역(西京戰役)'에서 끝까지 버틴 사람들 가운데 일급자는 '서경역적(西京逆賊)'이라는 글자를 몸에 새겨 먼 섬으로 귀양 보내고, 이급자는 '서경(西京)'이라는 글자를 몸에 새겨 산골로 귀양 보냈으며, 주모자 처자들은 노비로 삼아 동북지역 여러 성으로 보냈습니다. 사대파와 자주파 싸움에서 자주파가 졌던 것이지요. 정지상이 죽은 지 33년 만에 태어난 이규보가 쓴 윗글에는 그때 사람들 안타까운 그리움이 담겨 있습니다. 귀신을 시켜서라도 분풀이를 하고자 했던 것이지요.

여포* 활쏘기와
웅의료* 방울 굴리기,
혜강* 거문고와
완적* 휘파람이며,

솜씨가 뛰어난 사람들에 대하여 말하고
있으니, 집안을 잘 꾸려 가기 위해서는
나날삶에 쓰이는 연장을 잘 다룰 수
있어야 한다는 점을 그루박기 위한 것임.

布射僚丸과 嵇琴阮嘯며

포　布　베 포
사　射　쏠 사
료　僚　벗 료
환　丸　알 환
혜　嵇　사람이름 혜
금　琴　거문고 금
완　阮　성 완
소　嘯　휘파람 소

여포(呂布, ?~198) : 힘이 세고 귀신 같은 활솜씨를 지녔던 중국 후한 말 무장. 처음에는 병주자사 정원(丁原) 손아래 있다가 그를 죽이고 동탁(董卓)에게 안기었으나 나중에는 동탁마저 죽였음. 뒤에 원술(袁術)과 손잡고 유비를 무찌르려 하였으나, 오히려 조조에게 붙잡혀 죽임당하였음.

웅의료(熊宜僚) : 춘추시대 초(楚)나라 사람. 혼자서 5백 명을 받아 낼 만한 천하역사였는데, 공놀이에 땅불쑥한 솜씨가 있어 공놀이를 할 때면 언제나 여덟 개 공은 하늘 가운데 있고 한 개만 손안에 있었다고 함.

혜강(嵇康, 223~262) : 중국 삼국시대 위(魏)나라 문인으로 거문고 솜씨에 뛰어났음. 자는 숙야(叔夜). 예교(禮敎)를 거스르고 노장(老莊)철학을 부르짖은 죽림칠현 한 사람으로, 작품에 한시 〈유분시(幽憤詩)〉, 산문 〈금부(琴賦)〉같은 것이 있음.

완적(阮籍, 210~263) : 자는 사종(嗣宗). 죽림칠현 한 사람으로, 도나캐나 예(禮)만을 부르짖는 속된 선비들을 시쁘게 (마음에 차지 않아 시들하게) 여기며 노장(老莊) 학문을 파고들었으나 정계에서 물러난 다음, 빼어나게 잘 부는 휘파람과 술과 청담(淸談)으로 나날을 보냈음. 지은 책에 《완사종집》 《달장론(達莊論)》이 있음.

포시(晡時) : 신시(申時). 곧 하오 3시 반에서 4시 반까지.

서돌 : 집 짓는 데 가장 쓸데 있는 서까래·도리·보·기둥 따위를 통틀어 일컫는 말.

건마(健馬) : 힘이 좋고 잘 달리는 말.

구슬이 서 말이라도 꿰어야 보배

신현(申眤)은 기운이 대단하였다. 그의 선조 가운데 서생(書生)이 있었는데 기운이 견줄
데 없이 뛰어났다. 30리 밖에 있는 좋아하는 기생을 늘 포시˚에 밥 먹고 난 다음 찾아가서
묵었다. 그가 길을 가다가 들 가운데 앉아 일을 보고 있는데 어떤 큰 호랑이가 등 위로 발을
짚는 것이었다. 신생(申生)이 천천히 말하였다.

"늙은이가 내 등 뒤에서 무엇을 하는가?"

손을 뒤로 돌려 호랑이 꼬리를 잡아 머리 위로 거꾸로 돌려 휙 집어 던지니 호랑이는 땅에
떨어져 죽어 버렸다.

현은 재주가 무뎌 글도 못하고 또 무업(武業)도 할 수 없었으나 함께 노는 사람들은 모두
이름난 선비였다. 개암과 잣을 먹는데 손가락으로 부스러뜨려 껍데기를 없이하였지 입이나
이빨로 깨트린 적이 없었다. 이각(李覺)이 뚱뚱하여 몸무게가 수백 근이었는데 신현은 그를
한 손바닥에 앉혀 놓고 공깃돌 가지고 노는 듯하였다. 친구 집 담 밖에 큰 서돌˚ 백여 그루를
쌓아 두고 담 안으로 들이고자 하였으나 한 그루에 대여섯 사람의 힘이 들어야 하므로 여러
이웃들에게 힘을 빌리고자 하니 현이 말하였다.

"내 자네를 위해 날라 줌세."

현이 담 밖에서 서돌을 들어 담 안으로 던지는데 마치 활로 화살 당기듯 하였다. 서돌
머리가 뜰에 떨어져 구덩이를 이루었는데 모두 여러 자 깊이었다.

나라에서는 그가 장사라는 말을 듣고 선전관으로 삼았다. 대가의 의장(儀仗) 가운데 용트림
무늬 큰 깃발이 있었다. 반드시 건마˚와 한 역사(力士)를 뽑아 말을 타고 그 깃발을 받들도록
하였는데, 여섯 면을 모두 긴 노끈을 써 당겨야 할 만큼 백 근이 넘는 무게에 길이는 백여
자였으나 현이 한 손으로 흔드니, 깃발에서 바람이 일어났다.

《어우야담》에 나오는 이야기입니다. 기운이 뛰어난 사람 이야기지만 힘만이 아니라
갖가지 솜씨가 빼어난 사람들이 많았습니다. 그러나 구슬이 서 말이라도 꿰어야 보배라는
말이 있듯이 그 빼어난 힘과 재주들을 알맞은 자리에 앉혀 많은 사람들에게 도움을 줄
수 있어야만 그 재주가 비로소 빛난다고 하겠습니다. 그것을 할 수 있는 사람을 우리는
지도자라고 부릅니다. 사람들은 지도자를 기다리고 있습니다.

몽념(蒙恬) 붓과
채륜(蔡倫) 종이,
마균(馬鈞) 썩 잘된 솜씨와
임공자(任公子) 낚싯대 같은
것들은,

진(秦)나라 몽념(蒙恬)은 토끼털로
붓을 매고 소나무 그을음으로 먹을
만들었고, 후한(後漢) 채륜(蔡倫)은
나무껍질·삼 줄기·끝 해진 베·물고기
그물로 종이를 만들었으며, 위(魏)나라
마균(馬鈞)은 수레에 탄 나무인형이
가리키는 곳이 반드시 남쪽을 향하게
하는 지남거(指南車)를 만들었고,
전국시대(戰國時代) 임공자(任公子)는
낚싯대를 만들었음.

념 필 륜 지
균 교 임 조

恬筆倫紙와 鈞巧任釣라

恬
편안할 념

筆
붓 필

倫
인륜 륜

紙
종이 지

鈞
서른근 균

巧
교묘할 교

任
맡길 임

釣
낚시 조

벌잇길 : 벌이. 벌잇줄. 일자리, 하는 일. 생업(生業).

인민운동가 토정(土亭) 이지함(李之菡)

《토정비결》로 잘 알려진 토정 이지함 선생은 이상야릇한 선비였습니다. 베옷을 입고 짚신을 신었으며 대삿갓을 쓰고 자루를 짊어진 채 걸어다녔습니다. 때로 사대부(士大夫)들 사이에서 노닐기도 하였는데, 아무것도 어려워하지 않았으며 여러 가지 잡술에도 통하지 않는 데가 없었습니다. 조그마한 조각배를 타고 네 귀퉁이에 큰 바가지를 매단 채 세 번이나 제주도에 들어갔는데도 어려움을 당하지 않았습니다.

손수 장사를 해서 백성을 가르쳤고, 맨손으로 벌잇길*에 힘써 몇 해 만에 수만 석에 이르는 곡식을 쌓았는데, 가난한 백성에게 모두 나누어 준 뒤 소매를 떨치고 갔습니다. 바다 가운데 있는 섬에 들어가 박씨를 심었는데 열매를 맺은 것이 수만이나 되었습니다. 박을 갈라 바가지를 만들어 그것으로 곡식을 사니 곡식이 거의 천 석이나 되었는데, 이 곡식도 경강 삼개로 실어 날라 강마을 사람들한테 나누어 주었습니다.

우묵한 길에 흙을 쌓아 가운데 높이가 백 자인 흙집을 지어 이름을 토정(土亭)이라 하고 밤에는 집 아래에서 잠들고 낮에는 지붕 위에 올라가 살다가 얼마 지나지 않아 그 집을 버렸습니다. 또 솥을 짊어지고 다니는 것을 싫어해서 쇠갓을 만들어 벗어서는 밥을 짓고 씻어서는 관으로 썼습니다. 팔도를 두루 돌아다니면서도 탈것을 빌리지 않고 걸어다녔습니다. 천한 사람들 일을 몸소 겪어 보지 않은 것이 없었으며, 남한테 매 맞는 것까지도 스스로 겪어 보고자 하였습니다.

하루는 살림집에 뛰어들어가 주인 내외 곁에 앉으니 주인이 크게 성내어 때려 쫓아내려다가 늙었으므로 그냥 내쫓았고, 또 볼기를 때리는 형벌을 받으려고 일부러 벼슬아치 앞길을 가로질러 갔는데, 화를 낸 벼슬아치가 볼기를 때리려다가 그를 한참 쳐다보고서는 그의 생김새가 이상야릇하므로 그만두었습니다.

《토정비결》을 지은 이인(異人)으로만 알려진 이지함 선생은 요즘 말로 하자면 인민사상가였습니다. 봉건사회의 온갖 올가미에 걸려 끙끙거리는 인민들 삶을 바로잡아 주고자 밤을 낮 삼아 뛰어다녔던 인민운동가였습니다.

책을 읽고 깊이 생각하여 깨친 참길을 세상에 두루 펴고자 양반 따논자리를 던져 버렸던 참사람이었습니다.

얽힌 것을 풀어
세상을 이롭게 하니,
모두 다 아름답고 빈틈없는
것들이었다.

앞 대문 두 구절 뜻을 기려서 매듭지은
것으로, 여포(呂布)·웅의료(熊宜僚)·
혜강(嵇康)·완적(阮籍)·몽념(蒙恬)·
채륜(蔡倫)·마균(馬鈞)·임공자(任公子)
같이 한 가지 솜씨에 밝은 사람들이
세상을 이롭게 해 준 것을 말하였음.

釋_석紛_분利_이俗_속하니 竝_병皆_개佳_가妙_묘니라

釋 풀 석	竝 아우를 병
紛 어지러울 분	皆 다 개
利 이로울 리	佳 아름다울 가
俗 세상 속	妙 묘할 묘

가묘(佳妙) : 모두 아름다움을 뜻하는 말이지만– '가(佳)'는 훤칠한 키에 건장한 몸매를 한 '남성미'를 가리키고, '묘(妙)'는 꽃처럼 부드럽고 아리따운 '여성미'를 가리킴.
이음고리 : 걸림. 얽힘. 관련(關聯).

'실용주의 교육'에 대하여

자주성과 창조성 그리고 의식성을 가진 사회적 존재를 가리켜 '사람'이라고 부릅니다. 그런데 사람이라는 것은 타고날 때부터 누구나 이런 바탕을 지니는 것이 아니고, 자라면서 저절로 이루어지는 것도 아닙니다. 바로 '교육'을 거쳐서만 이루어집니다. 교육에서 가장 대모한 갈 길이 있다면 사람들로 하여금 자기 자신이 세계와 자기 운명의 주인이라는 깨달음을 주는 것입니다. 그런 깨달음을 바탕으로 자주적으로 우뚝 설 수 있게끔 힘을 키워 줘야 합니다.

우리 사람무리는 원시공산사회가 무너지고 사유재산이라는 것이 법이라는 이름의 틀로써 짜여지면서부터 빈틈없는 권위주의인 계급사회에서 살아왔습니다. 교육이라는 것도 따라서 빈틈없이 계급사회에 맞춰지게끔 이루어져왔지요.

오늘 우리 사회는 '돈이 모든 것의 주인이고 모든 것을 결정'하는 자본주의 극성 시대입니다. 이러한 사회에서 교육은 사람들을 자본의 틀거리에 맞게끔 길들이는 구실을 하고 있습니다. 자본의 사회는 오로지 돈만을 위한 이기주의가 다스리는 사회입니다. 이러한 사회에서 교육은 사람들에게 이기주의 바탕이 되는 개인주의를 키워 주며 개인의 즐거움만을 그리워하는 생각을 심어 줍니다. 자본주의 사회에서 사람들은 자본가가 되어 남을 빨아 먹거나 자본가들에게 부림받아 그들 손발이 되는 두 가지 길밖에 없습니다. 자본의 사회에서 교육은 바로 이 두 가지 길 가운데 한 가지를 골라잡도록 사람들을 가르친다 이런 말씀이올시다.

실용주의 교육이론에서 본바탕이 되는 것이 이른바 '유전자 결정론'입니다. 무엇으로도 바뀔 수 없는 유전자 나음과 못함에 바탕해서 교육이 이루어져야 한다고 보는 것입니다. 사람에게는 물론 부모한테서 물려받은 바탕과 배냇솜씨, 곧 타고난 바탕이라는 것이 있습니다. 생물학적으로 본다면 이 타고난 바탕이 곧 유전자이겠지요. 그렇다고 해서 사람 됨됨이가 이 생물학적 타고난 바탕에 따라서만 아퀴지어질까요? 아니지요. 생각과 알음알이에 따라서 아퀴지어집니다. 그리고 이 생각과 알음알이라는 것은 타고나는 것이 아니라 교육과 모둠살이를 좇아서 이루어집니다. 어떠한 교육을 받고 어떠한 사회적 이음고리*를 맺는가, 곧 어떠한 사회적 입김을 받는가에 따라 아퀴지어지니, 교육 대모함이 여기에 있습니다. 그런데 오늘 우리 교육이 놓인 자리는 어떠한가요?

毛施淑姿는 工嚬姸笑이니라

모시숙자 공빈연소

毛 터럭 모
施 베풀 시
淑 맑을 숙
姿 맵시 자

工 바치 공
嚬 찡그릴 빈
姸 고울 연
笑 웃을 소

모장(毛嬙)과 서시(西施)는
생김새가 아름다워,
찡그리는 모습도 마침맞고
웃는 모습은 곱기도 하다.

모(毛)는 춘추시대 오(吳)나라
일색(一色)으로 월왕(越王) 구천(句踐)
애첩이었는데, 모장(毛嬙) 또는
모질(毛叱)이라고 함.
시(施)는 월(越)나라 일색 서시(西施)로
범려(范蠡)가 오왕(吳王)에게 바쳤는데,
오나라를 없애버린 다음 범려가 다시
데려다가 조각배에 싣고 오호(吳湖)에서
노닐며 돌아오지 않았다고 함.
서시가 배가 아파 얼굴을 찡그리는데
마을 못생긴 여자가 보고 아름답게
여겨 얼굴을 찡그리므로 웃음거리가
되었다고 함.

모시(毛施) : 중국을 비롯한 동북아시아에서 가장 꿈같은 여성상이 '모시'였던 바, 남성들이 가장 좋아하는 모시처럼
되고자 하는 여성들 꿈이 '단장술'을 좋아지게 하였음.
한아비 : 윗대. 윗대 어른. 뿌리. 조상(祖上).
한바닥 : 복판. 사북. 중심(中心).
느리 : 사슴·삵·범·곰 따위 큰 갈래에 딸린 짐승.
토록 : 작은 갈래 짐승.

아름다움에 대한 생각 1

'아름다움'이라는 것 본바탕에 대하여 생각해 봅니다. 땅별이라는 이름으로 이 누리에 살아 숨 쉬고 있는 모든 미적이들이 제가끔 스스로 타고나 지니고 있는 목숨 바탈에 대하여.

양 양(羊) 자 밑에 큰 대(大) 자가 붙어 있는 것이 아름다울 미(美) 자입니다. 《시경(詩經)》이라는 중국 옛 책에 나오는 말로 '예쁠 미' '좋을 미' '맛날 미'라고도 합니다. 큰 대 자는 사람이 두 손과 두 발을 활짝 벌리고 서 있는 모습으로 애초 사람 생긴 꼴, 곧 사람 인(人) 자를 본뜬 것입니다. 목숨 밑뿌리인 땅덩어리를 굳게 딛고 선 두 다리와 더불어 함께 살아가야 할 뭇 목숨들을 끌어안기 위한 두 팔을 활짝 벌리고 서서 힘껏 껴안은 둘레 크기를 가리켜 '아름'이라고 합니다. '한 아름'이라고 하면 '아주 많다' '양이 많고 넉넉하다'는 뜻이니, 부피 크기를 뭉뚱그린 생각에서 비롯된 것이 아름다움인 것이지요.

아득한 옛날 우리 사람무리가 사냥과 찾아모으기를 해서 살아가던 원시시대에는 양이라는 숨탄것이 매우 종요로웠습니다. 양 고기와 젖은 먹을거리로, 양 털과 가죽은 또 추위를 막아 주는 연모로 쓰였습니다. 믿음 자리에서 양을 거룩하게 받아들였던 사람무리 한아비*들은 양 머리 껍데기나 살가죽을 머리에 쓰고 노래를 부르면서 춤을 추었습니다. 오늘 즐겁고 보람찬 삶을 마음속으로 맞춰 봄으로써 후제 즐겁고 보람찬 삶을 다짐받기 위한 하나 제사 자리였습니다. 목숨을 배겨 내기 위하여 땀 흘려 일한 뒤끝 놀이판이었습니다. 일과 놀이가 한가지로 아우러진 흥겹고 신나는 잔치 마당이었던 것입니다.

제사마당이라고 부르든 놀이판이라고 부르든 이러한 판 한바닥* 되는 참뜻은 아름다움이었습니다. 아름다움이라는 것은 이처럼 사람무리 삶과 빈틈없는 이음고리를 맺고 있습니다. 아니, 삶 바로 그것입니다. 삶 애타는 본바탕 그리움에서부터 나온 것이 '아름답다'라는 말인 것입니다.

아름답다라는 뜻 미(美)와 착하고 좋다는 뜻 선(善)은 애초 같은 뜻이었습니다. 모두가 똑같이 양(羊)에서부터 나왔습니다. 사냥을 나가서 느리*를 잡았을 때 하늘 밑에 벌레들이 맨 처음 소리친 것은 "크다."라는 말이었습니다. 잡아온 느리 또는 토록* 고기나 나무에서 따오고 풀에서 뽑아 온 열매와 뿌리를 갈무리하고자 그릇을 만들고 나서 한 말은 "좋다."였습니다. 알맞게 만들어졌으므로 좋은 것입니다. 잡아 온 짐승 가죽으로 추위를 막아 줄 옷을 만들고 나서는 또 "좋다."고 하였습니다. 살아가는 데 쓸모 있는 것들을 얻게 되었으니 좋을 수밖에 없었습니다. 넘치지도 않고 모자라지도 않게 꼭 알맞아 아름다우므로 좋았고, 좋은 것은 그러므로 아름다운 것이지요.

年_년矢_시每_매催_최건만 義_희暉_휘朗_낭曜_요라

年 해 년
矢 화살 시
每 매양 매
催 재촉할 최

義 복희 희
暉 햇빛 휘
朗 밝을 랑
曜 빛날 요

세월은 화살과 같이 늘 다그치건만, 아침 햇빛은 밝고 빛나기만 하누나.

덧없는 세월 속에서도 새로운 아침을 다짐하고 있으니– 앞에 나오는 '모장(毛嬙)·서시(西施)' 아름다움도 살처럼 빨리 지나가는 세월 앞에서는 덧없을 뿐만 아니라, 한결같이 빛나는 아침 햇살 아름다움에 비하면 별것 아니라는 말로서, 군자(君子)가 여색(女色)에 빠지는 것을 잡도리하고 있음. '희휘(羲暉)'는 복희씨(伏羲氏) 다른 이름으로 '태양'을 가리킴.

눈비음 : 남 눈에 들게끔 겉으로만 꾸미는 일.
잔자(殘滓) : '滓' 본디음은 '자'이다. 좌(左)에서는 본디음인 '자'를 주장했지만 우(右)에서는 '재'를 주장했다. (8·15 직후) 우익에서 남쪽을 장악하면서 '재'로 굳어졌다. 본디음인 자로 읽어야 한다.
싹슬바람 : 태풍(颱風).
소드락질 : 남 천량(돈·재물)을 빼앗는 것.

아름다움에 대한 생각 2

구약 〈창세기〉를 보면 하나님이 천지를 창조하고 나서 하신 말씀이 "하나님께서 보시니 좋았더라."입니다. "아름다움은 크기와 질서에 있다."라고 말한 것은 아리스토텔레스였습니다. 양 동서를 그만두고 아름다움을 보는 눈은 똑같았습니다. 삶 애타는 그리움을 떠난 아름다움이라는 것은 있을 수 없습니다. 나날 삶에서 우러나오는 온갖 느낌이며 꿈과 싹수를 참되고 살아 움직이게끔 비추어 내는 것이 곧 아름다움이기 때문입니다. 이른바 '예술'이지요.

낡아 버린 말이지만 참으로 아름답지 못한 오늘입니다. 내남적없이 모두가 미쳐 있는 것 같습니다. 지구라는 이름 땅별 위에 살고 있는 사람무리 모두가 그렇습니다. 모두가 자본주의라는 통 속에 갇혀 버린 세계는 그러므로 그대로가 이미 아수라장 화탕지옥입니다. 오직 한 가지 값어치라는 게 있다면 그것은 돈입니다. 돈이 모든 것 주인이므로 모든 것을 아퀴짓습니다.

8·15를 맞으면서도 눈비음*에 지나지 않는 기념식 빼놓고는 누구도 참으로 왜제 잔자* 청산을 이야기하는 사람이 없습니다. '월드컵 광풍' 속에서 왜색 문화가 한꺼번에 덮쳐오는 데 대한 걱정은 묻혀 버린 지 오래입니다.

우리가 쓰고 있는 말 가운데 왜식 한자어로 된 왜말이 구할도 넘습니다. 더하여 싹슬바람*처럼 몰려오는 '영어 제국주의' 골칫거리는 또 어떻게 한다는 것인지요. 끝없이 생산수단을 고쳐 나가면서 생산력을 드높여 온 것이 사람무리 지나온 발자취입니다. 좀 더 즐겁고 손쉽게 살기 위하여 끊임없이 욕망이라는 이름 수레바퀴를 굴려 온 발자취인 것입니다. 하늘 밑에 벌레들이 보다 손쉽고 걱정 없이 즐거운 육체주의적 삶을 위하여 살터를 결딴내고 소드락질*하며 업신여겨 온 끝에 이제는 거꾸로 살터한테서 무차별 앙갚음을 당하고 있는 것인데, 어떻게 할 것인지요. 스스로 짓고 스스로 받는 업보일 뿐이라고 한숨만 쉴 것인지.

이제는 이른바 '컴본주의 시대'입니다. 컴퓨터가 모든 것을 대신해 줍니다. 나날삶은 물론이고 수많은 사람들 목숨이 걸려 있는 전쟁마저도 전자놀이 마당으로 그 꼴이 바뀌어 버렸습니다. 새로운 세기 아침을 핏빛으로 물들이고 있는 저 '바벨탑 사태'와 '아프가니스탄 참극'은 무엇을 말해 주고 있는지요. 실시간대로 중계되고 있는 대살륙 '드라마'를 보면서 사람들은 과연 무슨 생각을 하는지. 이드거니 미루어 짐작했던 일이지만 세계는 시방 컴퓨터 다스림을 받는 식민지가 되어 버렸고 사람들은 컴퓨터 제국주의 종이 되어 버렸습니다. 그렇게 되어 가고 있습니다.

 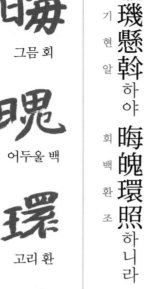

璇 옥이름 선

晦 그믐 회

璣 선기 기

魄 어두울 백

懸 매달 현

環 고리 환

斡 돌 알

照 비칠 조

璇璣懸斡하야 晦魄環照하니라
선기현알 회백환조

선기옥형(璇璣玉衡)은
매달린 채로 돌고,
그믐이 되면 빛 없는 달이
둘레만 비칠 뿐이다.

하늘 그림본*인 '선기옥형'이 굴대*에
매달려 돌아가는 것은,
초승달부터 그믐달까지 달들이 찼다
이지러졌다 하는 것을 되풀이해서 비춰
준다는 말임.

선기(璇璣) : 북두칠성 가운데 첫째 별에서 넷째 별까지, 곧 국자 꼴에서 자루 어섯에 당해하는 네 별을 가리키는 말이
니- 여기서는 천문을 살펴보기 위하여 만든 천체 꼴을 말함. 옥으로 꾸몄으므로 '선기옥형(璇璣玉衡)'이라고도 부르
는데, 후한(後漢) 때 장형(張衡)이 더 고쳐 만든 것이 '혼천의'임.
그림본 : 틀. 본. 골. 판. 숫본. 본보기. 거푸집. 새끼꼴. 어미골. 어미꼴. 바탕틀. 모형(模型).
굴대 : 돌대. 심대. 축(軸).
사문(沙門) : 중. 스님. 승려(僧侶).
속닥하다 : 호젓하다. 무서운 느낌이 들 만큼 고요하고 쓸쓸하다.
화라지 : 땔나무로 쓰이는 가로퍼진 긴 나뭇가지.
물끄럼말끄럼 : 서로 말없이 얼굴만 물끄러미 보다가 말끄러미 보다가 하는 꼴.

첫 새벽 깨달음

달도 없는 밤길을 두 사람 사문*이 걸어가고 있었습니다. 바람이 불 때마다 그들 먹물옷자락이 깃발처럼 흩날렸고, 바랑 무게 탓인가. 그들 등은 굽어 보였습니다. 짐승들 울부짖음이 들려왔고 사람 발걸음 소리에 놀란 멧새들이 솟구쳐 오를 때마다 이슬 먹은 나뭇잎은 또 잔물결처럼 가느다랗게 흔들리는 것이었습니다.

밤이 깊어 가고 있었습니다. 가야 할 길은 상기도 멀었지만 자야 할 때였습니다. 두 사람은 속닥한* 데를 골라 바랑을 베고 누웠습니다. 그리고 이내 깊은 잠 속으로 빠져 들었습니다.

때가 얼마나 흘렀을까. 사문 하나가 부시시 몸을 일으켰습니다. 자꾸만 잔입맛을 다시는 것으로 봐서 몹시 목이 마른 듯하였습니다. 먹물을 뿌린 듯 네둘레는 캄캄한 어둠이었는데, 더듬거리며 물을 찾는 그 손에 잡히는 것이 있었습니다. 물이 담긴 표주박이었습니다. 단숨에 마셔 버린 그는 다시 잠이 들었습니다.

멧새들이 우짖는 소리에 그들은 눈을 떴습니다. 우듬지며 화라지*에 앉은 멧새들이 저마다 다른 목소리로 노래를 부르고 있었고, 햇빛이 쏟아져 내리고 있었습니다. 그렇게 또 하루가 가고 또 다른 하루가 비롯되는 아침이 온 것이었습니다.

두 사람은 서둘러 몸을 일으키다 말고 물끄럼말끄럼* 하였습니다. 그들이 어젯밤 잠들었던 곳은 옛 무덤 자리였던 것입니다. 여기저기 사람 뼈다귀가 널려 있고 바람이 불 때마다 이리저리 흘러 다니는 해골에는 송장 썩은 물이 고여 있는 것이었습니다. 그 물을 마셨던 사문이 낯을 찌푸리면서 토악질을 하였습니다. 그렇게 술 취한 사람처럼 토악질을 하던 사문이 벌떡 일어났습니다. 그리고 덩실덩실 춤을 추는 것이었습니다. 그가 말하였습니다.

"소승은 이제 돌아가야겠습니다. 구태여 머나먼 당나라 땅까지 가서 불법을 배울 일이 없어졌으니까요."

"……"

"똑같이 해골바가지에 고인 물인데 왜 어젯밤엔 달고 시원했으며 오늘은 토악질을 하게 되는 걸까요?"

앞에 있던 사문은 대꾸를 못 하였고, 춤을 추던 사문이 큰 소리로 웃어 제쳤습니다.

"마음입니다, 마음. 모든 것이 다 마음으로 지어내는 것이다, 이런 말씀이올시다."

이것은 저 유명짜한 원효 스님 이야기입니다. 일체유심소조(一切唯心所造)라고 하였습니다. '마음'을 깨친 사람이 부처라고 합니다. 마음이라고 하는 마음, 그 마음은 참말로 어디에 있는 것일까요?

복을 닦는 것은 손가락으로
장작을 지피는 것과 같으니,
오래도록 푸근하여 상서로움이
높아지리라.

사람이 이 세상을 살아간다는 것은
장작을 태우듯 몸뚱이를 태워 가는
일이니-
착한 일을 많이 해서 아름다운 덕을
쌓고 보면, 그 복이 장작 불씨처럼
자손들한테로 이어질 것이라는 말임.

指薪修祐하야 永綏吉邵하니라
지 신 수 우   영 수 길 소

指 손가락 지

薪 장작 신

修 닦을 수

祐 복 우

永 길 영

綏 편안할 수

吉 길할 길

邵 높을 소

신(薪) : 잘라서 써야 하는 땔감. 곧 도끼로 팬 '장작'을 말함. 땔감으로 쓰는 섶나무는 '시(柴)'라고 함.
퍼짐말 : 시쳇말. 유행어(流行語).
반잠 : 불안한 선잠.
찬잠 : 온전한 단잠.

석가님과 미륵님

"부자 되세요."

저잣거리 퍼짐말*이라고 합니다. "복 많이 받으시라."는 말은 했지만, "부자 되시라."는 말은 하지 않았습니다. '부자'라는 말이 지니고 있는 어쩔 수 없는 '반사회성'을 생각했던 것이었지요. 그런데 요즈음은 멈칫거리거나 눈치를 보지도 않습니다. 곧바로 찌르듯이 그냥 말해 버립니다. '자본주의 만세!'가 된 것입니다. 그런데 어떻게 무슨 재주로 부자가 될 수 있나요? 복 많이 받아서 부자 되시라는 이 참으로 복 받을 말 속에 들어 있는 무서운 '이데올로기'를 사람들은 잘 모르고 있습니다. 예전부터 내려오는 노랫소리가 떠오릅니다. 아무리 눈을 씻으며 찾고 또 찾아봐도 보이지 않는 '복'을 그리워하며 풀잎사람들이 불렀던 노래입니다.

미륵님의 세월에는 섬들이 말들이로 먹고 마시고 인간 세상이 태평하더니
석가님이 내려와서 이 세월을 빼앗고자 마련하와
미륵님의 말씀이 아직은 내 세월이요 네 세월이 아니다
석가님 말씀이 미륵의 세월은 다 갔으니 내 세월이 분명하다
미륵님이 말하기를 네 세월인 줄 알겠거늘 내기를 시행하자 더럽고도 까다로운 석가야
그러거든 동해 중에 금병에 금줄 달고 석가는 은병에 은줄 달아라
미륵님 말씀이 내 병의 줄이 끊어지면 네 세월이 되어지고 네 병의 줄이 끊어지면 네 세월이
아니노라
동해 중에 석가님 줄이 끊어져서 석가 내밀기를 내기 시행 한 번 더하자
압록강 두만강에 강을 붙이겠느냐
미륵은 동지채를 놀리고 석가는 입춘채를 놀리니 미륵님 채질에 강이 맞붙어 석가님이
졌구나
석가님이 내기 시행을 청하되 나와 네가 한 방에 누워 모란꽃이 모랑모랑 피어서 내 무릎에
올라오면 내 세월이요 네 무릎에 올라오면 네 세월이다
석가는 도적 심사를 먹고 나서 반잠*을 자고 미륵님은 찬잠*을 자 버렸구나
미륵님 무릎 위에 피어오른 모란을 석가님이 가져다가 제 무릎에 꽂았더니 더럽고
까다로운 세상이 되었구나
내 무릎에 꽃이 피었으나 네가 가져갔으니 꽃이 시들어 열흘이 못 가고 십 년을 못 가리라
미륵님이 석가의 성화에 못 이기어 세상을 넘겨주고 떠나실 제
네 세상이 다해지면 나는 다시 찾아오마 하시니
미륵님 떠나실 제 잡지 못함이 한이로다.

자로 잰 듯 법도대로 걷고,
옷깃을 얌전하고 바르게
여미며
조정 일을 깊이 생각해서
치러 내야 하며,

조정에서 정사를 돌볼 때 몸가짐과
마음가짐을 말하고 있으니- 윗대들
가르침과 숨은덕을 생각해서 옷차림과
걸음걸이를 늘 똑바르게 하고, 조심하는
마음가짐으로 빈틈없이 일을 치러 내야
한다는 뜻임.

矩步引領하고 俯仰廊廟하며
구 보 인 령
부 앙 낭 묘

俯 구부릴 부
仰 우러러볼 앙
廊 행랑 랑
廟 사당 묘

矩 법 구
步 걸음 보
引 이끌 인
領 옷깃 령

구보(矩步) : 자로 잰 듯 법도에 딱 들어맞는 걸음걸이.
인령(引領) : 옷깃을 깔밋(바르게)하게 여미는 일.
부앙(俯仰) : 깊이 생각하다. 깊이 헤아리다. 심사숙고(深思熟考).
낭묘(廊廟) : '낭(廊)'은 대궐 대전(大殿) 둘레에 딸린 여러 전각들을 말하고, '묘(廟)'는 선왕(先王)들 초상을 모셔 놓은 사당을 뜻하니- 곧 '조정(朝廷)'을 가리키는 말임.

돈 없으면 되는 일이 없다

이보림(李寶林)이라는 사람이 있었습니다. 자는 천각(天覺)이고, 익재(益齋) 이제현(李齊賢, 1287~1367) 손자였습니다. 문학에 능하였고 됨됨이가 바르고 곧았으며 다스리는 데 너름새가 있었습니다. 경산부사(京山府使)가 되었을 때 길을 가다가 어떤 부인 곡소리를 듣고 '곡소리가 슬퍼하지 않고 좋아하는 것처럼 들린다' 생각하고 잡아다 족쳐 물어보니, 짜장 샛서방과 짜고 본서방을 죽인 것이었습니다.

어떤 사람 말이 뛰어나와서 남 밭 보리싹을 다 먹어 버렸습니다. 보리밭 임자가 관에 알리려 하니 말 임자가 "나도 보리밭이 있으니 익거든 당신에게 줄 테니 관에 알리지 말아 달라."고 해서, 보리 임자는 들어주었습니다. 여름이 되어 보리싹이 다시 돋아나 어느만큼 거둘 수 있게 되었습니다. 말 임자가 "당신 보리도 익었다."며 언약한 것을 주지 않았습니다. 보리 임자가 소송을 냈더니 보림은 말 임자는 앉히고 보리 임자는 세워 놓고 이르기를

"같이 달음박질을 치는데, 못 쫓아가는 자에게는 벌을 내릴 것이다."

두 사람이 죽을 둥 살 둥 달음박질치는데 마침내 말 임자가 따라가지 못하고 따지기를

"저 사람은 서서 가고 나는 앉아서 가게 하니 어떻게 따라가란 말입니까?"

보림이 말하였습니다.

"보리도 그렇다. 다 뜯어 먹고 난 다음에 싹이 돋아난 것이 제대로 익겠느냐? 네가 말을 내놓아서 남 보리를 뜯어 먹게 한 것이 죄가 하나요, 관에 고소하지 못하게 한 것이 죄가 둘이요, 언약을 어기고 주지 않은 것이 죄가 셋이다. 법을 어지럽게 한 백성은 벌주지 않으면 안 된다."

마침내 법에 따라 볼기를 때리었습니다. 그리고 보리를 고소한 사람에게 돌려주게 하였습니다. 그가 백성을 다스림에 있어 바르고 시원스러운 것이 이와 같았습니다.

《고리사》〈열전〉에 나오는 이야기인데, 나라살림을 맡아보는 이들은 새겨 읽어야 할 것입니다. 수많은 풀잎사람들이 피눈물을 흘리고 있습니다. 복장 터지게 원통하고 절통한 일을 당해도 어디 가서 하소연해 볼 데가 없습니다. 이른바 '민원실'이라는 것이 있고 '국민고충처리위원회'라는 것이 있으며 '경찰서'도 있고 '법원'도 있지만, 거기까지 갈 수 있는 길이 너무나 멉니다. 돈이 없기 때문입니다. '무물불성(無物不成)'이라는 옛 문자가 있습니다. 돈이 없으면 되는 일이 없다는 뜻이니, 예나 이제나 똑같은 세상인 것 같습니다.

옷갓°을 갖춰 떳떳한
몸가짐을 하고,
바장이면서° 이곳저곳을
바라보며 골똘히 생각한다.

의관정제(衣官整齊), 곧 옷갓을 반듯하게
하고 여기저기 두리번거리지 말라는
것이니, 벼슬살이를 하는데 배움과
어짊을 갖춰 그 틀거지°를 잃어서는 안
된다는 말임.
'속대(束帶)'란 관을 쓰고 띠를 매어 몸을
잡도리°하는 것을 말하니, 의관정제하여
반듯하게 드레(위엄)진 모습을 뜻함.

束帶矜莊하고 徘徊瞻眺하니라
속대궁장 배회첨조

束 묶을 속
帶 띠 대
矜 자랑할 긍
莊 씩씩할 장

徘 어정거릴 배
徊 어정거릴 회
瞻 볼 첨
眺 바라볼 조

옷갓 : 의관(衣冠).
바장이다 : ①부질없이 짧은 거리를 오락가락 거닐다. ②마음에 걸리는 것이 있어서 머뭇머뭇하다.
틀거지 : 틀. 드레. 무게. 위엄(威嚴).
잡도리 : 잡죔. 닦달. 당조짐. 단속(團束).

사람 얼굴을 가진 '법'

이숙남(李叔男)이라는 이름난 장수가 있었습니다. 조선왕조 처음 때 사람으로 그 몸가짐이 그야말로 '청렴결백'하여 벼슬살이할 때 터럭만큼이라도 법도에 어긋나지 않았습니다. 다만 마음씨가 몹시 사나워 종이 허물을 저지르면 그 자리에서 곧장 화살을 쏘았습니다. 종이 말을 부리는데 말 등에 난 종기가 보였습니다. 그러자 곧바로 칼을 가져오더니 종 등허리 살껍데기를 벗기는데, 꼭 말 등에 난 종기 크기와 똑같은 것이었습니다. 그러면서 말하였습니다.

"말과 사람이 뭐 다를 것 있느냐."

하루는 준치를 먹는데 뼈가 많았습니다. 더구나 등골뼈가 단단하였습니다. 그런데 천천히 잘게 씹어 먹지 않고 그냥 삼켜 버렸습니다. 그래서 준치 등골뼈가 목구멍에 가로 걸리고 말았지요. 그러자 그는 곧바로 활시위를 가져오더니 그 줄을 초에 담그는 것이었습니다. 그리고 손으로 한 끝을 잡고 다른 한 끝은 목구멍에 삼킨 다음 손으로 힘껏 잡아당기는 것이었습니다. 그러자 준치 등골뼈가 시위 줄에 걸려 나오는데, 목구멍 속 살점이 조각조각 찢어져 붉은 피가 퍼붓는 듯 쏟아졌습니다. 그러자 물을 가져다 양치질을 하는데 낯빛 하나 바뀌지 않았습니다. 그는 곧바로 준치를 다 먹어 치웠습니다.

으스스합니다. 끔찍한 이야기지요. 그야말로 옛날이야기에 지나지 않는다고 할지 모르지만, 세상에는 이런 사람도 있습니다. 이른바 '법대로만' 하는 사람들 말입니다. 사람을 위해서 만들어진 것이 '법'입니다. 깊게 파고들어 가보면 법이라는 것은 이른바 '가진 자'들이 자기들이 가지고 있는 온갖 따논자리를 지켜 내기 위해서 높다랗게 쳐 놓은 가시철망 또는 촘촘하게 짜 놓은 그물망에 지나지 않는 것입니다만, 사람들 보다 근심걱정 없는 삶을 위해서 만들어진 것이라고 보면 되겠지요.

법이 먼저가 아니고 사람이 먼저입니다. 사람 얼굴을 한 법이 되어야 하는 것입니다. 제아무리 촘촘하게 짜 놓은 법 그물이라고 할지라도 큰 고기는 다 빠져나가고 피라미 송사리 같은 작고 힘없는 고기들만 잡을 수 있는 그물이라면 그게 무슨 그물이겠습니까. 그물을 다시 짜야겠습니다.

孤陋寡聞하야 愚蒙을 等誚하나
고 루 과 문 　 우 몽 　 등 초

외로울 고
孤

더러울 루
陋

적을 과
寡

들을 문
聞

어리석을 우
愚

어릴 몽
蒙

같을 등
等

꾸짖을 초
誚

홀로 배워서 보고 듣는 것이 적으니,
내 비록 어리석고 아둔해서 꾸짖음을 들을 만하나,

'고루(孤陋)'는 뚜렷한 스승도 없고 절차탁마(切嗟琢磨)할 동무들도 없이 혼자 하는 궁구(窮究), 곧 '독학자'를 가리키는 말임. 예로부터 '독공부'를 하는 사람 가운데는 '평균적 사유'에서 벗어나 '창조적 사유'를 하는 뛰어난 사람도 있지만 객관적 검증절차 없이 주관적으로 궁구하였으므로 흔히 자기도취에 빠져 '균형감각'이 떨어지는 경우가 많으니- '고루하다', 곧 하는 짓이 변변치 못하다는 말이 나오게 된 까닭임.

사생유명(死生有命) : 사람이 죽고 사는 것이 운명에 달려 있다는 뜻으로, 사람 힘으로는 어찌할 수 없음을 이르는 말.
부귀재천(富貴在天) : 부귀를 누리는 일이 하늘 뜻에 달려 있어 사람 힘으로는 어찌할 수 없음을 이르는 말.
뒤쪽 : 반대(反對).

배우지 않으면 소인(小人)이 된다

"사생유명(死生有命)*이요 부귀재천(富貴在天)*이라지먼…… 사람이 제아무리 힘든
곡경에 츠헤 있다구 헐지라두 숨이 끊어지넌 그 마지막 시까지 폐허지 말어야 될 것이
있은즉……."
할아버지는 잠깐 말씀을 끊더니 엄한 눈빛으로 이 중생을 바라보시었습니다. 고등학교를
들어가지 못한다고 해서 궁구를 하지 않고 장 밖으로만 싸돌아다녀서야 되겠느냐는
말씀이었습니다. 할아버지가 걱정하시는 궁구(窮究)는 한학(漢學)이었습니다. 신학문이야
그만큼 하였으면 되었으니 이제부터 다시 한학을 하라시는 것이었습니다. 이 중생은
가만히 있었고, 마른기침을 한 번 하고 난 할아버지는 책을 읽듯이 나직한 성음으로
천천히 말씀을 이어나가시었는데, 〈권학문(勸學文)〉이었습니다. 《백수문(白首文)》을
읽기 비롯한 저 다섯 살 적부터 귀에 못이 박이도록 듣고 또 들어 온 성현(聖賢)들
말씀이었습니다.
"집안이 아무리 가난허다구 헐지라두 가난허다구 혜서 학문을 폐헐 수는 읎구나. 또
이와는 뒤쪽*으루 집안이 아무리 부자라구 헐지라두 부자인 것만을 믿구서 학문을 게을리
혜서는 안 되며. 가난헐수록 학업에 부지런혜야만 그 이름을 빛낼 수 있넌 법. 무릇 이
시상에서는 힘써 배우구 익히는 자만이 그 이름을 드러내어 잘 살게 되구 배우지 않넌
자는 종시 아무것두 이루지 못헌다. 그러므루 학문이라넌 것은 이것이 바루 자기 몸을
빛내 주넌 보배요, 이 시상에서 긔중 보배로운 것이 된다. 때문에 배운즉 바루 군자(君子)가
될 것이요 배우지 않은즉 소인(小人)이 되넌 것이니, 승현이 가신 지 오래된 뒷시상이서
학업을 일삼넌 자딜은 마땅히 여기에 힘써야 허넌구나."

언제나 배가 고팠습니다. 그러나 배고픔보다 견딜 수 없는 것은 외로움이었고, 외로움보다
더욱 견딜 수 없는 것은 그리움이었습니다. 돌멩이라도 깨물어 먹고 싶고 흙이라도 파먹고
싶었으며 그리고 또 잠자리라도 잡아 구워 먹고 싶을 만큼 장 배가 고픈 것이었습니다.
할아버지가 들려주시는 것은 언제나 그렇듯이 너무도 마땅한 성현의 말씀들인 것이어서
차라리 귀에 들어오지 않았고, 끊임없이 귀를 물어뜯는 바람 소리였습니다. 떠나고만
싶었습니다. 이 세상 끝까지 가 보고 싶었습니다. 그 끝의 끝에 서 보고 싶었습니다.
그곳에는 '그 무엇'이 있을 것만 같았습니다. 그래서 집을 떠났던 것이었습니다. 1965년
찔레꽃머리였습니다.

謂 이를 위
語 말씀 어
助 도울 조
者 놈 자

焉 어조사 언
哉 어조사 재
乎 어조사 호
也 잇기 야

위어조자자 언재호야

謂語助者는 焉哉乎也니라

문장 토씨라고 일컫는,
언(焉)·재(哉)·호(乎)·야(也)
구실쯤은 내《천자문》이 할
것이다.

토씨라는 것은 글귀를 이루어지게
하고 말을 만들어 나가는 데
없어서는 안 되는 글자를 말하니, 곧
'언·재·호·야(焉哉乎也)' 같은 글자가
이것이라는 말임.
높은 사람 시킴을 받고 하룻밤 사이에
머리칼이 모두 하얗게 세어 버리게끔
생각을 다 하고 힘을 다 기울여
사언고시(四言古詩)로 된 2백50구절
《천자문》을 지어 바치면서, 지은 책이
문장 토씨 템밖에 안 된다고 스스로를
낮춘 것임. 이것으로《천자문(千字文)》
1천 자 글은 모두 끝났음.

무위당(无爲堂, 1928~1994) : 본명은 장일순(張壹淳). 원주에서 태어났고, 서울대 미학과를 나와 원주에 '대성학원'을 세워 첫머리 교장을 지냈다. 몽양 여운형 제자로 두 번 민의원에 나왔으나 그악한 정치적 억누름으로 떨어졌고, 5·16 군사쿠데타가 나면서 '중립화 평화통일론'을 내대었다는 빌미로 3년간 옥살이를 하였다. 그뒤 모든 움직임에 옭맴과 살핌을 받으면서 풀잎사람들에게 줏대 있는 제힘으로 맞잡는 삶을 일구어 나가게끔 '신협운동'과 '한살림운동'을 이끌며 '생명사상' 씨앗을 뿌렸던 초야 도덕정치가다.
치룽구니 : 바보.
소소리바람 : 회오리 바람.

"잘했다. 앞으로 더 잘해라."

"옛날에 아주 머리가 둔한 아이가 있었는데 천지현황을 3년 동안 꾸준히 익혔었단다.
그래서 나중에 문장을 지었는데 '천지현황(天地玄黃)을 삼년독(三年讀)하니
언재호야(焉哉乎也)를 하시독(何時讀)일고.'라고 했단다. 너도 그러면 된다. 책 덮고 나가
놀아라."

무위당* 선생한테서 들었던 말씀입니다. 무위당께서는 학교에 다닐 때 1등을 해 본
적이 없었다고 하였습니다. 한껏 해야 3등, 그렇지 않으면 5~8등쯤에서 맴돌았답니다.
그런데 옛날에 돌아가신 형님과 누님은 매번 1등만 하셨답니다. 그래서 집안에서 별명이
'먹통'이었답니다. 그러나 할아버지께 성적표를 보여 드리면 "잘했다. 앞으로 더 잘해라."
하면서 격려해 주셨답니다.

"형님이 15세에 이 세상을 떠난 후 조부님께서는 둘째 손자인 나에게 한문과 붓글씨 쓰는
것을 가르쳐 주셨습니다. 아마도 내가 5세 때인 것 같습니다. 조부님 앞에서《천자문》
한 구절을 외우는데 수십 번을 가르쳐 주셔도 단 넉 자를 잘 외우지 못하니까 그렇게
말씀하셨던 거지요."

무위당께서야 대인(大人)이시었으니 삼가여 하시는 말씀이었을 테고 이 중생이야말로
치룽구니*였습니다. 처음에는 눈깔사탕이며 경단에 깨엿 같은 주전부리를 얻어먹는
재미에 제법 지닐총 있게 나가기도 했습니다만, 싫었습니다. 무엇보다도 배는 고파
죽겠는데 밤낮 글만 읽어 무엇 하나 하는 막막한 생각이 들었던 때문이었습니다.
그래서 무슨 핑계를 대고서라도 할아버지 무릎 밑을 도망쳐 나오고는 하였습니다. 뒤란
돌아서 어욱새 더욱새 떡갈나무 가랑잎만 소소리바람* 뒤섞이어 으르렁시르렁 슬피 우는
뒷동산으로 극터듬어 오르는 것이었습니다.

거의 평토가 된 옛 무덤 가에 아그려쥐고 앉아 하염없이 바라보는 곳은 신작로였습니다.
두 무릎 끌어안고 끌어안은 두 무릎 사이에 턱을 올려놓은 채 아무리 질기굳게 기다려
봐도 아버지는 오시지 않았습니다. 어둠이 왔을 뿐이었습니다. 발을 굴러 발등 덮는 놀
털어 내며 산을 내려오면 할아버지 장탄식에 무너져 내리는 천장이었습니다. 물 아니면
돌멩이니 밤에는 희게 보이는 것을 밟지 말라고 하시었습니다.

"야불답백(夜不踏白)이니라. 부시수(不是水)면 변시석(便是石)이니……."

다시는
돌아갈 수
없으리

김성동

"금야에 숙수가오? 금야에 숙수가오?"
되곱쳐* 뇌이던 할아버지는 "끄으응." 소리와 함께 몸을
일으키시었습니다. 충혼탑(忠魂塔) 밑이었습니다. '카빈'과 '엠원'을
꼬나� 채 앞으로 달려가고 있는 경찰관들 모습이 돋을새김
되어 있는 밑으로 수많은 사람들 이름이 새겨져 있는 화강암
빗돌이었습니다. 5·16이 일어난 해, 그달 말쯤이었습니다. 열다섯
손자 아희 손에 손잡혀 물매진* 고샅* 길을 오르며 할아버
지는 휴우우- 하고 긴 숨을 뽑아내시었습니다.
"깅찰리덜이야 죽어 탑이래두 섰지면 그 깅찰리덜헌티 죽은
이덜은 워디에 그 혼백을 뉘일꼬. 산소 하나 웂구 지삿날두 물른
채 떠도는 그 슬헌 혼백덜은 워찌헐 것인가 이 말인즉."
그러면서 다시 한번 읊조리시던 것이 성삼문(成三問)
종명시(終命詩)였다는 것을 알게 된 것은 그로부터 많은 세월이
흐른 다음이었습니다.

　　돌아보니 지는 해는 서산에 걸렸는데
　　울리는 저 북소리 내 목숨 재촉누나.
　　황천에는 한 주막도 없다는데
　　오늘 밤에는 뉘 집에서 잘꼬?
　　回頭日欲斜 擊鼓催人命 黃泉無一店 今夜宿誰家.

옛살라비집 사랑방 윗목에는 이층 책롱이 놓여 있었습니다.
세거(世居)하던 원 옛살라비집 뒤란에 있던 늙은 자부동* 베어

아버지가 손수 마름질*하여 짜셨다는 그 책롱에는 좀먹고
빛바랜 선고(先考)와 조상 전래 수택본*들이 들어 있었습니다.
경사자집*을 첫 머리로 한 갖가지 서책이며 예서(禮書)와
지가서*와 비기(秘記)에 조선왕조 역대 임금들 수결(手決)이
먹자국도 또렷하게 찍혀 있는 교지*며 홍패* 백패*에 완문*에
사장집(詞章集)이며 간찰(簡札)에 법첩(法帖)에 그리고 크고 작은
두루마리 글씨에 천상열차분야지도*며 또 병풍차*들이 빼곡히
들어차 있는 윗책롱에서는 언제나 먹 잔향(殘香)이 은은하였고,
갖가지 영서(英書)와 일서(日書)가 가득 들어 있는 아랫책롱에서는
좀약 내음이 코를 찔렀습니다.
이를 꼭 옥물어야만 하였습니다. 그립고 외로우며, 그리고 또
무엇보다도 먼저 배가 고플 때마다 이 중생은 책롱을 열고 그
빛바래고 좀먹어 조선왕조와 대한제국과 왜제 치하 내음 코를
찌르는 옛 서책들을 펼쳐 보고는 하였는데, 슬펐습니다. 왜 슬픈

되곱쳐 : 도로, 또는 다시.
물매지다 : 지붕이나 언덕 따위에 비탈이 지다.
고샅 : 마을 좁은 골목길. 좁은 골짜기 사이.
자부동(自仆桐) : 저절로 쓰러진 오동나무.
마름질 : 옷감이나 재목을 치수에 맞추어 자르는 일. 재단(裁斷).
수택본(手澤本) : 먼저 사람이 되풀이해서 읽어 손때가 묻은 책. 아껴 보다가 남겨 놓은
서책. 어떤 사람이 여러 가지 것을 잡이(참고)로 써넣은 책.
경사자집(經史子集) : 중국 옛 서적 가운데 경서(經書)·사서(史書)·제자(諸子)·문집(文
集) 네 갈래를 통틀어 이르는 말.
지가서(地家書) : 풍수지리에 바탕을 두고 묏자리나 집터 따위 좋고 나쁨을 알아보는 지
술(地術)에 관한 책.
교지(教旨) : 조선시대에, 임금이 사품 위 벼슬아치에게 주던 사령(辭令).
홍패(紅牌) : 문과급제와 무과출신한 사람에게 주던 본메글발(증서). 붉은색 종이에 성
적·등급·성명을 먹으로 적었음.
백패(白牌) : 사마시에 입격한 생원이나 진사에게 주던 흰 종이 본메글발(증서).
완문(完文) : 조선시대 앉은알천(부동산)에 관하여 당해 관아에서 내어주던 몸글발(증명
서) 또는 들어주는(허가) 문서.
천상열차분야지도(天象列次分野之圖) : 조선 숙종 때에 돌에 새긴 천문도 탁본. 숙종 때
천문도는 태조 때 천문도를 다시 새 돌에 새긴 것임.
병풍차(屛風次) : 병풍을 꾸밀 그림이나 글씨, 또는 그것을 그린 종이나 깁.

것인지 그 까닭도 모른 채로 그저 그냥 슬플 뿐이었습니다. 옥처럼
귀한 옛 선현들 서화며 골동들은 아버지·어머니 구명운동과
옥바라지, 큰삼촌 약값으로 죄 날아가 버리었고,아버지가
갈무리한 책(장서)과 원고와 간찰들은 거지반 압수되거나
할아버지 손에 태워져 재가 되고 땅속 깊이 파묻혀 땅보탬*
되었노라는 할머니와 어머니 한숨 소리를 이 중생은 새겨 두고
있습니다. 아, 애홉어라*. 상기도 미친 세월은 끝나지 않았는데,
그 미친 세월이 할퀴고 간 역사 상채기들은 몇 권 서책으로
남아 사개*가 뒤틀리어 여닫을 적마다 외마디소리를 질러 대는
책롱 속에 시든 풀잎으로 누워 있는 것이었습니다. 할아버지는
달소수에 한 번씩은 꼭 햇귀* 좋은 날을 골라 책롱 속 서책들을
거풍*하여 그 삭음과 빛바램을 막아 보려 하셨는데, 그것이
이 중생에게는 마치 이미 시들어 죽어 버린 나무에 물을 주며
다시 꽃이 피어나기를 기다리는 것처럼 애잡짤하게만 보이던
것이었습니다.
할아버지가 가장 귀하게 여기며 아끼시던 책이 두 가지였는데,
《칠서(七書)》와 《강희자전》*이 그것이었습니다. 두 가지 모두
아버지 목숨을 건지기 위하여 서울 어느 권귀* 집에 맡기고 얼마간
돈을 빌렸다고 하시었습니다. 그러나 《강희자전》은 끝내 찾아오지
못하고 말았으므로 더구나 가슴 아픈 《칠서》입니다.
"이 으른이 뉘신고?"
《선세유묵(先世遺墨)》이라고 씌어 있는 책과 오동나무 책갑 속에
들어 있는 칠서 곧 《논어》 《맹자》 《대학》 《중용》 《역경》 《시경》
《서경》을 펼쳐보실 때 할아버지 성음은 가느다랗게 떨려 나오시던
것이었습니다. 중시조(中始祖)이신 13대조를 머리로 여러
윗대 할아버지 글씨가 들어 있는 《선세유묵》은 4백 년을 넘게
내려온 것임에도 그 먹빛이 오히려 뚜렷하게 살아 빛나고 있어,
눈부십니다. 어지간한 경상(經床) 크기만 한 황톳빛 그 책 겉장을
넘기면 오른쪽 맨 위쪽에 손톱만 한 크기 잇빛* 명주조각이 붙어

있는데, 윗대 어른들 휘˚ 자(字)를 감히 드러낼 수 없다는 옛사람들
마음이 담겨 있어, 숙연해집니다.
《칠서》에는 13대조 투슈˚가 찍혀 있습니다. 방형(方形) 원형(圓形)
종형(鐘形) 향로형(香爐形)으로 된 투슈에는 성명과 별호와
본관과 잠언 같은 것들이 전서(篆書)로 새기어져 있는데, 방금
찍은 듯 인주 내음이 나는 것 같습니다. 방형과 원형으로 된
인(印)도 그렇지만 땅불쑥하게 아름다운 것이 종형과 향로형
인입니다. 아호(雅號)와 좋아하는 글귀를 새겨 넣은 종형 인에서는
금방이라도 인정˚과 파루˚를 알리는 종루(鐘樓) 쇠북소리가 들리는
듯하고, 향로형 인에서는 자단향(紫檀香) 내음이 나는 듯합니다. 책
첫장과 뒷장에 찍혀 있는 이런 투슈들은 홑되게˚ 누구 책이라는
것을 알리는 장서인(藏書印) 자리를 넘어 예술 경지로 들어가고
있습니다. 첫닭이 우는 소리를 듣고 일어나 머리 빗고 낯 씻어
옷깃을 바르게 한 다음 경상 앞에 올방자˚ 틀고 앉아 우주
삼라만상 갈피와 사람 바른길을 궁구(窮究)하느라, 신 신을 사이
없는 선비 모습이 보이는 듯합니다.

땅보탬 : 사람이 죽어 땅에 묻힘을 이르는 말.
애홉다 : 슬프다.
사개 : 상자 같은 것 모퉁이를 끼워 맞추려고 서로 맞물리는 끝을 요철형(凹凸形)으로
만든 어섯. 또는 그런 짜임새.
햇귀 : 해가 처음 솟을 때 빛. 햇발.
거풍(擧風) : 쌓아 두었던 물건을 바람 쐬는 것.
강희자전(康熙字典) : 청나라 제4대 황제 강희제(康熙帝)가 장옥서(張玉書) 같은 30
여 인 학자한테 명하여 꾸미게 한 중국 가장 큰 자전. 총자수 4만 9천여 자. 강희 55년
(1716)에 박아내었음. 42권 12집 1백19부.
권귀(權貴) : 힘이 있어 높은 자리에 있음. 또는 그런 사람.
잇빛 : 분홍색 잇꽃빛.
휘(諱) : 죽은 어른 생전 이름.
투슈 : '도서(圖書)' 옛말. 도장(圖章).
인정(人定) : 조선시대에, 밤에 다니지 못하게 하고자 종을 치던 일. 매일 밤 10시쯤에
스물여덟 번을 쳤는데 이에 따라 성문을 닫았음.
파루(罷漏) : 조선시대에, 서울에서 통행금지를 터주고자 종루 종을 서른세 번 치던 일.
오경삼점(五更三點)에 쳤음. 새벽 3시 반에서 5시 반쯤.
홑되게 : 단순히.
올방자 : 책상다리.

얼굴과 말투며 몸가짐을 보면 그 사람 인품을 알 수 있듯이 투슈
생김새, 곧 인품(印品)을 보면 그 투슈 주인 되는 이 인품(人品)을
알 수 있습니다. 대추씨처럼 뾰뾰하면서도 부드러워 아름다운
이러한 투슈는 누가 만든 것일까. 그때 인인(印人)이나 예술에 앎
깊던 다정한 벗들이 새겨 주었을 수도 있지만, '이왕*을 본받아
중체(衆體)에 능하였고 전(篆)에 더구나 능하였다'는 서법(書法)
앎으로 보아 시러금 스스로 새기었을 될까* 또한 높습니다.
자(字)는 경택(景擇)이며 호는 선원(仙源) 또는 풍계(楓溪)라
하였으니, 병자호란 때 강화에서 화약궤를 터뜨려 순절(殉節)하신
김상용(金尙容) 선생이 바로 그 어른이십니다.
4백50여 년 전 당판*《칠서》를 보는 데 없어서는 안 될 책으로
할아버지께서 귀히 여기시던 책이《전운옥편(全韻玉篇)》입니다.
영조(英祖) 35년(1759) 춘방*에서 박아 낸 이 책은 웬만큼 한학에
밝지 않고서는 보기 어려운 선한자전(鮮漢字典)입니다. 박아 펴낸
때로 봐서 9대조 할아버지 적부터 이 책을 곁에 놓고《칠서》를
읽었을 터인데, 그 겉장에 씌어 있는 '全韻玉篇' 네 글자가 선고
유묵임으로 해서 이 글을 쓰는 사람한테는 더구나 값진 책으로
됩니다.
활판으로 된 서책들은 이 밖에도 여럿 되지만
《대학장구대전(大學章句大全)》과《대학언해(大學諺解)》가
더구나 종요로운 것은, 주사(朱砂)빛도 뚜렷한 고조부 구결*이
장장줄줄마다 씌어 있다는 점 때문입니다. 값나가는 무슨
고서(古書)로 모셔 둔 책들이 아니라 그 속에 담겨진 참된 갈피를
올바르게 깨쳐 세상에 널리 펴고자 경상 위에 펼쳐 놓고 결결이
읽던 책들인 것입니다.
《칠서》나《전운옥편》못지않게 값진 책으로 이 중생이 쪽소반
위에 놓아두고 잡도리 삼는 책이《죽서독서록(竹西讀書錄)》입니다.
죽서(竹西)는 이 중생한테 8대조 되는 어른 아호로 그 어른이 영조
8년(1732)부터 37년(1761)까지, 그러니까 아홉 살부터 서른여덟

살까지 30년 동안 읽은 책과 읽은 횟수를 적어둔 책입니다.
책이라기보다는 한 사람 사사로운 독서목록에 지나지 않지만,
왕조시대 한 든사람 독서 버릇*과 거기에 들인 품*을 엿볼 수 있는
적바람이어서, 좁은 테안 독서를 그것도 건성으로 하고 마는 오늘
이른바 독서인들에게 타산지석(他山之石)이 되리라는 생각입니다.
아홉 살과 열 살 때는 간지(干支)만 적혀 있고 읽은 책 이름이 없는
것으로 봐서 제대로 된 독서를 위한 채비 동안으로 보입니다. 곧
《천자문(千字文)》과《동몽선습(童蒙先習)》《명심보감(明心寶鑑)》
《통감(通鑑)》같은 것들을 읽어 문리를 깨치던 때인 듯.
열한 살 때 처음 읽은 책이《사략(史略)》과《마사(馬史)》인 것이
뜻 깊습니다. 중국 삼황오제(三皇五帝) 시절부터 송말(宋末)까지
역사를 간추려 놓은 것이《사략》곧《십팔사략》이고
사마천(史馬遷)이 지은《사기(史記)》를 달리 이르는 말이
《마사》이니, 역사책으로부터 독서를 비롯하고 있는 것입니다.
더구나 서른세 살에서 서른다섯 살까지《마사》를 몰아쳐
되풀이하여 읽고 있는데,〈본기(本記)〉와〈열전(列傳)〉은 수십
차례씩 읽고 있습니다.
《마사》만이 아니라《전국책》과 우리나라 역사책인《동사(東史)》와
《국조전고(國朝典故)》같은 책 이름도 보입니다. 유학(儒學)
밑뿌리인《칠서》는 읽고 또 읽는 책들인데, 그 가운데서도
《맹자(孟子)》〈양혜왕편(梁惠王篇)〉을 열 번씩 읽고 있는 게 스물한

이왕(二王) : 중국 진대(晉代) 서성(書聖)으로 알려진 왕희지(王羲之)와 그 아들 왕헌지(王獻之).
될끼 : 가능성(可能性).
당판(唐板) : 중국에서 새긴 책판(冊版). 또는 그것으로 박아 낸 책.
춘방(春坊) : 조선시대에 왕세자 교육을 맡아보던 관아인 세자시강원(世子侍講院) 다른 이름.
구결(口訣) : 한문 한 구절 끝에 다는 토. '伊(이)', '隱(은/는)', '乙(을/를)', '厓(에)'나 '爲古(하고)', '爲尼(하니)', '爲良(하야)', '是面(이면)', '是羅(이라)' 등이 있으며 한자 한도막을 떼어 약호(略號)로 나타낸 것도 있다.
버릇 : 물건이 차지한 둘레. 일 울.
품 : 애쓰는 힘. 공력(功力).

살 때입니다.

가장 많이 읽고 있는 책이 문학입니다. 《시경(詩經)》과 《시경》
풀이책인 《시전(詩傳)》을 비롯하여 이두˚ 옛 시와 《당음(唐音)》
《이소(離騷)》《구가(九歌)》《초사(楚辭)》《고시선(古詩選)》
《송시(宋詩)》《명시(明詩)》《당송팔대가문(唐宋八大家文)》
《명대가문(明大家文)》《고문(古文)》과 〈서(序)〉〈기(記)〉〈설(說)〉
〈논(論)〉〈전(傳)〉〈사(辭)〉〈부(賦)〉〈묘지문(墓地文)〉같은 문학 온갖
갈래들을 다 아우르고 있습니다.

정통 성리학(性理學)에서 반드시 익혀야 하는 경서(經書)와
시부(詩賦)만이 아니라 도가(道家) 주요 경전과 불경(佛經)도
보입니다. 장자철학(莊子哲學) 알짬인 〈소요유(逍遙遊)〉
〈제물론(齊物論)〉〈양생주(養生主)〉〈대종사(大宗師)〉〈추수(秋水)〉를
읽고 있으며, 《음부경(陰符經)》《참동계(參同契)》《태현경(太玄經)》
《열순한자(列荀韓子)》를 읽습니다. 책 뒷장에는 또 우리나라
일곱 분 문인들 아호를 적어 놓았으니, 고운(孤雲) 목은(牧隱)
점필재(佔畢齋) 간이(簡易) 상촌(象村) 월사(月沙) 계곡(谿谷)이
그들입니다.

공자(孔子)를 꼭지점˚으로 하는 유학(儒學)은 그 밑뿌리가
실천철학입니다. 사람이라는 존재 마땅함을 낱낱 있는 곳에서
실천적으로 찾고자 하는 것이 유가철학 중심과제이니, 한마디로
'인간학'이라 할 수 있습니다.

인간학으로서 유가철학은 윤리와 도덕을 그 밑바탕으로
할 수밖에 없고, 이것은 사람이 곧 우주 사북이라고 믿는
데서 비롯합니다. 이루어진 인격체인 군자(君子)가 되는
것에 독서 마지막 갈 길이 있고, 여기에 이르기 위한 교조적
덕목으로 그루박아진 것이 '삼강오륜(三綱五倫)'이었습니다.
문질빈빈(文質彬彬)하여야 군자 곧 훌륭한 사람이라 하였으니,
인간의식과 역사의식 어우러짐을 말하며, 속과 겉 합쳐짐을
그루박은 것입니다. 문사철(文史哲), 곧 문학과 역사와 철학을 한

몸뚱아리 세 이름으로 아우르는 독서를 한 사람만을 가리켜 왈 선비라고 일컬었던 까닭 또한 여기에 있음입니다. 참된 사람이 되자는 것이었지요.

이두(李杜) : 이백(李白)과 두보(杜甫)를 아울러 이르는 말.
꼭지점 : 꼭대기. 정점(頂點).

'지황(地黃)'은 중화(中華)주의 이데올로기

"천지흰황, 천지흰황이라…."하늘은 가맣구 따는 누르다. 천흰이지황(天玄而地黃)이니, 하늘은 그 이치가 짚구 그윽혜서 헤아리기 어려운디 따는 또 누런빛이 나는고여."

할아버지가 스스로 묻고 스스로 또 대꾸하던 말씀이었는데, 무언가 이상하다. 이제부터 꼭 70년 전인 1951년 정월 초하룻날 차례를 저쑙고 났을 때였다. 이 중생 나이 다섯 살. 천지현황(天地玄黃) 말이다. 하늘 곧 우주가 가맣다는 것은 알겠는데, 땅이 누런빛이 난다는 그 '지황' 말이다. 땅은 누런빛도 나지만 청황적백흑 오색(五色) 넘어 빨주노초파남보 칠색(七色)인 것이니, 보는 사람 눈길 따라 다 다른 것이다. 그런 땅빛깔을 '누런빛' 하나로 명토박아 내려는 데는 다 까닭이 있다. 중국 대륙을 가로질러 흐르는 황하(黃河) 빛깔이기 때문이다. 천지현황은 그러니까 세계 한가운데가 중국이라는 중화주의 이데올로기가 담긴 무서운 싸울쬐*인 것이다.

어지간한 산에 가 보면 죽은사람 쌓은보람을 돌에 새겨둔 '신도비(神道碑)'라는 게 있다. 거기 보면 하나같이 첫머리가 '유명조선국(有明朝鮮國)'으로 비롯되는데 이게 무슨 말인가? 왜 조선이라는 나라이름 앞에 '유명(有明)'이라는 말이 달려 있는가? 이것을 '밝은 조선나라'로 읽을 수 있는가? '밝음이 있는 조선나라'로.

아니다. 그렇지 않다. 그렇게 읽으면 안 되니, 글자 그대로 읽어야 한다. '명나라에 있는 조선국'. 그러니까 다시 말해서 '명나라에 딸린 조선나라'로 읽어야 하는 것이다. 항것*인 명나라가 목대잡고* 있는 '중화듬* 얼개'에 딸린 조선이라는 말이다. 찍어 말하자면 망해서 사라져 버린 옛 항것을 죽어도 잊지 않겠노라는 '목벨다짐'인 것이다. 여기서 한족이 세운 대명제국을 밀어버리고 대청제국을 세운 만주 여진족이 조선족과 한뿌리인 동이족(東夷族)이라는 것은 접어두자.

그렇게 이어져 온 선중역사(鮮中歷史)이다. 동한역사(東漢歷史)

곧 동이족과 한족 역사인 것이다. 한족들이 '임진조국 전쟁'을
가리켜 왜적에 앙버티는* 새끼한족 조선을 도와준다는 뜻인
'항왜원조(抗倭援朝)'라 하고 6·25 '조국일통전쟁'을 가리켜
하는 말은 '항미원조(抗米援朝)'이다. 왜군 오랑캐가 압록강
넘어 요동벌판으로 넘어오는 것을 조선땅 안에서 막아내자는
항왜원조와 미군 오랑캐가 압록강 넘어 요동벌판으로 쳐들어오는
것을 조선땅 안에서 막아내자는 항미원조는 똑같이 한족보위
논리에 따른 것이지만, 저희들한테 딸린 나라로 보는 생각은
429년 전이나 71년 전이나, 그리고 이제나 똑같은 것이다.
중화인민공화국 주석이라는 이가 북미합중국 대통령이라는 이한테
했다는 말이다.
"조선은 역사적으로 중국에 딸린 나라이다."

어머니 누나와 함께 세 식구가 서울로 올라가던
1964년 찔레꽃머리*였다. 열여덟 살 때였다. 큰절을 올리고 나자
할아버지는 말씀하시었다.
"이롭지 뭇헌 책은 읽지를 말구, 쓸모 읎넌 글은 짓지를 말거라."
서둘러 방을 나서는데 가느다랗게 떨리는 할아버지 목소리가
발뒤꿈치를 따라오고 있었다.
"힘써 글을 읽어 금수(禽獸)가 되넌 것을 믠허거라."

2022년 1월 충주에서

싸울꾀 : 전략.
항것 : 종·머슴들이 모시는 주인. 상전(上典).
목대잡다 : 여러 사람을 거느리고 일을 시키다.
듬 : 질서.
앙버티다 : 대들다. 저항(抵抗)하다.
찔레꽃머리 : 찔레꽃이 필 무렵인 음력 3월. 양력 5월. 모내기철.

덧두리 — 천자자전(千字字典)

天 하늘 천[乾]. 조물주 천[造物主]. 진리 천[眞理]. 임금 천[帝王]. 아비 천[父]. 지아비 천[夫].

地 땅 지[坤]. 뭍 지[陸]. 아래 지[下]. 나라 지[領土]. 곳 지[所].

玄 검을 현[黑]. 검붉을 현[黑赤]. 하늘 현[天]. 아득할 현[幽遠]. 고요할 현[淸靜]. 현묘할 현[理之妙]. 현손 현[曾孫之子].

黃 누를 황[中央土色]. 급히서두를 황[倉黃]. 늙은이 황[黃耉]. 어린아이 황[黃口小兒].

宇 집 우[室]. 하늘 우[天]. 성품 우[性]. 끝 우[端].

宙 집 주[居]. 하늘 주[天]. 때 주[時].

洪 넓을 홍[廣]. 클 홍[大]. 큰물 홍[洚水]. 성 홍[姓].

荒 거칠 황[蕪]. 폐할 황[廢]. 클 황[大]. 흉년들 황[凶年]. 오랑캐땅 황[蠻夷]. 멀 황[遠].

日 날 일. 해 일[太陽]. 하루 일[一日]. 날짜 일[曆]. 먼저 일[往者]. 날점칠 일[日者].

月 달 월. 한달 월[三十日].

盈 찰 영. 가득할 영[滿]. 넘칠 영[溢]. 물흐를 영[流水貌].

昃 기울 측. 해기울어질 측[日斜].

辰 별 진[星]. 때 진[時]. 북두성 진[北斗星]. 진시 진[辰時]. 날 신[日].

宿 별자리 수[星座]. 떼별 수[列星]. 잘 숙[宿]. 지킬 숙[守]. 머무를 숙[留]. 본디 숙[素]. 클 숙[大].

列 벌릴 렬[分]. 항렬 렬[行次]. 반열 렬[位序]. 펼 렬[布]. 베풀 렬[陣]. 항오 열[軍伍].

張 베풀 장[施]. 벌일 장[開]. 자랑할 장[夸].

寒 찰 한[冷]. 추울 한. 떨릴 한[戰慄]. 뼈에 사무칠 한[徹]. 쓸쓸할 한[寂]. 가난할 한[窮]. 추워서얼 한[凍]. 겨울 한[冬]. 그만둘 한[歇].

來 올 래[至]. 돌아올 래[還]. 부를 래[呼]. 부터 래[自]. 보리 래[麥]. 오대손 래[孫].

暑 더위 서. 더울 서[熱] 여름철 서[夏].

往 갈 왕[去]. 옛 왕[昔]. 이따금 왕[時時]. 향할 왕[向].

秋 가을 추. 세월 추[歲月]. 때 추[時]. 성 추[姓].

收 거둘 수[斂]. 모을 수[聚]. 잡을 수[捕]. 쉴 수[息]. 거두게할 수[斂]. 정돈할 수[整]. 추수할 수[穫].

冬 겨울 동. 겨울지낼 동[過冬].

藏 감출 장[隱]. 장풀 장[似蘭草名]. 곳집 장[倉].

閏 윤달 윤.

餘 남을 여[贍]. 나머지 예[殘]. 끝 여[末]. 나라이름 여[扶餘].

成 이룰 성[就·畢]. 평할 성[平]. 거듭 성[重]. 마칠 성[終]. 될 성[爲]. 화목할 성[睦].

歲 해 세[年]. 곡식익을 세[穀成]. 일년 세[周年]. 새해 세[新年]. 풍년 세[豊]. 나이 세[年齡]. 절후 세[時候]. 세월 세[光陰].

律 법 률[法]. 풍류 률[律呂]. 지을 률[述]. 저울질할 률[銓].

呂 법 려[法]. 풍류 려[音律]. 등골뼈 려[脊骨]. 종이름 려[鐘名]. 칼이름 려[刀名]. 성

려[姓].

調 고를 조[和]. 부드러울 조[柔]. 맞을 조[適]. 비웃을 조[嘲]. 나뭇잎흔들거릴 조[木葉動貌]. 구실 조[戶]. 가릴 조[選]. 곡조 조, 가락 조[音一樂律]. 재주 조[才]. 계교할 조[計]. 아침 주[調飢].

陽 볕 양, 해 양[日]. 밝을 양[明]. 거짓 양[佯]. 양양할 양[自得]. 환할 양[文章貌]. 양기 양[陽氣]. 봄 양[陽春]. 양지쪽 양[山南水北].

雲 구름 운. 은하수 운[雲漢]. 팔대손 운[孫]. 하늘 운[靑雲].

騰 오를 등[昇]. 달릴 등[馳]. 뛰놀 등[踊]. 날칠 등[升].

致 이를 치[至]. 연구할 치[硏究]. 일으킬 치[生起]. 극진할 치[極]. 버릴 치[委]. 불러올 치[使至]. 풍치 치[風致]. 드릴 치[納]. 보낼 치[送].

雨 비 우. 비올 우[自上而下].

露 이슬 로. 이슬줄 로[雨露膏澤]. 드러날 로[贏]. 드러낼 로[暴露].

結 맺을 결[締]. 마칠 결[終結]. 나중 결[結局]. 몫 결[百負].

爲 할 위, 하 위[造]. 다스릴 위[治]. 하여금 위[使]. 어조사 위[語助辭]. 만들 위[生産]. 이룰 위[成]. 지을 위[著作]. 행할 위[行]. 배울 위[學]. 써 위[所以]. 호위할 위[護]. 생각할 위[思]. 위할 위[助] 이름지을 위[名稱].

霜 서리 상. 해지낼 상[星霜]. 흰털 상[白髮]. 엄할 상.

金 쇠 금. 한근 금[一斤]. 병장기 금[兵]. 금금[黃金]. 돈 금[貨幣]. 귀할 금[貴]. 오행 금[五行之一]. 풍류이름 금[樂器]. 금나라 금[國名]. 성 김[姓]. 땅이름 김[地名].

生 날 생[出]. 낳을 생[産]. 익지않을 생, 날것 생[未熟]. 목숨 생[生命]. 어조사 생[語助辭]. 끝없을 생[不窮]. 자랄 생[成長]. 늘 일 생[殖]. 저절로 생[天然]. 나 생[自己謙稱].

麗 고울 려[美]. 빛날 려[華]. 베풀 려[施]. 걸릴 려[附]. 짝 려[偶]. 여기서는 물 이름으로 썼음.

水 물 수. 강 수[河川]. 홍수 수[大水]. 물길을 수[汲水]. 국물 수[漿液]. 고를 수[橫平準].

玉 구슬 옥. 옥 옥[石之美者]. 사랑할 옥[愛]. 이룰 옥[成].

出 날 출[進]. 밖에나갈 출[出入]. 토할 출[吐]. 보일 출[見]. 낳을 출[生]. 도망할 출[逃].

崑 뫼 곤[山]. 곤륜산 곤. 여기서 곤강(崑岡)은 곤륜산의 이명(異名)임.

岡 뫼 강[山]. 언덕 강. 묏등 강. 산등성이 강[山脊].

劍 칼 검[兵器]. 칼로찔러죽일 검[斬殺]. 칼쓰는법 검[使法].

號 부를 호[召]. 이름 호[名稱]. 부르짖을 호[大呼]. 엉엉울 호[大哭]. 닭울 호[鷄鳴]. 오호활 호[烏號 - 弓名]. 호령할 호[號令].

巨 클 거[大]. 많을 거[鉅]. 억 거[億]. 여기서는 거궐(巨闕)이라고 해서 이름난 칼의 이름으로 쓴 것임.

闕 대궐 궐. 뚫을 궐[穿]. 궐할 궐[不供]. 허물 궐[過]. 빌 궐[空].

珠 구슬 주. 진주 주[眞珠]. 눈동자 주[眼珠].

稱 일컬을 칭[言]. 저울질할 칭[銓]. 벌 칭[一襲]. 날릴 칭[揚]. 이름할 칭[名]. 헤아릴 칭[重度]. 같을 칭[參稱]. 들 칭[擧]. 저울 칭[衡].

夜 밤 야. 해질 야[晨夜]. 어두울 야[暗]. 풀이름 야[草名]. 쉴 야[休]. 고을이름 액[東海縣名]. 여기서는 야광(夜光)이라 하여 밤에도 빛나는 좋은 구슬로 쓴 것임.

光 빛 광. 빛날 광[華]. 색 광[景色]. 문물아름다울 광[文化]. 영광 광[名譽]. 비칠 광[照]. 위엄 광[威].

果 실과 과[木實]. 열매 과. 감히할 과[敢]. 과연 과[驗]. 결단할 과[決]. 짐승이름 과[獸名]. 맺힐 과[因果]. 모실 과[女侍].

珍 보배 진[寶]. 서옥 진[瑞玉]. 귀중할 진[貴重]. 맛좋을 진[食之美者].

李 오얏 리[果名]. 선비천거할 리[桃李薦士]. 역말 리[關驛]. 행장 리, 보따리 리[行裝].

柰 벗 내. 사과 내[果名]. 어찌 내[那].

菜 나물 채[蔬]. 반찬 채[饌].

重 무거울 중[輕之對]. 무겁게여길 중[重]. 거듭 중[複·疊]. 삼갈 중[愼]. 두터울 중[厚]. 두번 중[再]. 높일 중[尊]. 짐바리 중[輜重]. 신가위 중[假神位].

芥 겨자 개, 갓 개[辛菜]. 지푸라기 개[草芥]. 티끌 개[纖芥].

薑 생강 강.

海 바다 해. 세계 해[世界]. 많을 해[多]. 넓을 해[廣].

鹹 짤 함[鹽味].

河 물 하, 강물 하, 내 하[大川]. 황하수 하[黃河]. 은하수 하[天漢]. 복통 하[腹痛].

淡 맑을 담[水淨]. 싱거울 담, 슴슴할 담[薄味]. 물질펀할 담[安流平滿貌]. 묽을 담[濃之對].

鱗 비늘 린[魚甲]. 물고기 린[魚類總稱].

潛 잠길 잠[沉]. 자맥질할 잠[游]. 감출 잠[藏]. 깊을 잠[深]. 너겁 잠[魚所息].

羽 깃 우[鳥翅]. 우성 우[五音之一]. 펼 우[舒]. 모을 우[聚].

翔 날 상, 빵돌아날 상[回飛]. 엄숙할 상[莊敬貌].

龍 용 룡. 귀신이름 룡[燭龍]. 별이름 룡[蒼龍]. 말이름 룡[馬名]. 임금님 룡[龍顔]. 여기서는 용사(龍師)라고 써서 복희씨(伏羲氏)를 말한 것임.

師 스승 사. 선생님 사. 본받을 사[效]. 어른 사[長]. 군사 사[軍旅稱衆]. 서울 사[京]. 벼슬이름 사[官名]. 신이름 사[神名]. 뭇 사람 사[衆].

火 불 화. 사를 화[燒]. 등불 화[燈]. 불날 화[火災]. 빛날 화[光]. 빨갈 화[赤]. 탈 화[燃]. 화날 화[心火]. 별이름 화[火星]. 여기서는 화제(火帝)라고 써서 신농씨(神農氏)를 말한 것임.

帝 임금 제. 제왕 제[王]. 하느님 제[上帝].

鳥 새 조[羽族總名]. 여기서는 조관(鳥官)이라 하여 소호씨(少昊氏)를 말한 것임.

官 벼슬 관[職]. 관가 관[朝廷]. 부릴 관[使]. 공변될 관[公]. 일 관[事]. 맡을 관[司].

人 사람 인. 나라사람 인[國民]. 남 인[他人]. 성질 인[性]. 사람됨 인[爲人]. 여기서는

인황(人皇)이라 하여 인황씨(人皇氏)를 말한 것임.

皇 임금 황[君]. 클 황[大]. 바를 황[正]. 비롯할 황[正]. 아름다울 황[歎美辭]. 성할 황[盛]. 성 황[皇甫]. 엄숙할 황[皇皇].

始 비로소 시, 처음 시[初]. 시작할 시[新起]. 별이름 시[旬始]. 풍류이름 시[華始]. 바야흐로 시[方].

制 지을 제[造]. 마를 제[裁]. 절제할 제[節]. 어거할 제[御]. 단속할 제[檢]. 금할 제[禁]. 제서 제[制書]. 법도 제[法度]. 직분 제[職分]. 모양 제[形].

文 글월 문, 글 문, 글자 문[字]. 문채 문[文章]. 어귀 문[語句]. 빛날 문[華]. 착할 문[善]. 아롱질 문[斑]. 꾸밀 문[飾]. 아름다울 문[美]. 채색 문[彩].

字 글자 자, 자 자[副名; 이름 밖에 붙이는 딴 이름]. 시집보낼 자[嫁]. 젖먹일 자[乳]. 사랑할 자[愛]. 암컷 자[畜牝]. 기를 자[養育].

乃 이에 내, 곧 내[卽]. 어조사 내[語肋辭]. 겨우 내[僅]. 옛 내[古]. 너 내[汝].

服 입을 복, 옷 복[衣]. 수레첫째멍에 복[車右騎]. 직분 복[職]. 생각할 복[思]. 다스릴 복[治]. 익힐 복[習]. 행할 복[行]. 좇을 복[從]. 일 복[事]. 갓 복[冠]. 친숙할 복[親]. 동개 복[盛矢器].

衣 옷 의. 입을 의[服].

裳 치마 상[帬]. 성할 상[盛].

推 밀 퇴[排]. 옮길 추[遷]. 가릴 추[擇]. 기릴 추[獎]. 궁구할 추[繹]. 파물을 추[詰]. 여기서는 밀 퇴[排]로 읽어야 함.

位 자리 위. 벼슬 위[官]. 임금신분 위[王位]. 위치 위[位置]. 자리가정해있을 위[安其所]. 바를 위[正]. 분 위[分; 존댓말]. 벌릴 위[列]. 방위 위[方角].

讓 사양 양[謙]. 꾸짖을 양[責].

國 나라 국[邦]. 고향 국[故鄉].

有 있을 유. 얻을 유[得]. 취할 유[取]. 과연 유[果]. 가질 유[保]. 친할유[親]. 또 유[又].

虞 나라이름 우[帝舜]. 염려할 우[慮]. 추우 짐승 우[騶虞]. 즐거울 우[樂]. 갖출 우[備]. 그릇할 우[謨]. 편안할 우[安]. 우제 지낼 우[虞祭]. 벼슬 우[官名]. 여기서 우는 순(舜)을 가리킨 것임.

陶 질그릇 도[瓦器]. 통할 도[暢]. 불쌍히생각할 도[鬱陶]. 화할 도[化]. 성 도[姓]. 땅이름 도[地名]. 달릴 도[馳]. 화락할 요[和樂]. 순임금신하 요[皐陶]. 여기서는 도당(陶唐)이라 써서 요(堯)를 가리킨 것임.

唐 당나라 당[國名]. 황당할 당[荒唐]. 복도 당[堂途]. 갑자기 당[遽]. 제방 당[塘].

弔 조상할 조[吊喪]. 서러울 조[傷]. 불쌍히 여길 조[愍]. 이를 적[至]. 여기서는 곤란하게 지내는 사람을 불쌍히 여겨 위로한다는 뜻으로 썼음.

民 백성 민[黎首]. 여기서는 아무것도 모르는 중민(衆民)을 말한 것임.

伐 칠 벌[征]. 벨 벌[斫木]. 공 벌[功]. 자랑할 벌[自矜]. 방패 벌[干]. 갈아눕힐흙 벌[耦土]. 여기서는 북을 치면서 죄 있는 자를 정벌한다(鳴鼓以攻之)는 뜻임.

罪 허물 죄, 죄줄 죄[罰]. 고기그물 죄[魚網].

周 두루 주[徧]. 두를 주[匝]. 주밀할 주[密]. 미쁠 주[信]. 구할 주[救]. 구부러질 주 [曲]. 나라이름 주[國].

發 필 발[舒]. 일어날 발[起]. 찾아낼 발[發見]. 일으킬 발[興]. 쏟을 발[洩]. 드날릴 발[揚]. 열 발[開]. 밝힐 발[明]. 떠날 발[行]. 활쏠 발[放矢]. 빠를 발[疾]. 여기서는 주(周)나라 무왕(武王) 이름임.

殷 성할 은[盛]. 많을 은, 무리 은[衆]. 클 은 [大]. 가운데 은[中]. 천둥소리 은[雷聲]. 은나라 은[成湯國號]. 검붉을 안[黑赤].

湯 끓을 탕, 물끓일 탕[熱水]. 물이름 탕[水名]. 씻을 탕[熱沃湯]. 물결칠 상, 출렁거릴 상[波動貌]. 여기서는 은(殷)나라 탕왕(湯王)을 가리킴.

坐 앉을 좌. 무릎꿇을 좌[跪]. 자리 좌[席]. 지킬 좌[守]. 죄입을 좌[被罪人]. 대심할 좌[罪人對理]. 손발움직이지않을 좌[手足不動].

朝 아침 조, 이를 조[早]. 보일 조[覲]. 조회받을 조[朝會]. 조정 조[朝廷]. 찾을 조[訪].

問 물을 문[訊]. 문안할 문[訪]. 문초할 문[訊罪]. 분부할 문[命令].

道 길 도[路]. 이치 도[理]. 순할 도[順]. 도 도[仁義忠孝之德義]. 말할 도[言]. 말미암을 도[由]. 좇을 도[從]. 여기서는 백성을 다스리는 올바른 길을 말함.

垂 드리울 수[縋下]. 변방 수[邊]. 거의 수, 미칠 수[及]. 남길 수[殘]. 여기서는 옷을 드리운 것으로서, 수공(垂拱)은 옷을 드리우고 손을 배 위에 모아놓고 있는 모양을 말함.

拱 팔짱낄 공. 손길잡을 공.

平 평탄할 평[坦]. 바를 평[正]. 화할 평[和]. 다스릴 평[治]. 고를 평[均]. 쉬울 평[易]. 화친할 평[和]. 풍년들 평[歲稔]. 소리 평[平聲].

章 밝을 장[明]. 글 장[文]. 문채 장[彩]. 표할 장[表].

愛 아낄 애[惜]. 괴일 애[寵]. 사랑 애[仁之發]. 친할 애[親]. 은혜 애[恩]. 어여삐여길 애[憐]. 사모할 애[慕]. 측은히여길 애[隱]. 기뻐할 애[喜]. 몰래간통할 애[密通].

育 기를 육[養]. 날 육[生]. 자랄육[育成].

黎 검을 려[黑]. 무리 려[衆]. 동틀 려[黎明]. 배접할 려[作履黏以黍米]. 백성들은 갓을 쓰지 않기 때문에 모두 머리가 까마므로, 여기서는 여러 백성을 까만 머리라 하여 여수(黎首)라고 썼음.

首 머리 수[頭]. 먼저 수[先]. 비롯할 수[始]. 임금 수[君]. 우두머리 수[首領]. 향할 수[嚮]. 자백할 수[自首]. 시한편 수[一篇].

臣 신하 신. 두려울 신.

伏 엎드릴 복[跧偃]. 공경할 복[伏慕·望]. 숨을 복[隱·匿]. 복 복[初·中·末伏]. 굴복할 복[屈]. 길 복[匍匐]. 새가알을품을 부[鳥抱卵]. 여기서 신복(臣伏)은 백성들이 엎드려 임금에게 복종한다는 뜻임.

戎 오랑캐 융[蠻族]. 병장기 융[兵]. 싸움수레 융[元戎]. 클 융[大]. 도울 융[相]. 너 융[汝].

羌 오랑캐 강[西戎]. 말끝낼 강[語端辭]. 강(羌)은 혹 강[羌]으로도 씀.

遐 멀 하[遠]. 무엇 하[何].

邇 가까울 이[近].

壹 하나 일[一]. 한결 일[專]. 정성 일[誠]. 순박할 일[醇]. 모두 일[全]. 일통할 일[合]. 막힐 일[塞].

體 몸 체[身]. 사지 체[四肢]. 몸받을 체[體之]. 모양 체, 꼴 체[形象·形態]. 물건 체[物體]. 근본 체[本]. 본받을 체[效].

率 거느릴 솔[領]. 좇을 솔[循]. 다 솔[皆]. 쓸 솔[用]. 대강 솔[大略]. 소탈할 솔[坦率]. 경솔할 솔[輕遽]. 행할 솔[行]. 비례 률[比率]. 헤아릴 률[計]. 새그물 수[鳥網]. 장수 수[渠率].

賓 손 빈, 손님 빈[客]. 인도할 빈[導]. 복종할 빈[服]. 배척할 빈[擯]. 율이름 빈[蕤賓]. 성 빈[姓]. 여기서 솔빈(率賓)이라고 한 것은 모두 거느려 복종한다는 뜻임.

歸 돌아갈 귀, 돌아올 귀[還]. 돌려보낼 귀[還所取之物]. 던질 귀[投]. 붙좇을 귀[附]. 허락할 귀[許]. 시집갈 귀[嫁]. 사물의끝 귀[終]. 괘이름 귀[卦名]. 먹일 궤[餽].

王 임금왕[君]. 할아버지 왕[王父]. 왕노릇할 왕[五霸身臨天下]. 어른 왕[長]. 왕성할 왕[盛]. 갈 왕[往].

鳴 울 명[凡出聲皆曰鳴]. 새울음 명[鳥聲].

鳳 새 봉, 봉황 봉[鳳凰]. 수컷을 봉, 암컷을 황이라고 함.

在 있을 재[存]. 살 재[居]. 살필 재[察]. 곳 재[所].

樹 나무 수[木]. 막을 수[屏]. 세울 수[立]. 심을 수[植].

白 흰 백[西方色素也]. 분명할 백[明]. 밝을 백[光線]. 깨끗할 백, 결백할 백[潔]. 말할 백, 아뢸 백[告]. 아무것도없을 백[無]. 성 백[白氏]. 책이름 백[飛白]. 땅이름 배[白川].

駒 망아지 구[二歲馬]. 애말 구[小馬]. 나무등걸 구[枯樹本]. 노새이름 구[驪駒].

食 밥 식[殷饌]. 먹을 식[茹]. 씹을 식[啗]. 제사 식[血食]. 헛말할 식[食言]. 먹일 사[與人飯]. 사람이름 이[酈食其].

場 마당 장[除地]. 제사하는곳 장[祭場·齋場]. 싸움터 장[戰場].

化 될 화, 화할 화[造化]. 변화할 화[變]. 본받을 화[敎]. 무역 화[貿易]. 죽을 화[死]. 저절로생길 화[自生]. 중이동냥할 화[乞施].

被 입을 피. 이불 피[寢衣]. 상처받을 피[傷]. 미칠 피[及]. 나타날 피[著]. 더할 피[加]. 덮일 피[覆也]. 창피할 피.

草 풀 초[百卉總名]. 풀파릇파릇할 절[發芽貌].

木 나무 목. 질박할 목[木訥]. 뻣뻣할 목[不和柔]. 무명 목[棉織]. 모과 모[木瓜]. 여기서 초목은 온 세상의 모든 풀과 나무를 통틀어 말한 것임.

賴 힘입을 뢰[蒙]. 믿을 뢰[恃]. 자뢰할 뢰[藉].

及 미칠 급[逮]. 미쳐갈 급[罩被]. 죄미칠 급[連累]. 및 급, 과 급[兼詞]. 찰 급[滿]. 때가올 급[時來]. 더불어 급[與]. 같을 급[如].

萬 일만 만[千之十倍]. 많을 만, 여럿 만[萬邦]. 만약 만[萬若]. 결단코 만[決]. 벌 만[蜂]. 춤이름 만[舞名]. 万과 같음.

方 모 방[矩]. 방위 방[嚮]. 이제 방[今]. 떳떳할 방[常]. 견줄 방[比]. 또한 방, 바야흐로 방[旦]. 있을 방[有]. 꾀 방[術]. 책 방[簡策]. 방서 방[醫書]. 여기서 만방은 사면 팔방이란 뜻임.

蓋 덮을 개. 대개 개[大凡]. 뚜껑 개, 덮개 개

[覆]. 이엉 개[茅苫]. 가리울 개[掩]. 우산 개[傘]. 부들자리 합[蒲席]. 고을이름 갑[邑名]. 성 갑[姓]. 盖로도 씀.

此 이 차[彼之對]. 그칠 차[止].

身 몸 신[躬]. 아이밸 신[懷孕]. 칙지 신, 교지 신[告身]. 몸소 신[親].

髮 터럭 발, 머리카락 발[頭上毛]. 모래땅 발, 메마른땅 발[不毛之地].

四 넉 사, 넷 사[數名]. 사방 사[四方]. 네번 사[四次].

大 큰 대[小之對]. 지날 대[過]. 길 대[長]. 높이는말 대[尊稱]. 극할 다[極]. 심할 다[甚].

五 다섯 오[數名]. 다섯번 오[五回].

常 떳떳할 상[庸]. 항상 상, 늘 상[恒]. 두길 상[倍尋]. 아가위 상[棣]. 오랠 상[久]. 벼슬이름 상[太常].

恭 공손할 공[從和]. 엄숙할 공[肅]. 공경할 공[敬]. 받들 공[奉].

惟 오직 유[獨]. 꾀 유, 꾀할 유[謀]. 생각할 유[思]. 어조사 유[語助辭].

鞠 칠 국, 기를 국[養]. 고할 국[告]. 구부릴 국[躬曲]. 어린아이 국[稚子]. 궁할 국[窮]. 찰 국[盈]. 제기 국[蹋鞠].

養 기를 양, 자랄 양[育·長]. 취할 양[取]. 몸위할 양[養生]. 살찔 양[滋養]. 봉양할 양[奉養].

豈 어찌 기[焉]. 일찍 기[曾]. 승전악 개[勝戰樂].

敢 굳셀 감. 구태여 감[忍爲]. 과단성있을 감[果敢]. 감히 감[冒昧辭]. 날랠 감[勇].

용맹스러울 감[猛]. 범할 감[犯].

毁 헐 훼. 무너질 훼[壞]. 험담할 훼[訾]. 이 갈 훼[去齒]. 상제얼굴파리할 훼[瘠]. 헐어질 훼[隳].

傷 다칠 상. 상할 상[創損]. 아플 상[痛]. 근심할 상[憂]. 해할 상.

女 계집 녀, 딸 녀[婦人夫嫁]. 여자 녀, 아낙네 녀[婦人總稱]. 너 녀[汝]. 별이름 녀[星名]. 시집보낼 녀[以女妻人].

慕 사모할 모[係戀不忘]. 생각할 모[思]. 모뜰 모[受習].

貞 곧을 정[正]. 굳을 정[固].

烈 매울 렬[寒氣]. 불활활붙을 렬[火猛]. 빛날 렬[光]. 위엄스러울 렬[威]. 공 렬[業]. 아름다울 렬[美]. 사나울 렬[暴]. 충직할 렬[忠直].

男 사내 남[丈夫]. 아들 남[子對父母曰男]. 벼슬이름 남[男爵].

效 본받을 효, 닮을 효[倣]. 효험 효[驗]. 공 효[功]. 배울 효[學]. 형상할 효[象]. 힘쓸 효[勉]. 이를 효[致]. 법받을 효[法].

才 재주 재[技能]. 능할 재[能]. 현인 재[賢人]. 바탕 재[質]. 근근이 재[僅]. 재단 재[裁].

良 어질 량, 착할 량[善]. 자못 량, 퍽이나 량[頗]. 남편 량[良人]. 장인 량[器工]. 깊을 량[深]. 머리 량[首]. 때문 량[良有以].

知 알 지[識]. 깨달을 지[覺]. 생각할 지[生覺]. 기억할 지[記憶]. 이를 지[諭]. 하고자 할 지[欲]. 주장할 지[知府].

過 지날 과[經]. 넘을 과[越]. 그릇할 과[誤]. 허물 과[罪].

282

必 반드시 필[定辭]. 그럴 필[然]. 오로지 필[專]. 살필 필[審]. 기약 필[期必].

改 고칠 개[更]. 거듭할 개[再]. 바꿀 개[易]. 새롭게할 개[新]. 지을 개[造].

得 얻을 득[獲]. 탐할 득[貪]. 상득할 득[與人契合]. 만족할 득[滿足]. 잡을 득[捕]. 잘할 독[能]. 예전에는 덕(德)과 서로 바꾸어 쓰기도 했음.

能 능할 능[勝任]. 착할 능[善]. 시러금 능. 곰 능[熊屬]. 세발자라 내[三足鼈]. 별이름 태[台星].

莫 말 막[勿]. 없을 막[無]. 클 막[大]. 꾀할 막[謨]. 나물 모, 푸성귀 모[菜]. 저물 모[日且冥].

忘 잊을 망[遺忘]. 잃어버릴 망[失]. 깜짝할 망[忽]. 기억이없을 망[不記]. 없애버릴 망[忘憂].

罔 말 망. 없을 망[無]. 속일 망[誣]. 맺을 망[結]. 그물 망[網]. 흐릴 망[無知].

談 말씀 담[言論]. 바둑둘 담[手談].

彼 저 피[此之對]. 저것 피[外之辭].

短 짧을 단[不長]. 잘못 단[缺點]. 남의허물 지목할 단[指人過失]. 젊어서죽을 단[夭死].

靡 없을 미[無]. 쓰러질 미[偃]. 사치할 미[侈靡]. 번을 미[連延]. 얽을 미[繫]. 썩을 미, 물크러질 미[爛]. 허비할 미[靡費].

恃 믿을 시[賴]. 의지할 시[依]. 어머니 시[母].

己 몸 기, 저 기[身]. 사사 기[私]. 마련할 기[紀]. 육갑기[六甲].

長 긴 장, 길이 장[短之對]. 클 장[大]. 좋을 장[長物]. 늘 장, 항상 장[常]. 길 장[永]. 오랠 장[久]. 착할 장[善]. 넉넉할 장[優]. 높을 장[尊]. 맏 장[孟]. 나아갈 장[進]. 기를 장[養]. 젤 장[度]. 벼슬이름 장[官名]. 멀쑥할 장[冗長]. 많을 장[多].

信 믿을 신[不疑]. 참될 신[眞]. 밝힐 신[明]. 징험할 신[驗]. 도장 신[印]. 맡길 신[任]. 소식 신[消息]. 펼 신[伸].

使 부릴 사[役]. 하여금 사[令]. 가령 사[假令]. 사신 사[將命者]. 심부름시킬 사[命].

可 옳을 가[否之對]. 허락할 가[許]. 가히 가[肯]. 마땅할 가[宜]. 만큼 가[程]. 겨우 가[僅]. 착할 가[善]. 바 가[所]. 안해 극[可敦].

覆 덮을 복. 돌이킬 복[反覆]. 거듭 복[再]. 엎칠 복[敗]. 엎지를 복[倒]. 오히려 복[反對]. 살필 복[審]. 덮을 부[蓋]. 쌀 부[包]. 엎드릴 부[伏兵].

器 그릇 기[皿]. 도량 기[度量]. 쓰일 기[使用]. 그릇다울 기[才量]. 중히여길 기[重].

欲 하고자할 욕[期願]. 탐낼 욕[貪]. 사랑할 욕[愛]. 장차 욕[將然]. 필요할 욕[要]. 慾과 통용도 됨.

難 어려울 난[艱難, 不易]. 꾸짖을 난[責]. 막을난[阻]. 힐난할 난[詰] 구슬이름 난[木難]. 성할 나[盛].

量 헤아릴 량[商量]. 생각할 량, 생각하여분별할 량[分別]. 예상할 량[豫想]. 한정할 량[限]. 국량 량[局量].

墨 먹 묵[度]. 먹줄 묵[度]. 탐할 묵[貪]. 그을음 묵[煤]. 형벌 묵[黥]. 여기서는 묵적(墨翟)을 말함. 그는 주(周)나라 끝무렵 전국시

대 사람으로서 겸애설(兼愛說)을 주장
하였음.

悲 슬플 비[痛]. 불쌍히여길 비[憐]. 한심할
비[寒心].

絲 실 사. 풍류이름 사[絃器]. 음의하나 사
[八音之一].

染 물들일 염. 꼭두서니 염[茜屬]. 물젖을
염[漬].

詩 글 시. 귀글 시. 풍류가락 시[樂章]. 여기
서는《시경(詩經)》을 말함.

讚 기릴 찬[稱美]. 도울 찬[佐].

羔 염소 고. 새끼양 고[羊子].

羊 양 양. 노닐 양[遊]. 상양새 양[商羊]. 고양
(羔羊)은《시경》소아(小雅)에 있는 고양
편(羔羊篇)을 말함.

景 볕 경. 빛 경[光]. 클 경[大]. 경치 경[景致].
밝을 경[明]. 형상할 경[像]. 사모할 경
[慕]. 그림자 영[影]. 옷 영[衣].

行 다닐 행[步]. 갈 행[往]. 길 행[路]. 행실 행
[行動]. 운반할 행[運]. 항오 항[列]. 시장
항[市長]. 항렬 항[等輩]. 행서 행[書體].

維 벼리 유[綱]. 오직 유[猶]. 이 유[此]. 맬
유, 이을 유[係]. 맺을 유[連結]. 모퉁이 유
[隅]. 발어사 유[發語辭]. 혁개 유[維新].
끌어갈 유[維持].

賢 어질 현, 어진이 현[有德行]. 좋을 현[善].
나을 현[勝]

剋 이길 극[勝]. 능할 극[能]. 마음억누를 극
[抑]. 세금많이받을 극[掊克].

念 생각할 념[常思]. 읽을 념[誦]. 스물 념
[二十日]. 대단히짧은시간 념[刹那].

作 지을 작[造]. 이룰 작[成]. 비롯할 작[始].
일할 작[事]. 일어날 작[興起]. 할 자[爲].
지을 자[做]. 만들 주[造].

聖 성인 성[智德過人]. 착할 성[睿]. 통할 성
[通]. 지극할 성[至極之稱]. 잘할 성[長].
거룩할 성[至聖]. 약주 성[酒名].

德 큰 덕[行道有得]. 품행 덕[品行]. 은혜 덕
[惠]. 덕되게여길 덕[荷恩]. 날 덕[生]. 덕
있는사람 덕[君子]. 좋은가르침 덕[感化].
별이름 덕[木星]. 왕기 덕[旺氣].

建 세울 건, 설 건[立]. 둘 건[置]. 심을 건
[樹]. 별이름 건[星名].

名 이름 명[稱號]. 이름지을 명[命名]. 공 명
[功]. 글 명[文字]. 명령할 명[命令]. 말뿐
명[有名無實].

立 설 립[起]. 세울 립[建]. 이룰 립[成]. 굳을
립[堅]. 곧 립[速]. 밝힐 립[明]. 정할 립[設
定].

形 형상 형[體]. 형상할 형[象]. 나타날 형
[現]. 형편 형[形勢].

端 바를 단[正]. 끝 단[末]. 머리 단[首]. 살필
단[審]. 근본 단[本源]. 단오 단[端牛]. 비
롯할 단[始]. 오로지 단[專]. 성 단[姓].

表 겉 표. 거죽 표[外]. 윗옷 표[上衣]. 밝을
표[明]. 표꽂을 표[表識]. 정문세울 표[表
異]. 글 표, 전문 표[箋] 표표할 표[出衆].

正 바를 정[方直不曲]. 마땅할 정[當]. 정할
정[定]. 첫 정, 정월 정[歲首].

空 빌 공[虛]. 하늘 공[太空]. 클 공[大]. 다할
공[盡]. 구멍 공[穴]. 궁할 공[窮]. 이지러
질 공[缺]. 벼슬이름 공[司空].

谷 골 곡[山間水道]. 궁진할 곡[窮谷]. 기를

곡[穀]. 성 욕[吐谷渾]. 나라이름 욕[國名].

傳 전할 전[轉·記錄]. 펼 전[布]. 이을 전[續]. 옮길 전[移]. 책 전[書].

聲 소리 성[音]. 풍류 성[樂]. 명예 성, 기릴 성[名譽].

虛 빌 허, 헛될 허[空]. 약할 허[弱]. 거짓 말 허[虛言]. 하늘 허[虛空]. 별이름 허 [二十八宿之一].

堂 집 당. 마루 당[正寢]. 정당할 당[正]. 집무하는집 당[政事堂]. 가까운친척 당[堂內·第·叔]. 훌륭한용모 당[威容].

習 익힐 습[慣]. 날기익힐 습[學習鳥數飛]. 가까이할 습[押]. 슬슬불 습[和舒]. 거듭 습[重].

聽 들을 청[聆]. 받을 청[受]. 좇을 청[從]. 기다릴 청[待]. 꾀할 청[謀]. 맡길 청[任]. 수소문할 청[偵察].

禍 재앙 화[災害]. 앙화 화[殃].

因 인할 인[仍]. 말미암을 인[由]. 의지할 인[依]. 인연 인[緣]. 따를 인[隨]. 까닭 인[理由]. 근본 인[本].

惡 악할 악, 모질 악[不善]. 더러울 악[醜陋]. 나쁠 악[不良]. 미워할 오[憎]. 부끄러울 오[羞惡]. 욕설할 오[辱]. 어찌 오[何]. 헛소리 오[歎辭].

積 쌓을 적, 저축할 적[儲]. 모을 적[聚]. 부피 적[容積]. 넓이 적[積量]. 쌓을 자[儲].

福 복 복[祐]. 아름다울 복[休]. 착할 복[善]. 상서 복[祥]. 음복할 복[飮福].

緣 인연 연[因]. 선두를 연[飾]. 단옷 단[後服].

善 착할 선[良]. 길할 선[吉]. 많을 선[多]. 좋을 선, 좋아할 선[好]. 옳게여길 선[善之].

慶 경사 경[福]. 착할 경[善]. 즐거워할 경[慶喜]. 칭찬할 경[慶以地]. 하례할 경[賀]. 복 강[福]. 이에 강[乃].

尺 자 척[十寸], 가까울 척[近]. 법 척[法].

璧 구슬 벽, 도리옥 벽, 둥조옥 벽[瑞玉]. 별이름 벽[東璧].

非 아닐 비[不是]. 나무랄 비[訾]. 그를 비[不正]. 어길 비[違]. 없을 비[無]. 몹쓸 비[惡].

寶 보배 보[珍·瑞]. 귀할 보[貴]. 옥새 보[符璽]. 돈 보[錢].

寸 마디 촌[節]. 치 촌[十分]. 헤아릴 촌[忖]. 조금 촌[少].

陰 그늘 음[影]. 응달 음, 음지 음[水南山北]. 음기 음[陽之對]. 가만할 음[默]. 가릴 음[蔭]. 비등어리 음[碑背]. 흐릴 음[曇]. 세월 음[光陰]. 몰래 음[秘密].

是 이 시[此]. 바를 시[正]. 곧을 시[直]. 옳을 시[非之對].

競 다툴 경[爭]. 쫓을 경[逐]. 성할 경[盛]. 굳셀 경[彊]. 높을 경[高]. 급할 경[遽].

資 밑천 자. 재물 자[貨]. 취할 자[取]. 쓸 자[用]. 도울 자[助]. 품할 자[稟]. 자뢰 자[賴·憑]. 자부(資父)라 함은 아비를 섬긴다는 말임.

父 아비 부, 아버지 부[生己者]. 늙으신네 부, 할아범 뷔[老叟之稱]. 남자의미칭 보[男子美稱]. 보(甫)와 통함.

事 섬길 사[奉]. 일 사[動作]. 벼슬 사[職]. 큰일 사, 변사 사[異變]. 다스릴 사[治]. 경영할 사[營].

君 임금 군[至尊]. 아버지 군[嚴父]. 아내 군[妻]. 남편 군[夫]. 선조 군[先祖]. 그대 군[彼此通稱].

曰 가로 왈, 가라사대 왈[語端]. 이를 왈[謂]. 일컬을 왈[稱]. 말낼 왈[發語辭]. 얌전하지못한계집 왈[曰牌].

嚴 엄할 엄[威]. 굳셀 엄[毅]. 높을 엄[尊]. 공경할 엄[敬]. 씩씩할 엄[莊].

與 더불 여[以]. 어조사 여[語助辭]. 허락할 여[許與]. 미칠 여[及]. 같을 여[如]. 줄 여[施予]. 참여할 여[參與]. 여기서는 두 가지 물건을 접속시키는 말, 곧 '무엇과 무엇'의 '과'에 당해하는 뜻으로 쓴 것임.

敬 공경 경[敬]. 엄숙할 경[肅]. 삼갈 경[愼].

孝 효도 효[善事父母]. 상복입을 효[喪服].

當 마땅 당[理合如是]. 대적할 당[敵]. 적합할 당, 순응할 당[順應]. 당할 당[値]. 전당할 당[出物質當]. 마땅할 당[適可]. 맞힐 당[中].

竭 다할 갈[盡]. 마를 갈[涸].

力 힘 력[筋力]. 부지런할 력[勤]. 일할 력[勞]. 힘쓸 력[盡力]. 작용할 력[引力]. 종 부릴 력[僕役].

忠 충성 충[盡心不欺]. 곧을 충[直]. 공변될 충[無私]. 충성껏할 충[竭誠].

則 곧 즉, 어조사 즉[語助辭]. 법칙 칙[常法]. 본받을 칙[效]. 법 칙[天理]. 모범 칙[模範]. 그후 칙[其後]. 조목 칙[條目].

盡 다할 진[竭]. 마칠 진[終]. 다 진, 모두 진[皆]. 다하게할 진[盡之]. 극진할 진[極].

命 목숨 명[天之所賦] 시킬 명[使]. 명령할 명[令]. 이름 명[名]. 도 명[道]. 운수 명[運].

臨 임할 림[莅]. 군림할 림[君臨]. 굽힐 림[屈]. 여럿이울 림[衆哭].

深 깊을 심[淺之對]. 멀 심[遠]. 감출 심[藏]. 옷이름 심[深衣].

履 밟을 리[踏]. 신 리, 가죽신 리[皮靴]. 녹 리[祿]. 신을 리[以履加足].

薄 얇을 박[不厚]. 가벼울 박[輕]. 적을 박[少]. 빨리달릴 박[疾驅]. 핍박할 박[迫]. 땅거미 박[薄暮晩]. 누에발 박[簇]. 적을 박[少].

夙 이를 숙[早]. 아침일찍 숙[早朝]. 빠를 숙[速]. 일찍일어날 숙[早起]. 공경할 숙[敬].

興 일어날 흥, 일 흥[起]. 지을 흥[作]. 거두어모을 흥[軍興]. 감동할 흥[感物而發]. 흥치 흥[興況]. 시구의구조법 흥[詩句構造法]. 일으킬 흥[擧].

溫 따뜻할 온[暖]. 부드러울 온[柔]. 샘이름 온[溫泉].

淸 서늘할 정[薄寒].

似 같을 사[肖]. 본뜰 사[模倣]. 이을 사[嗣]. 받들 사[奉].

蘭 난초 란[草名]. 나라이름 란[和蘭]. 목란꽃 란[木蘭].

斯 이 사[此]. 곧 사[卽]. 쪼갤 사[析]. 말그칠 사[語已辭]

馨 향기 형[香]. 향내멀리날 형[香遠聞].

如 같을 여[似]. 만약 여[若]. 그러할 여[然]. 어떠할 여[如何]. 이를 여[至]. 갈 여[行]. 부처님 여[釋迦如來]. 첩 여[如夫人]

松 솔 송, 소나무 송[百木之長]. 향풀 송[香草

名].

之 갈 지[往]. 이를 지[至]. 이 지[此]. 어조사 지[語助辭]. ~의 지[所有格]. 이에 지[於].

盛 성할 성[茂]. 담을 성[容受]. 이룰 성[成]. 많을 성[多].

川 내 천[通流水]. 굴 천[坑].

流 흐를 류[水行]. 내릴 류[下]. 내칠 류[放]. 달아날 류[走]. 무리 류[類]. 귀양보낼 류[流配]. 근거없을 류[流言]. 등급 류[上下流]. 갈래 류[流派].

不 아니 불, 않을 불[非·未]. 뜻이정하지않을 부[未定辭].

息 쉴 식[休]. 그칠 식[止]. 숨쉴 식[呼吸]. 한숨쉴 식[太息]. 자식 식[子]. 이자 식[利息].

淵 못 연[池]. 깊을 연[深]. 모래톱 연[江中沙地]. 북소리둥둥할 연[鼓聲].

澄 맑을 징[淸]. 술이름 징[酒名].

取 취할 취. 거둘 취[收]. 받을 취[受]. 찾을 취[索]. 빼앗을 취[奪]. 장가들 취[娶]. 들 취[擧].

映 비칠 영[照]. 빛날 영[暎].

容 얼굴 용[貌]. 모양 용[儀]. 쌀 용[包]. 용납할 용[受]. 용서할 용[宥]. 내용 용[內容]. 조사 용[助辭].

止 그칠 지[停]. 말 지[已]. 쉴 지[息]. 살 지[居]. 머무를 지[留]. 거동 지[儀]. 어조사 지. 용지[容止]라 하면 몸가짐, 곧 진퇴와 거동을 말한 것임.

若 같을 약[如]. 만약 약[假說]. 및 약[及]. 반야 야[般若]. 난야 야[蘭若].

思 생각 사[慮]. 생각할 사[念]. 의사 사[意思]. 원할 사[願].

言 말씀 언[辭]. 말할 언[語]. 한마디 언, 한 구절 언[一句].

辭 말씀 사[言]. 사례할 사[別]. 사양할 사[不受]. 글 사[文章]. 감사할 사[謝禮]. 거절할 사[不應].

安 편안 안[危之對]. 고요할 안[靜]. 즐거울 안[佚樂]. 무엇 안, 어찌 안[何]. 자리잡을 안[位置]. 값쌀 안[廉價].

定 정할 정[決]. 바를 정[正]. 편안할 정[安]. 고요할 정[靜]. 그칠 정[止]. 별이름 정[星名].

篤 도타울 독[厚]. 순전할 독[純]. 병이위독할 독[危篤]. 말걸음느릴 독[馬行頓遲].

初 처음 초, 비롯할 초[始]. 근본 초[本]. 이전 초[以前]. 옛 초[故]. 맨앞 초[最前].

誠 정성 성[純一無僞]. 미쁠 성[信]. 살필 성[審]. 진실 성[眞實]. 공경할 성[敬].

美 아름다울 미[嘉]. 예쁠 미[媚]. 좋을 미[好]. 맛날 미[甘].

愼 삼갈 신[謹]. 정성스러울 신[誠]. 고요할 신[靜]. 생각할 신[思].

終 마칠 종, 마침내 종[竟]. 마지막 종, 다할 종[窮極]. 죽을 종[卒]. 끝 종[末].

宜 마땅 의[當]. 옳을 의[適理]. 유순할 의[順]. 좋아할 의[好]. 제사이름 의[祭名].

令 하여금 령[使]. 시킬 령[俾]. 가령 령[假令]. 명령할 령[命]. 법률 령[法令]. 벼슬이름 령[縣令]. 착할 령[善]. 철 령[時].

榮 영화 영[辱之反]. 꽃다울 영[華]. 무성할

영[茂]. 명예 영[名譽]. 오동나무 영[桐木]. 피 영[血氣].

業 일 업[事]. 업 업. 일할 업[事之]. 위태할 업[危]. 벌써 업. 처음 업[創]. 이미 업[已然]. 공경할 업[敬]. 여기서 영업(榮業)이라고 한 것은 귀한 관직, 곧 현직(顯職)을 말한 것임.

所 바 소, 것 소[語辭]. 곳 소[處]. 쯤 소[許]. 가질 소[所有]. 얼마 소[幾何].

基 터 기[址]. 근본 기[本]. 업 기[業]. 웅거할 기[據]. 풍류이름 기[立基].

籍 떠들썩할 자. 깔 자[薦]. 왁자할 자[狼籍]. 핑계할 자[憑藉]. 자자할 자[藉藉]. 호적 적. 성할 적[甚盛].

甚 심할 심[劇]. 몹시 심, 더욱 심[尤]. 무엇 심[何].

無 없을 무[有之對]. 아닐 무[不]. 말 무[勿]. 빌 무[空虛]. 풀이름 무[文無].

竟 마칠 경, 그칠 경[終]. 다할 경[窮]. 즈음 경[際]. 필경 경[畢竟]. 여기서 무경(無竟)이라 한 것은 끝이 없다, 곧 무궁(無窮)하다는 뜻임.

學 배울 학[學敎]. 글방 학[庠序總名]. 공부 학[學理].

優 넉넉할 우[饒]. 화할 우[和]. 아양 우[戲]. 나을 우[劣之對]. 이길 우[勝]. 광대 우[俳優]. 광대놀이 우[俳優].

登 오를 등[升]. 나아갈 등[進]. 벼슬에오를 등[登位]. 담쌓는소리 등. 많을 등[登登], 무리 등[衆].

仕 벼슬 사[官]. 벼슬할 사[宦]. 배울 사[學].

攝 쥘 섭. 겸할 섭[兼]. 꾸일 섭[假貸]. 몰아잡

을 섭[摠持]. 끌 섭[引持]. 항복할 섭[降].

職 벼슬 직[品秩]. 맡을 직, 직분 직[執掌]. 주장할 직[主]. 여기서 섭직(攝職)이라 한 것은 직무(職務), 곧 맡은 직분을 몰아잡아 다스린다는 뜻임.

從 좇을 종, 따를 종[隨]. 말들을 종[相聽]. 부터 종[自]. 친척 종[同宗].

政 정사 정[以法正民]. 바르게할 정[正]. 조세 정[租稅].

存 있을 존[在]. 보존할 존[保存]. 존문할 존[告存]. 살필 존[省].

以 써 이[用]. 할 이[爲]. 까닭 이[因]. 함께 이[與].

甘 달 감[五味之一]. 맛 감[味]. 마음상쾌할 감[快意].

棠 아가위 당[杜]. 사당나무 당[如李無核].

去 갈 거[離·行]. 버릴 거[棄]. 도망할 거[亡]. 예전 거[過時]. 덜 거[除].

而 말이을 이, 어조사 이. 또 이[承上辭]. 이에 이[乃]. 너 이[汝].

益 더할 익[增加]. 나아갈 익[進]. 더욱 익[尤]. 넉넉할 익[饒]. 괘이름 익[卦名].

詠 읊을 영[長歌].

樂 즐거울 락, 즐길 락[喜]. 풍류 악[八音之總名]. 좋아할 요[樂山樂水].

殊 다를 수[異]. 지나갈 수[過去]. 베일 수[誅].

貴 귀할 귀, 높을 귀[位高尊]. 귀히여길 귀[不賤]

賤 천할 천[不貴]. 흔할 천[價低]. 첩 천[賤

率].

禮 예도 례[節文仁義]. 절 례, 인사 례[拜禮].

別 다를 별[異]. 나눌 별[分]. 분별할 별, 가를 별[辨]. 이별할 별[離別]. 영결할 별[永決]. 차이 별[差異].

尊 높을 존[貴]. 어른 존[君父稱]. 공경할 존[敬]. 술 준[酒器].

卑 낮을 비[下]. 천할 비[賤]. 하여금 비[使]. 작을 비[小]. 산이름 비[鮮卑].

上 위 상, 높을 상[下之對]. 바깥 상[外]. 임금 상[君]. 뛰어나서좋을 상[優]. 오를 상[昇]. 드릴 상[進].

和 화할 화[諧]. 순할 화[順]. 알맞을 화[過不及]. 사이좋을 화[睦]. 화답할 화[聲相應]. 곡조 화[調]. 섞을 화[調味].

下 아래 하, 밑 하[上之對]. 낮을 하[賤]. 떨어질 하[落]. 내릴 하[自上而下].

睦 화목할 목[和]. 공경할 목[敬]. 친할 목[親]. 성 목[姓].

夫 지아비 부[男便]. 사내 부[男子通稱]. 선생 부[先生].

唱 부를 창. 노래할 창[發歌]. 인도할 창[導].

婦 지어미 부, 아내 부[妻]. 여자 부[女子]. 며느리 부[子之妻]. 암컷 부[雌]. 예쁠 부[美好].

隨 따를 수[從·順]. 괘이름 수[卦名]. 나라이름 수[國名]. 맡길 수[任名].

外 밖 외. 바깥 외[內之對]. 겉 외[表]. 멀리할 외[遠之]. 다른 외[他]. 다른나라 외[他國].

受 받을 수[相付]. 이을 수[繼承]. 얻을 수[得]. 담을 수[盛]. 용납할 수[容].

傅 스승 부[師]. 붙을 부[麗著]. 가까울 부[近]. 가깝게할 부[近之]. 수표 부[手書]. 베풀 부[敷].

訓 가르칠 훈[誨]. 인도할 훈[導] 경계할 훈[誡]. 순하게따를 훈, 거역하지않을 훈[順應]. 주낼 훈[訓詁]. 뜻일러줄 훈[設敎].

入 들 입[出之對]. 넣을 입[入之]. 받을 입[受]. 들일 입[納]. 해칠 입[侵害].

奉 받들 봉[恭承]. 드릴 봉[獻]. 높일 봉[尊]. 봉양할 봉[養]. 기다릴 봉[待]. 살아갈 봉[奉身]. 녹 봉[祿].

母 어미 모, 어머니 모[父之配]. 장모 모[妻母]. 암컷 모[牝]. 모체 모[母體].

儀 거동 의. 꼴 의[形]. 모양 의[容]. 형상 의[象]. 짝 의[匹]. 좋을 의[宜]. 본뜰 의[擬]. 법도 의[法]. 천체측도에쓰는기구 의[渾天儀]. 여기서는 의표(儀表), 곧 동작·거동을 뜻함.

諸 모두 제. 모을 제[衆]. 말잘할 제[諸諸]. 옷이름 제[諸于].

姑 시어미 고[夫之母]. 고모 고[父之姉妹]. 시누이 고[夫之女弟]. 장모 고[妻之母]. 아직 고[姑息]. 별이름 고[黃姑]. 꽃이름 고[鼠姑].

伯 맏 백[長]. 백부 백[伯父]. 형 백[兄]. 벼슬이름 백[伯爵]. 우두머리 패, 으뜸 패[盟主].

叔 아재비 숙, 삼촌 숙[季父]. 끝 숙[末]. 콩 숙[菽]. 성 숙[姓].

猶 같을 유[似], 오히려 유[尙]. 가히 유[可]. 한가지 유[同一]. 머뭇거릴 유[猶豫]. 느릿느릿할 유[舒遲]. 어미원숭이 유[獿屬].

子 아들 자, 자식 자[嗣·息]. 종자 자, 씨 자[種子·卵子]. 당신 자[男子美稱]. 어르신네 자[先子]. 임자 재[內外互稱]. 자네 자[貴公]. 벼슬이름 자[子爵]. 첫째지지 자[地支]. 하오열두시 자[子時]. 열매 자[木實]. 쥐 자[鼠]. 유자(猶子)는 조카를 말함.

比 견줄 비[比例]. 비교할 비[較]. 고를 비[和]. 어우를 비[比隣]. 편벽될 비[偏]. 차례 필[櫛比次].

兒 아이 아, 아기 아[孩子]. 어른에대하여 하는자칭 애[自稱]. 어릴 예[幼弱]. 성 예[姓].

孔 구멍 공[穴]. 매우 공, 심히 공[甚]. 통할 공[通]. 성 공[姓].

懷 품을 회[藏]. 생각할 회[念]. 편안할 회[安]. 사사 회[私]. 쌀 회[包]. 성 회[姓].

兄 맏 형[兄弟]. 어른 형[長]. 클 황[大].

弟 아우 제, 동생 제[男子後生]. 공경 제[善事兄]. 순할 제[順].

同 같을 동. 한가지 동[共]. 무리 동[輩]. 가지런히할 동[齊]. 화할 동[和]. 같이할 동[等].

氣 기운 기[活氣]. 날씨 기, 기후 기[候]. 숨 기[息]. 공기 기[空氣]. 생기 기, 정기 기[精氣].

連 이을 련[續]. 연할 련[接·聯]. 머무를 련[留].

枝 가지 지[木別生柯]. 흩어질 지[散]. 버틸 지[持]. 손마디 지[手節].

交 사귈 교[相合]. 벗할 교[俱]. 서로주고받을 교[往來]. 바꿀 교[更代]. 흘레할 교[媾合].

友 벗 우, 친구 우[同志相交]. 우애 우[善於兄弟].

投 던질 투[擲]. 버릴 투[棄]. 줄 투[贈]. 의탁할 투[託]. 여기서는 투합(投合)이라는 의미로 서로 정의를 다해서 사귄다는 뜻임.

分 나눌 분[割]. 분별할 분[別]. 나누어줄 분[施]. 분수 분, 지위 분[位]. 직분 분[服事]. 몫 분[均]. 푼 푼[尺度]. 여기서는 정분(情分)이라는 뜻으로 썼음.

切 끊을 절, 저밀 절[割]. 새길 절[刻]. 정성스러울 절[懇]. 간절할 절[懇切]. 대강 체[大略]. 온통 체[大凡].

磨 갈 마[治石]. 맷돌 마[石磑]. 숫돌 마[礪石]. 만질 마[摩擦]. 돌 마[轉]. 여기서는 절마(切磨)라고 해서 학문과 덕행을 닦는다는 뜻임.

箴 경계 잠[規戒諫誨]. 바늘 잠[綴衣]. 돌침 잠[石刺病].

規 법 규[法]. 그림쇠 규[規矩正圜器]. 발릴 규[箴規以法正人]. 계교할 규[規求計]. 간할 규[規諫]. 꾀 규[謀]. 새이름 규[子規]. 여기서 잠규(箴規)라 한 것은 바른 길로 나가도록 경계한다는 말임.

仁 어질 인, 착할 인[心之德愛]. 사람됨의근본 인[人道之根本]. 동정할 인[同情]. 덕있는사람 인[有德人]. 사람 인[人]. 열매씨 인[果核].

慈 사랑 자[愛]. 착할 자[善]. 부드러울 자[柔]. 어머니 자[母]. 불쌍히여길 자[憐].

隱 숨을 은[藏]. 불쌍히여길 은[側隱]. 속격정할 은[隱憂]. 은미할 은[微].

惻 슬플 측[痛]. 불쌍히여길 측[惻隱]. 아플

측[痛愴]. 은측(隱惻)이라고 쓴 것은 측은(惻隱)이나 마찬가지로 딱하고 가엾게 여기는 마음을 말한 것임.

造 지을 조, 만들 조[作]. 처음 조[始]. 나아갈 조[就]. 잠깐 조[造次].

次 버금 차[亞]. 차례 차[第]. 이를 차[至]. 장막 차[幄]. 갑자기 차[急遽]. 곳 차[所]. 행차 차[行次]. 여기서 조차(造次)는 잠깐 동안이라는 뜻임.

弗 아닐 불, 말 불[不]. 어길 불[違]. 버릴 불[去]. 대개 불[不]보다 더 강한 의미로 쓰임.

離 떠날 리[別]. 지날 리[歷]. 베풀 리[陳]. 떠돌아다닐 리[流離]. 아름다움 리[陸離美貌]. 반벙어리 리[伴離].

節 마디 절[竹節]. 절개 절[操]. 절제할 절[儉制]. 때 절[時節]. 풍류가락 절[樂節]. 구절 절[句節]. 예절 절[禮節].

義 옳을 의[得宜]. 의리 의[義理]. 뜻 의[意味].

廉 청렴 렴[不貪]. 맑을 렴[淸]. 조촐할 렴[潔]. 검소할 렴[儉]. 값쌀 렴[安價].

退 물러갈 퇴[却]. 갈 퇴[去]. 겸양할 퇴[謙退]. 물리칠 퇴[退之]. 여기서 염퇴(廉退)라고 쓴 것은 명리(名利)를 탐하지 않고, 불의의 물건을 취하지 않고, 물러가서 지키는 것을 뜻함.

顚 엎드러질 전[仆倒]. 이마 전[頂]. 비뚜름할 전[傾斜].

沛 자빠질 패[顚沛]. 비쏟아질 패[滂沛·沛然]. 점잖을 패[容偉]. 클 패[大]. 패수 패, 고을이름 패[沛水]. 전패(顚沛)란 자빠지고 엎드러지는 것을 말함.

匪 아닐 비[非]. 악할 비[惡]. 대상자 비[竹器]. 나눌 분[分]. 비(非)와 같음.

虧 이지러질 휴[缺]. 덜릴 휴[氣損]. 여기서는 없다는 뜻으로 쓰였음.

性 성품 성[賦命]. 마음 성[性情]. 바탕 성[質]. 색욕 성[性慾].

靜 고요할 정[寂]. 조용할 정[動之對]. 꾀할 정[謀]. 편안할 정[安]. 쉴 정[息].

情 뜻 정[性之動意]. 실상정[實] 마음속 정[心中].

逸 편안할 일[逸樂]. 놓일 일[縱]. 숨을 일[隱]. 허물 일[失]. 뛰어날 일[優]. 달아날 일[奔].

心 마음 심[形之君]. 가운데 심[中]. 염통 심[臟]. 근본 심[根本]. 별이름 심[星名].

動 움직일 동[靜之對]. 지을 동[作]. 감응 동[感應]. 마음진정되지않을 동[搖心]. 난리 동[亂]. 행동 동[行動]. 동물 동[動物].

神 귀신 신. 정신 신[神經]. 천신 신, 하느님 신[天神]. 영검할 신[靈]. 신명 신, 신통할 신[神明].

疲 고달플 피. 피곤할 피[乏]. 느른할 피, 나른할 피[倦·勞].

守 지킬 수[護]. 보살필 수[主管]. 원 수[官名]. 서리 수[署理]. 기다릴 수[待].

眞 참 진[僞之反]. 정신 진[神]. 초상 진[肖像]. 천진 진[天眞]. 근본 진. 진서 진[眞書]. 하늘 진[天].

志 뜻 지[心之所之]. 뜻할 지[意向]. 기록할 지[記]. 원할 지, 희망할 지[希望]. 기억할 지[記憶].

滿 찰 만, 가득할 만[充]. 넘칠 만[盈溢]. 교만할 만[慢].

逐 쫓을 축[追]. 물리칠 축[斥]. 달리는모양 적[逐逐].

物 만물 물, 물건 물[萬物]. 일 물[事]. 무리 물[類]. 재물 물[財物].

意 뜻 의. 뜻할 의[志之所向]. 생각 의[思]. 의리 의[義理]. 형세 의[勢].

移 옮길 이[遷]. 변할 이[變]. 모낼 이[禾相遷].

堅 굳을 견[固]. 굳셀 견[勁]. 변하지않을 견[不變]. 반드시 견[必]. 강할 견[剛].

持 가질 지, 잡을 지[執]. 지킬 지[守]. 물지게 지[汲水具].

雅 바를 아[正]. 떳떳할 아[常]. 거동 아[閑儀]. 맑을 아[淸雅]. 악기이름 아[樂器].

操 잡을 조[把持]. 움켜쥘 조[握]. 조종할 조[操縱]. 지조 조[志操]. 풍치 조[風調]. 가락 조, 곡조 조[曲調].

好 좋을 호[善]. 아름다울 호[美]. 좋아할 호[相善]. 친할 호[親]. 사랑할 호[愛]. 사귈 호[交]. 심할 호[甚].

爵 벼슬 작, 작위 작[位]. 봉할 작[封]. 술잔 작[飮器]. 벼슬줄 작[授位階]. 참새 작[省].

自 스스로 자[躬親]. 몸소 자[己]. 부터 자, 좇을 자[由·從]. 저절로 자[無勉强].

縻 얽어맬 미. 소고삐 미[牛轡].

都 도읍 도[天子所居]. 모두 도[總]. 거할 도[居]. 성할 도[盛]. 아아 도[歎美辭].

邑 고을 읍[都邑]. 흑흑느낄 읍[於邑]. 답답할 읍[邑邑].

華 빛날 화, 영화 화[榮·色]. 쪼갤 화[破]. 꽃필 화[花開]. 겉모양미 화[外觀之美]. 나라이름 화[華夏].

夏 여름 하. 나라 하[中國別稱]. 하나라 하[禹國號]. 클 하[大]. 화하[華夏]라는 이름은 중국 사람들이 자기 나라를 자랑으로 일컫는 말임.

東 동녘 동, 오른쪽 동[日出方]. 봄 동[春].

西 서녘 서[日入方].

二 두 이, 둘 이[數·一加之一]. 풍신 이[風神]. 같을 이[同]. 두마음 이[異心]. 둘로나눌 이[分]. 거듭 이[重].

京 서울 경[首都]. 클 경[大]. 수이름 경[數名(兆의 열 곱)]. 곳집 경[倉].

背 등 배[脊]. 집북편 배[堂北]. 등게태문생길 배[台背]. 해무리 배[日旁氣]. 버릴 패[棄]. 배반할 패[背反].

邙 뫼 망. 북망산 망[洛陽山名]. 여기서 망산(邙山)은 산 이름으로 썼음. 망산은 북망산(北邙山)이라고도 하며 중국 낙양(洛陽) 북쪽에 있음.

面 낯 면, 얼굴 면[顏]. 향할 면[向]. 앞 면[前]. 보일 면[見]. 방위 면[方面].

洛 물 락. 흐를 락. 낙수 락[水名]. 서울 락[都·洛陽].

浮 뜰 부[氾]. 지날 부[過]. 떠내려갈 부[順流]. 물창일할 부[水盛貌]. 매인데없을 부[無定意].

渭 물이름 위[水名]. 속끓일 위[沸渭].

據 의지할 거, 기댈 거[依]. 웅거할 거[拒守]. 의탁할 거[依托]. 짚을 거[杖]. 누를 거[按].

涇 물이름 경[水名]. 통할 경[通].

宮 집 궁. 궁궐 궁. 종묘 궁[宗廟]. 율소리 궁[五音律之中聲]. 불알썩힐 궁[腐刑]. 담 궁[垣].

殿 전각 전[宮殿]. 대궐 전. 적은공 전[小功]. 후군 전[後軍]. 끙끙거릴 전[殿屎].

盤 소반 반[杯盤]. 서릴 반[屈曲]. 즐길 반[樂]. 어정거릴 반[盤桓]. 편안할 반[安].

鬱 답답할 울[氣蒸]. 나무다부룩할 울[木叢生]. 막힐 울[滯]. 마음에맺힐 울[鬱陶·憤結]. 멀리생각할 울[悠思].

樓 다락 루[重屋]. 봉우리 루[峰]. 문 루[城樓].

觀 볼 관[見·視]. 대궐 관[闕]. 집 관[樓觀]. 태자궁 관[春宮]. 구경 관[奇觀]. 괘이름 관[卦名].

飛 날 비[鳥翥]. 여섯말 비[六馬]. 흩어질 비[散].

驚 놀랄 경[駭]. 두려울 경[惶·懼]. 말놀랄 경[馬駭].

圖 그림 도[畵]. 꾀할 도[謀]. 다스릴 도[治]. 헤아릴 도[度]. 지도 도[版圖]. 탑 도[浮圖·寺塔].

寫 그릴 사. 본뜰 사. 베낄 사[膽]. 쏟을 사[洩]. 부어만들 사[鑄像].

禽 새 금[鳥]. 사로잡을 금[獲].

獸 짐승 수[四足而毛]. 금수는 새와 짐승의 총칭임.

畵 그림 화[繪]. 그을 획, 나눌 획[分畵]. 꾀할 획[計策]. 글씨 획[書]. 지휘할 획[規畵].

綵 채색 채[彩色]. 캘 채[取]. 풍채 채[風采]. 아름다울 채[美]. 채읍 채[食邑]. 빛날 채[光].

仙 신선 선[不老不死者]. 가볍게날 선[輕擧貌].

靈 신령 령[神]. 혼백 령[魂魄]. 신통할 령[神通].

丙 남녘 병[南方]. 천간 병[十干之第三]. 밝을 병[明].

舍 집 사[屋]. 놓을 사[釋]. 쉴 사[止息]. 베풀 사[施]. 삼십리 새[一舍는 三十里]. 용서할 사[赦].

傍 곁 방[側]. 의지할 방[倚]. 가까이할 방[近]. 좌우에서종할 방[侍]. 마지못할 팽[不得已].

啓 열 계, 가르칠 계[開發]. 열어볼 계[開]. 인도할 계[導]. 여쭐 계[奏事]. 떠날 계[發足]. 꿇을 계[跪]

甲 갑옷 갑[介冑]. 첫째천간 갑[十干之首]. 법령 갑[法令]. 과거 갑[科第]. 첫째 갑, 으뜸 갑[第一]. 대궐 갑[甲帳·殿]. 아무 갑[某]. 껍질 갑[魚蟲介殼].

帳 장막 장. 휘장 장[帷] 치부책 장[計簿]. 앙장 장[幬].

對 대할 대. 마주볼 대[物竝時]. 대답할 대[答]. 당할 대[當]. 짝 대[配]. 마주 대[偶].

楹 기둥 영[柱]. 하관틀 영[窆棺具].

肆 베풀 사[陳]. 방자할 사[放恣]. 저자 사[市]. 벌일 사[展]. 궁구할 사[究]. 말끝고칠 사[更端辭].

筵 자리 연[竹筵鋪陳]. 왕이강하는자리 연[經筵].

設 베풀 설[陳]. 만들 설[作]. 둘 설, 갖출 설[置·備]. 가령 설, 설령 설[假借辭].

席 자리 석, 돗 석[簟]. 깔 석[藉]. 걷을 석[捲]. 베풀 석[陳]. 자뢰할 석[資].

鼓 북 고[樂器革音]. 칠 고[叩]. 휘 고[量器]. 별이름 고[河鼓].

瑟 비파 슬, 거문고 슬, 실풍류 슬[絃樂二十五絃]. 바람소리 슬[風聲]. 깨끗한체할 슬[潔鯨矜莊貌].

吹 불 취[噓]. 숨쉴 취[息吐]. 악기불 취[奏]. 바람 취[風]. 충동할 취[衝].

笙 생황 생[笙簧]. 대자리 생[竹席]. 생황은 옛날 여와(女媧)가 처음 만들었다는 악기임.

陞 오를 승[登·躋]. 올릴 승[進].

階 섬돌 계[陛]. 층뜰 계[登堂道]. 벼슬차례 계[級]. 층계 계[階梯]. 삼태성 계[泰階].

納 들일 납[入]. 받을 납[受]. 바칠 납[獻]. 너그러울 납[包容].

陛 섬돌 폐[殿陛·天子階].

弁 고깔 변[周冠]. 떨 변[戰懼貌]. 손바닥칠 변[手博]. 즐거울 반[樂]. 시이름 반[詩名小弁].

轉 구를 전[運動]. 돌아누울 전[輾轉]. 넘어질 전[倒]. 돌 전[回]. 굴릴 전[運之]. 옮길 전[遷].

疑 의심할 의. 머뭇거릴 의[不定]. 두려워할 의[恐]. 그럴듯할 의[似]. 정할 응[定]. 바로설 응[正立].

星 별 성. 희뜩희뜩할 성[星星]. 세월 성[星霜]. 천문 성[天文]. 성 성[姓].

右 오른 우[左之對]. 높일 우[尊]. 강할 우[强]. 도울 우[助]. 위 우[上]. 곁 우[側].

通 통할 통, 뚫릴 통, 사무칠 통[達]. 형통할 통[亨]. 통창할 통[暢]. 사귈 통[交]. 다닐 통[往來]. 모두 통[總]. 지날 통[通過]. 널리 통[普通]. 간음할 통[姦通]. 벌 통[一通].

廣 넓을 광[濶]. 클 광[大].

內 안 내, 속 내[裏]. 방내 내[房]. 우리나라 내[我國]. 마음 내[心]. 대궐안 내[禁裏]. 중할 내[重]. 처 내[妻]. 비밀 내[秘密]. 들일 납[入]. 여관 내[內人]. 광내(廣內)는 대궐 이름으로, 궁중의 책을 간수해 두던 곳임.

左 왼 좌[右之對]. 그를 좌, 어긋날 좌[反]. 패리 좌[悖理]. 물리칠 좌[黜]. 증거할 좌[證左].

達 통달할 달[通]. 천거할 달[薦]. 방자할 달[放恣]. 이룰 달[成就]. 보낼 달[配達].

承 이을 승[繼]. 받들 승[奉]. 차례 승[順序].

明 밝을 명[照]. 분명할 명[確]. 날샐 명[夜明]. 흴 명[白]. 살필 명[察]. 승명(承明)은 대궐의 이름으로 입직(入直)을 하는 곳임.

旣 이미 기[已]. 다할 기[盡]. 끝날 기[畢].

集 모을 집[聚·會]. 이룰 집[成]. 가지런할 집[齊]. 문집 집[文集].

墳 무덤 분. 봉분 분[墓]. 클 분[大]. 책이름 분[書名]. 흙이부풀어오를 분[土沸起].

典 법 전[法]. 맡을 전[主]. 책 전[書名]. 전당잡힐 전[質貸]. 도덕 전[道德]. 떳떳할 전[常]. 본보기 전[模範].

亦 또 역[又]. 또한 역[承上之辭]. 클 역[大]. 모두 역[總]. 어조사 역[語助辭].

聚 모을 취[會]. 걷을 취[聚斂]. 쌓을 취[積]. 많을 취[衆].

群 무리 군[輩]. 벗 군[朋友]. 많을 군[衆]. 떼 군[隊]. 모을 군[聚].

英 꽃부리 영[華]. 영웅 영[英雄]. 구름뭉게 뭉게일 영[英英]. 아름다울 영[美]. 풍류 이름 영[五英].

杜 닫을 두. 막을 두[塞]. 아가위 두[甘棠]. 향 초이름 두[香草].

稾 짚 고[禾稈]. 사초 고, 글초 고[文草]. 고 (稿)와 같음.

鐘 쇠북 종[鐘과 같음]. 병 종[酒器]. 휘 종[量名]. 음이을 종[律名].

隸 종 례[僕隸·賤稱]. 붙이 례[配隸]. 검열할 례[閱]. 팔분 례[篆之捷者].

漆 옻 칠, 옻나무 칠[木名]. 옻칠할 칠[木汁]. 검을 칠[黑]. 캄캄할 칠[暗]. 물이름 칠[水名].

書 글 서[文]. 쓸 서, 적을 서, 글씨 서, 글지 을 서[著]. 책 서, 서적 서[經籍]. 편지 서 [牘].

壁 벽 벽[屋垣]. 진 벽[軍壘]. 돌비탈 벽[石厓]. 별이름 벽[宿名].

經 경서 경, 글 경[書]. 날 경[經緯]. 법 경[法]. 다스릴 경[治]. 지경 경[界]. 씨 경[織綜絲].

府 곳집 부[藏文書財幣所]. 마을 부[官舍]. 고을부[州]. 죽은조상 부[府君].

羅 벌일 라, 벌 라[列]. 새그물 라[鳥罟]. 깁

라[綺]. 지남철 라[羅針盤].

將 장수 장[將帥]. 장차 장[漸]. 클 장[大]. 가질 장[持]. 대장 장[代將]. 거느릴 장[將之].

相 서로 상[共]. 도울 상[助]. 정승 상[官名]. 상볼 상[相術]. 풍류이름 상[樂器]. 장상 (將相)은 장수와 재상, 또는 장군과 대 신, 곧 문관(文官)·무관(武官)의 우두머 리를 통틀어 가리킨 말임.

路 길 로[道]. 클 로[大]. 수레이름 로[車路]. 성 로[姓].

挾 낄 협[夾]. 겸할 협[兼]. 곁에서부축할 협 [左右持]. 성 협[姓].

槐 홰나무 괴, 느티나무 괴[木名]. 삼공 괴 [三公].

卿 벼슬 경[爵]. 귀공 경[貴公]. 스승 경[師]. 밝힐 경[章]. 자네 경[呼稱]. 여기서 괴경 (槐卿)은 공경(公卿)과 같음.

戶 지게문 호[室口]. 백성의집 호[編戶·民居]. 집출입구 호[出入口]. 여기서는 백성 의 집이라는 뜻임.

封 봉할 봉[緘]. 무덤 봉[聚土]. 제후의영지 봉[領地]. 닫을 봉[封鎖]. 북돋을 봉[培]. 지경 봉[封彊].

八 여덟 팔[數名].

縣 고을 현[州縣]. 달 현, 매달릴 현[繫].

家 집 가[住居]. 가문 가, 일족 가[一族]. 속 가[內家]. 남편 가[家君].

給 줄 급[供給] 넉넉할 급[贍·足]. 말잘할 급 [口捷].

千 즈믄 천(우리 본딧말). 일천 천[數名十百].

천번 천[十百番]. 많을 천[數多]. 성 천
[姓].

兵 군사 병. 병장기 병[戎器]. 재난 병[災]. 전
역 병[戰役]. 적을무찌를 병[擊敵]. 도적
병[寇也].

高 높을 고[崇]. 위 고[上]. 멀 고[遠]. 고상할
고[高尚]. 높일 고[敬]. 성 고[姓].

冠 갓 관[冕弁總名]. 처음갓쓸 관[元服]. 어
른이될 관[成人]. 우두머리 관[爲衆之首].

陪 모실 배[伴]. 도울 배[助]. 거듭 배[重]. 더
할 배[益].

輦 손수레 련. 연 련[玉輦]. 당길 련[輓]. 궁중
길 련[宮道].

驅 몰 구[奔馳]. 쫓아보낼 구[逐遣]. 앞잡이
구[先驅].

轂 바퀴통 곡, 속바퀴 곡[車輻所湊]. 천거할
곡[推轂].

振 떨칠 진. 움직일 진[奮]. 진동할 진[震].
정돈할 진[整]. 떼지어날 진[群飛]. 무던
할 진[仁厚].

纓 갓끈 영[冠絲]. 노 영[索]. 얽힐 영[纏].

世 인간 세, 세상 세[世界]. 일평생 세[生涯].
역대 세[歷代]. 백년 세[百年]. 대대 세[代
代].

祿 녹 록, 요 록[俸給]. 복 록[福]. 착할 록[善].
죽을 록[不祿卒]. 곡식 록[祿米·祿食].

侈 사치할 치[奢侈]. 넓을 치[廣]. 많을 치
[多]. 풍부할 치[饒].

富 부자 부[豊財]. 많을 부[豊]. 넉넉할 부
[裕]. 충실할 부[滿足]. 어릴 부[年幼].

車 수레 거[輿輪總名]. 그물 거[覆車]. 잇몸

거[齒根]. 성 차[姓].

駕 멍에할 가[馭]. 임금탄수레 가[車駕].

肥 살찔 비[多肉]. 거름 비[肥料]. 땅이름 비
[合肥].

輕 가벼울 경[不重]. 천할 경[賤]. 빠를 경
[疾]. 업신여길 경[悔].

策 꾀 책[籌策·謀]. 채찍 책[馬筴]. 시초 책
[龜策]. 잎떨어지는소리 책[落葉聲]. 쇠지
팡이 책[金策·錫杖]. 별이름 책[星名].

功 공 공[勞之績]. 공치사할 공[功之]. 복입
을 공[喪服]. 일할 공[事也]. 공로 공[功
績]. 이용할 공[利用].

茂 무성할 무, 풀우거질 무[盛]. 아름다울
무[美]. 힘쓸 무[勉].

實 열매 실[草木子]. 넉넉할 실[富]. 참스러
울 실[誠]. 사실 실[事跡]. 물건 실[物品].
실상 실[名實]. 충실할 실[充實].

勒 새길 륵[刻]. 굴레 륵[絡銜]. 억지로할 륵
[抑]. 엄중할 륵[嚴重]. 정돈할 륵[整頓].

碑 비석 비, 비 비.

刻 새길 각[鏤]. 몹시 각[痛]. 긁을 각[割剝].
시각 각[晷刻].

銘 새길 명[刻以識事]. 기록할 명[記誦].

磻 돌 반. 반계 반[磻溪]. 돌살촉 파[石鏃].

溪 시내 계[川澗水注]. 활이름 계[谿子孫]. 계
(谿)와 같음.

伊 저 이[彼]. 이 이[是]. 오직 이, 다만 이
[維·惟]. 발어사 이[發語辭]. 답답할 이[不
舒貌].

尹 맏 윤. 다스릴 윤[治]. 바를 윤[正]. 벼슬

296

이름 윤[官名]. 성실할 윤[誠實]. 믿을 윤[信]. 포 윤[脯]. 성 윤[姓]. 이름 윤[伊尹].

佐 도울 좌[輔]. 버금 좌[貳]. 보좌관 좌[輔臣].

時 때 시, 끼니 시[辰]. 기약 시[期]. 이 시[是]. 엿볼 시[何]. 가끔 시[往往].

阿 언덕 아[大陵]. 아첨할 아[阿曲]. 건성으로대답할 아[慢應聲]. 벼슬이름 아[阿衡]. 누구 옥[阿誰].

衡 저울대 형[枰]. 수레멍에 형[車軛]. 눈퉁이 형[眉目之間]. 옥형 형[渾天儀]. 벼슬이름 형[虞衡]. 아형(阿衡)은 이윤(伊尹)이 받은 벼슬 이름임.

奄 가릴 엄[覆]. 문득 엄[忽]. 그칠 엄[止]. 오랠 엄[久]. 매우 엄[淹].

宅 집 택[居處]. 살 택[居]. 자리 택[位置]. 정할 택[定]. 묘구덩이 택[墓穴].

曲 굽을 곡[不直]. 곡절 곡[節目]. 곡조 곡, 가락 곡[曲調]. 누에발 곡[養蠶器].

阜 언덕 부, 둔덕 부[土山]. 클 부[大]. 살찔 부[肥]. 많을 부[盛多]. 두둑할 부[高厚]. 땅이름 부[曲阜]. 메뚜기 부[螽].

微 작을 미, 가늘 미[細]. 희미할 미[不明]. 아닐 미[非]. 없을 미[無]. 천할 미[賤]. 숨길 미[匿].

旦 아침 단[朝]. 새벽 단[曉]. 일찍 단[무]. 밝을 단[明]. 밤에우는새 단[鳥名]. 여기서는 주공(周公)의 이름으로 쓴 것임.

孰 누구 숙[誰]. 어느 숙[何]. 살필 숙[審]. 익을 숙[熟]. 숙(熟)과 같음.

營 지을 영[造]. 경영할 영[經營]. 다스릴 영[治]. 영문 영, 진영[軍壘]. 별이름 형[營惑].

桓 굳셀 환[武貌]. 모감주나무 환[木名]. 머뭇거릴 환[難進貌]. 하관틀 환[下棺木]. 홀 환[桓圭].

公 귀인 공. 공변될 공[無私]. 벼슬이름 공[五爵之首]. 어른 공[尊稱]. 그대 공[相呼稱]. 동배의존대말 공[同輩].

匡 바로잡을 광[改正]. 바를 광[正]. 구원할 광[救]. 광(恇)·광[眶]과 통함.

合 합할 합[結合]. 같을 합[同]. 짝 합[配合]. 모일 합[會合]. 모둘 합[聚]. 화할 갑[和合]. 홉 갑[量名].

濟 건질 제[救濟]. 건널 제[渡]. 일이룰 제[濟事]. 정할 제[定]. 다정할 제[多威儀]. 물이름 제[水名].

弱 약할 약[强之對]. 어릴 약[未壯]. 나약할 약[懦弱]. 못생길 약[厏劣].

扶 붙들 부[持]. 도울 부[佐]. 호위할부[護]. 어리광부릴 부[幼貌].

傾 기울어질 경[側]. 엎드러질 경[伏]. 무너질 경[圮]. 곁눈질할 경[流視]. 위태할 경[危]. 귀기울여들을 경[聽].

綺 비단 기[文繒]. 아름다울 기[美]. 여기서는 기리계(綺里季)라는 사람의 이름으로 쓴 것임.

回 돌아올 회[返]. 돌이킬 회[旋]. 회복할 회[回復]. 간사할 회[邪曲]. 어길 회[違]. 둘레 회[周圍]. 머뭇거릴 회[低回].

漢 한수 한[水名]. 은하수 한[天河]. 놈 한[男子賤稱]. 나라 한[國名].

惠 은혜 혜, 덕택 혜[恩]. 어질 혜[仁]. 순할 혜[順]. 줄 혜[賜]. 세모장 혜[三隅矛]. 여

기서 한혜(漢惠)는 한나라 혜제(惠帝)임.

說 기꺼울 열[喜], 말씀 설[辭]. 글 설[序說]. 달랠 세[誘]. 쉴 세[舍]. 여기서는 부열(傳說)이란 사람의 이름으로 쓴 것임.

感 느낄 감[應]. 감동할 감[動]. 감격할 감[格]. 한할 감[恨]. 찌를 감[觸]. 깨달을 감[覺].

武 호반 무[虎班]. 건장할 무[健]. 위엄스러울 무[威]. 강할 무[剛]. 풍류이름 무[樂名].

丁 고무래 정. 나이스무살된사나이 정[成年者]. 넷째천간 정[天干]. 부리는사람 정[僕役者]. 백정 정[庖丁]. 나무베는소리 정[伐木聲]. 당할 정[當].

俊 준걸 준[俊傑]. 준수할 준[秀]. 재주가뛰어난사람 준. 높을 준[峻]. 클 준[大].

乂 풀벨 예[芟草]. 어질 예[賢]. 다스릴 예[治]. 정리할 예[整].

密 빽빽할 밀[稠]. 가만할 밀[秘]. 깊을 밀[深]. 촘촘할 밀[周密]. 매우가까울 밀[切近]. 차근차근할 밀[緻密]. 잘 밀[細].

勿 말 물[禁]. 없을 물[毋]. 정성스러울 물[慇愛].

多 많을 다[衆]. 뛰어날 다[勝]. 아름다울 다[稱美].

士 선비 사[儒]. 벼슬 사[官之總名]. 군사 사[氣·勇·兵]. 남자 사[尊稱].

寔 참 식[實]. 이 식[是]. 뿐 식[止].

寧 편안할 녕[安]. 차라리 녕[願詞]. 문안할 녕[省視]. 어찌 녕[何].

晉 나라 진[國名]. 나아갈 진[進]. 꽂을 진[揷]. 괘이름 진[卦名].

楚 나라 초[國名]. 회초리 초[叢木]. 가시나무 초[荊]. 종아리칠 초[扑撻]. 쓰라릴 초[辛痛].

更 번갈 경. 고칠 경[改]. 대신할 경[代]. 다시 갱[再].

覇 으뜸 패[霸業]. 패왕 패[以武道治天下者]. 달력 백[望生霸].

趙 나라 조[國名]. 찌를 조[刺]. 오랠 조[久].

魏 나라 위[國名]. 대궐 위[闕]. 클 위[大]. 우뚝할 위[魏然].

困 곤할 곤[窮困]. 노곤할 곤[倦悴]. 고심할 곤[苦心]. 게으를 곤[倦]. 어지러울 곤[亂]. 괘이름 곤[卦名].

橫 가로 횡, 비낄 횡[縱之對]. 난간목 횡[闌木]. 거스를 횡[橫逆]. 사나울 횡[橫暴]. 여기서는 합종연횡(合從連橫)의 횡(橫)으로 쓴 것임.

假 빌릴 가[借]. 거짓 가[非眞]. 가령 가[假令]. 아름다울 가[美]. 아득할 하[遐]. 이를 격[至].

道 길 도[路].

滅 멸할 멸, 다할 멸[盡]. 끊을 멸[絕]. 빠뜨릴 멸[沒]. 불꺼질 멸[火熄].

虢 나라 괵[國名].

踐 밟을 천[蹋履].

土 흙 토. 나라 토[邦土]. 곳 토[場所]. 뭍 토[陸]. 고향 토[故鄕]. 천토(踐土)는 땅 이름임.

會 모을 회[聚衆]. 모둘 회[合]. 맞출 회[適]. 맹세할 회[盟]. 조회할 회[朝覲]. 그릴 괴

[畫].

盟 맹세 맹[誓約]. 믿을 맹, 미쁠 맹[信].

何 어찌 하, 무엇 하[曷]. 누구 하, 어느 하
[孰]. 어찌하지못할 하[莫敢]. 꾸짖을 하
[譴責]. 멜 하[擔]. 여기서는 소하(蕭可)를
가리킨 말임.

遵 좇을 준[循]. 행할 준[行]. 지킬 준[遵守].

約 요약할 약. 맹세할 약[誓]. 기약할 약[期].
구차할 약[窮]. 대략 약[大率]. 간략할 약
[簡]. 검소할 약[儉]. 언약할 요, 미쁠 요
[信ㆍ契].

法 법 법[憲章]. 본받을 법[效]. 형벌 법[刑].
떳떳할 법[常]. 가사 법, 장삼 법[法衣]. 약
법(約法)은 글로 써서 다짐한 법률을 말
함.

韓 나라 한[國名]. 성 한[姓]. 여기서는 한비
(韓非)를 이르는 말임.

弊 해질 폐. 폐단 폐[惡]. 해칠 폐[壞敗]. 곤할
폐[困]. 엎드릴 폐[頓仆].

煩 번거로울 번[不簡]. 간섭할 번[干]. 번열
증날 번[熱頭痛]. 수고로울 번[勞]. 민망
할 번[悶]. 괴로울 번[惱].

刑 형벌 형[罰總名]. 법률 형[法律]. 죽일 형
[戮]. 모범될 형[模範].

起 일어날 기, 일 기[興]. 기동할 기[起居]. 설
기[立]. 일으킬 기[建]. 여기서는 백기(白
起)를 이르는 말임.

翦 자를 전. 엷을 전[淺]. 베어없앨 전[除].
멸할 전[滅]. 여기서는 왕전(王翦)을 이
르는 말임.

頗 자못 파[僅可]. 비뜰어질 파[偏頗]. 여기
서는 염파(廉頗)를 이르는 말임.

牧 칠 목, 기를 목[畜養]. 다스릴 목[治]. 살필
목[察]. 목장 목[養畜場]. 목단 목[牧丹].
여기서는 이목(李牧)을 가리키는 말임.

用 쓸 용[可施行]. 쓰일 용, 부릴 용[使ㆍ利].
써 용[以]. 통할 용[通].

軍 군사 군[衆旅]. 진칠 군[帥所駐].

最 가장 최[第一]. 우뚝할 최[尤]. 나을 최
[勝]. 백성모을 최[聚民].

精 슳은쌀 정. 정할 정, 가릴 정[擇]. 세밀할
정[細]. 전일할 정[專一]. 정교할 정[精巧].
정신 정, 정기 정[眞氣]. 깨끗할 정, 흴 정
[潔]. 정충 정, 정액 정[精蟲].

宣 베풀 선[布]. 펼 선[弘]. 밝힐 선[明]. 보일
선[示]. 임금이스스로말할 선[王自言].

威 위엄 위[尊嚴]. 세력 위[勢]. 으를 위[懼].
거동 위[儀].

沙 모래 사[疏土]. 바닷가 사[海邊].

漠 아득할 막, 멀 막[漫]. 고요할 막[恬靜]. 모
랫벌 막, 사막 막[沙漠].

馳 달릴 치[疾驅]. 전할 치[傳達]. 거동길 치
[馳道].

譽 기릴 예, 칭찬할 예[美稱]. 이름날 예[令
聞]. 즐길 예[樂].

丹 붉을 단[赤]. 마음 단[衷心]. 신약단[神藥].

青 푸를 청[東方木色]. 대껍질 청[竹皮]. 젊
을 청[青年].

九 아홉 구[數名]. 모을 규[聚].

州 고을 주[郡縣]. 주 주[行政區劃]. 섬 주[水
中可居].

禹 임금 우. 하후씨 우[夏后名]. 성 우[姓]. 펼

우[舒]. 느지러질 우[緩].

跡 자취 적[步處]. 적(迹·蹟)과 같음.

百 온 백(우리 본딧말). 일백 백[十之十倍].
힘쓸 맥[勵]. 길잡이 맥[行杖道驅人].

郡 고을 군[縣所屬].

秦 나라 진[國名]. 진벼 진[禾名].

并 아우를 병[竝]. 합할 병[合]. 같을 병[同].
겸할 병[兼].

嶽 묏부리 악. 큰산 악[山宗]. 오악(五嶽)을
말함.

宗 마루 종. 밑 종, 밑동 종[本]. 높을 종[尊].
일가 종, 겨레 종[同姓]. 우러러받들 종
[奉].

恒 항상 항[常]. 늘 항[久]. 언제든지 항[平
素]. 항(恆)과 같음. 두루할 긍[徧]. 여기
서는 항산(恒山)을 가리킴.

岱 뫼 대. 산이름 대[山名].

禪 터닦을 선[封禪]. 중 선[僧]. 고요할 선
[靜]. 자리전할 선[傳位].

主 주인 주[賓之對]. 임금 주[君]. 주장할 주
[掌]. 거느릴 주[領]. 어른 주[一家之長].
높일 주[宗].

云 이를 운[曰]. 이러저러할 운[衆語]. 돌아
갈 운[歸]. 여기서는 운운산(云云山)을 줄
여서 한 말임.

亭 정자 정[觀覽處]. 여관 정[宿所]. 우뚝할
정[聳立貌]. 고를 정[調]. 여기서는 정정
산(亭亭山)을 줄여서 한 말임.

鴈 기러기 안[隨陽鳥]. 안(雁)과 같음.

門 문 문[出入所]. 집 문[家]. 집안 문[一門].

길 문[門外漢].

紫 붉을 자. 꼭두서니빛 자. 자줏빛 자[帛青
赤色].

塞 변방 새[邊界]. 주사위 새[戲具]. 막을 색
[塡]. 막힐 색.

鷄 닭 계[司晨鳥]. 베짱이 계[莎鷄].

田 밭 전[耕地]. 사냥할 전[獵]. 북이름 전[鼓
名]. 수레이름 전[車名]. 논 전[水田].

赤 붉을 적[南方色]. 빨간 적[空盡無物]. 금치
적[根菜].

城 재 성[築土所以盛民]. 서울 성[都邑]. 보루
성[堡壘].

昆 맏 곤, 언니 곤, 형 곤[兄]. 뒤 곤[後]. 손자
곤[孫]. 덩어리 혼[昆侖]. 서쪽오랑캐이름
혼[西戎].

池 못 지[穿地通水]. 풍류이름 지[咸池]. 물
이름 타.

碣 우뚝선돌 갈[石特立]. 비 갈[碑]. 동해산
이름 갈[碣石山]. 돌세울 계[立石].

石 돌 석[山骨]. 저울 석[衡名]. 단단할 석[鐵
石]. 섬 석[十斗]. 경쇠 석[樂器].

鉅 클 거[大]. 갈고리 거[鉤]. 강한쇠 거[大剛
鐵].

野 들 야[郊外]. 촌스러울 야[朴野]. 백성 야,
인민 야[百姓]. 야심 야[野心].

洞 골 동, 구렁 동[幽壑]. 공손할 동. 조심할
동[質愨貌]. 밝을 동[朗徹].

庭 뜰 정[階前]. 곧을 정[直].

曠 빌 광[空]. 오랠 광[久]. 넓을 광, 휑할 광
[豁]. 멀 광[遠]. 홀아비 광[曠夫].

遠 멀 원[遙]. 심오할 원, 길을 원[高奧]. 멀리할 원[離].

綿 솜 면. 동일 면, 얽을 면[纏]. 끊어지지않을 면, 연할 면[連].

邈 멀 막, 아득할 막[渺]. 업신여길 막[輕視]. 민망할 막[悶].

巖 바위 암[石]. 험할 암[險]. 높을 엄[高貌].

岫 묏부리 수[山]. 바위구멍 수[岩穴]. 수(岫)와 같음.

杳 아득할 묘[冥]. 깊을 묘[深]. 너그러울 묘[寬].

冥 어두울 명[昏晦]. 밤 명[夜]. 바다 명[海]. 지식이없을 명[無知]. 하늘 명[天]. 어리석을 명[愚]. 물귀신 명[水神]. 저승 명[他界].

治 다스릴 치, 가릴 치[理]. 칠 치, 다듬을 치[攻]. 치료할 치[治療]. 고을 치[州郡所註].

本 근본 본, 뿌리 본[草木根柢]. 정말 본[眞正]. 당자 본[本人]. 책 본[册].

於 어조사 어. 에 어[句讀]. 여기 어[此]. 이보다 어[比]. 오흡다할 오[歎辭].

農 농사 농[耕作]. 힘쓸 농[勉].

務 힘쓸 무[勉强]. 일 무[事]. 직분 무[職分].

玆 이 자[此]. 흐릴 자[濁].

稼 심을 가[種穀]

穡 거둘 색[斂穡·農]. 아낄 색[吝惜]. 농사 색[農].

俶 비로소 숙[始]. 처음 숙[始]. 지을 숙[作]. 일으킬 숙[興]. 정돈할 숙[整]. 심할 숙[甚].

載 실을 재[乘]. 일 재[事]. 해 재[年]. 가득할 재[滿].

南 남녘 남[午方]. 성 남[姓]. 금 남[金名]. 앞 남[前].

畝 이랑 무[田畦]. '묘'라고도 읽음.

我 나 아[自謂己身]. 이쪽 아[此側]. 고집쓸 아[執]. 우리 아[我輩]. 여기서는 제후(諸侯) 스스로가 나라고 하는 말임.

藝 심을 예[種]. 재주 예[才能]. 글 예[文]. 분별할 예[分別].

黍 기장 서[禾屬]. 메기장 서.

稷 피 직, 메기장 직[五穀之長]. 사직 직, 흙귀신 직[社稷·土神]. 농관 직[后稷].

稅 구실 세, 부세 세, 세납 세[租]. 거둘 세[斂]. 추복입을 태[追服]. 풀 탈, 풀을 탈[解].

熟 익을 숙, 익힐 숙[生之反]. 무르익을 숙[爛]. 풍년들 숙[歲稔].

貢 바칠 공[獻]. 천거할 공[薦]. 세바칠 공[稅]. 나아갈 공[進].

新 새 신, 처음 신, 새로울 신[初]. 고울 신[鮮]. 새롭게할 신[革舊]. 옛나라이름 신[國名].

勸 권할 권[勉]. 도울 권[助]. 힘껏할 권[力行].

賞 상줄 상[賜有功]. 구경할 상[玩]. 아름다울 상[嘉].

黜 내칠 출[退]. 물리칠 출[擯斥].

陟 오를 척[登]. 올릴 척[黜].

孟 맏 맹[長]. 첫 맹[始]. 힘쓸 맹[勉]. 클 맹

[大]. 맹랑할 맹[孟浪不精要貌]. 성 맹[姓].

軻 수레굴대 가[車軸]. 높을 가[軻峨]. 맹자 이름 가[孟子名].

敦 도타울 돈[厚]. 힘쓸 돈[勉]. 다스릴 퇴[治]. 옥쟁반 대[玉敦]. 그림그린활 조[敦弓].

素 흴 소[白]. 바탕 소, 본디 소[本]. 빌 소[空]. 순색 소[無色]. 원소 소[元素].

史 사기 사, 역사 사[册]. 사관 사[掌書官]. 성 사[姓].

魚 물고기 어, 생선 어[鱗虫總名]. 좀 어[蠹].

秉 잡을 병[把]. 움큼 병, 벼묶음 병[禾束]. 열 여섯휘 병[十六斛].

直 곧을 직[不曲]. 바를 직[正]. 번들 직[入直]. 값 치[物價].

庶 무리 서, 여럿 서[衆]. 거의 서[庶幾]. 백성 서[人民]. 많을 서[多]. 서자 서[支子].

幾 거진 기, 거의 기[庶幾]. 얼마 기[幾何]. 기미 기[幾微]. 가까울 기[近]. 위태할 기[危]. 살필 기[察].

中 가운데 중[四方之央]. 안쪽 중[內]. 마음 중[心]. 맞힐 중[至的]. 바른덕 중[中德]. 당할 중[當].

庸 떳떳할 용, 항상 용[常]. 쓸 용[用]. 어리석을 용[愚]. 화할 용[和]. 어찌 용[豈]. 부세 용[租庸].

勞 수고로울 로[事功]. 일할 로[勤]. 고단할 로[苦役]. 근심할 로[憂]. 부지런할 로[勉]. 위로할 로[慰].

謙 겸손할 겸[致恭不自滿]. 사양할 겸[讓]. 괘이름 겸[卦名].

謹 삼갈 근[愼]. 공경할 근[敬]. 오로지 근[專].

勅 신칙할 칙[誡]. 칙령 칙[天子制書].

聆 들을 령[聽]. 깨달을 령[曉].

音 소리 음[聲]. 말소리 음[音聲]. 편지 음, 소식 음[音信]. 음 음[文字讀聲]. 음악 음[音樂].

察 살필 찰[監]. 알 찰[知]. 볼 찰[觀]. 밝힐 찰[明]. 상고할 찰[考].

理 이치 리, 도리 리[道]. 다스릴 리[治]. 바를 리[正]. 성품 리[性]. 고칠 리, 정리할 리[修理 · 整理].

鑑 거울 감[鏡]. 볼 감[見]. 밝을 감[明]. 비칠 감[照]. 책이름 감[書名]. 본뜰 감[模範]. 경계할 감[誡].

貌 모양 모, 꼴 모. 얼굴 모, 짓 모, 겉 모[容儀]. 모들 막[描畵]. 멀 막[遠].

辨 분별할 변[別]. 판단할 변[判]. 구별할 변[區別]. 아홉갈피 변[井地九夫]. 구비할 변[具].

色 빛 색[五采貌]. 낯 색[顏氣]. 화상 색[物色]. 핏대올릴 색[作色]. 모양 색[行色]. 놀랄 색[驚]. 계집 색[美女].

貽 줄 이[貺]. 끼칠 이[遺]. 검은자개 이[黑悅].

厥 그 궐, 그것 궐[其]. 짧을 궐[短]. 절할 절[頓]. 나라이름 굴[突厥].

嘉 아름다울 가[美]. 착할 가[善]. 기릴 가[褒]. 즐거울 가[樂]. 맛있을 가[味].

猷 꾀 유[謀]. 옳을 유[可]. 같을 유[若]. 탄식할 유[歎辭].

勉 힘쓸 면[易]. 장려할 면[勵]. 부지런할 면[勤]. 강인할 면[强].

其 그 기, 그것 기[指物辭]. 어조사 기, 토씨 기[助辭].

祗 공경 지[敬]. 삼갈 지[謹].

植 심을 식[栽]. 세울 식[樹立]. 세울 치[立]. 두목 치[主帥].

省 살필 성[察·審]. 덜 생[簡少]. 아낄 생, 인색할 생[嗇]. 생략할 생, 치워버릴 생[省略]. 대궐안마을 생[禁署].

躬 몸 궁[身]. 몸소 궁[親]. 몸소행할 궁[親行].

譏 나무랄 기[誹]. 꾸짖을 기[誚]. 엿볼 기, 기찰할 기.

誡 경계할 계[警勅辭命]. 고할 계[告]. 명할 계[命].

寵 고일 총. 사랑할 총[愛]. 임금께총애받을 총[君主之愛]. 은혜 총[恩]. 영화로울 총[尊榮]. 첩 총[妾].

增 더할 증[益]. 점점 증[漸]. 거듭 증[重].

抗 겨룰 항[敵]. 막을 항[扞]. 항거할 항[拒].

極 다할 극[盡]. 지극할 극[至]. 한끝 극[方隅]. 마칠 극[終]. 궁진할 극[盡].

殆 위태할 태[危]. 자못 태[幾]. 비롯할 태[始]. 장차 태[將].

辱 욕될 욕[恥]. 굽힐 욕[屈]. 더럽힐 욕[汙]. 고마워할 욕[辱知], 욕할 욕[僇].

近 가까울 근[不遠]. 알기쉬울 근[易]. 거의 근[庶幾].

恥 부끄러울 치. 부끄럼 치[慚]. 욕될 치[辱].

林 수풀 림. 더북더북날 림.

皐 언덕 고[澤岸]. 부를 호[呼].

幸 다행 행[福善稱]. 바랄 행[冀]. 고일 행[寵]. 요행 행[非分而得]. 거동 행[車駕所至].

卽 곧 즉, 이제 즉[今]. 나아갈 즉[就]. 다만 즉[只]. 만일 즉[萬一].

兩 두 량[再]. 쌍 량[雙]. 근량 량[斤量]. 끝 량[匹]. 양 량[錢數]. 짝 량[耦].

疏 성길 소. 뚫릴 소[通]. 나눌 소[分]. 드물 소[稀]. 상소할 소[條陳]. 멀 소[遠].

見 볼 견[視]. 만나볼 견[會見]. 나타날 현[顯]. 드러날 현[露]. 보일 현[朝見].

機 기틀 기, 기미 기[氣運之變化]. 고동 기[發動所由]. 기계 기[機械]. 베틀 기[織具]. 기회 기[機會]. 별이름 기[星名].

解 풀 해. 쪼갤 해, 빠갤 해[判]. 풀릴 해[緩]. 깨쳐줄 해[曉]. 흩어질 해[物自散]. 벗을 개[脫]. 헤칠 개[散].

組 끈 조[綬]. 땋은실 조[條]. 짤 조[組織]. 만들 조[組成].

誰 누구 수[孰]. 무엇 수[何]. 발어사 수[發語辭].

逼 핍박할 핍[迫]. 가까울 핍[近]. 궁핍할 핍[窮乏].

索 한가로울 삭. 노 삭, 새끼 삭[繩]. 얽힐 삭[縈紆]. 흩어질 삭[散]. 찾을 색[求]. 더듬을 색[搜].

居 살 거[居之]. 곳 거[處]. 앉을 거[坐]. 어조사 거.

閒 한가할 한[安]. 겨를 한[暇]. 사이 한[中].

사미할 간[隔]. 가까울 간[厠].

處 곳 처[處所]. 살 처[居]. 처치할 처[處置]. 처녀 처[處女]. 구처할 처[區處].

沈 잠길 침[沒]. 고요할 침[沈思]. 장마물 침[潦水]. 빠질 침[溺]. 즙낼 심[汁]. 성 심[姓].

默 잠잠할 묵, 조용할 묵[靜]. 침잠할 묵[淵默].

寂 고요할 적[靜]. 적막할 적[寂莫]. 쓸쓸할 적[寥].

寥 쓸쓸할 료[寞]. 고요할 료[寂]. 잠잠할 료[靜].

求 구할 구[覓]. 찾을 구[索]. 구걸할 구[乞]. 짝 구[等]. 바랄 구[望].

古 옛 고[昔]. 선조 고[先祖]. 비롯할 고[始].

尋 찾을 심[搜]. 인할 심[仍]. 아가 심[俄]. 여덟자 심[八尺]. 항상 심[尋常].

論 의론할 론[議]. 말할 론[說]. 생각 론[思]. 글뜻풀 론[討論]. 차례 륜[理倫].

散 흩어질 산, 펼 산[布]. 헤어질 산[離]. 쓸모가없을 산[散人]. 가루약 산[藥名]. 한가할 산[閑散].

慮 생각 려[謀思]. 염려할 려, 걱정할 려[憂]. 의심할 려[疑]. 기 려[慮無].

逍 노닐 소, 거닐 소[逍遙].

遙 노닐 요[逍遙]. 멀 요[遠].

欣 기쁠 흔[喜]. 좋아할 흔[好]. 짐승이힘셀 흔[獸有力]. 초목이생생할 흔[盛貌].

奏 아뢸 주[進言]. 천거할 주[薦]. 풍류 주[音樂]. 상소할 주[上疏]. 편지 주[簡類]. 輳·

腠·湊와 같음.

累 여럿 루[多貌]. 더럽힐 루[玷]. 맬 루, 동일 루[係累]. 여러것을포갤 루[疊]. 더할 루[增]. 얽힐 루[縈].

遣 보낼 견[送]. 쫓을 견[逐]. 누견(累遣)은 시끄러운 일을 없애 버린다는 뜻임.

慽 슬플 척[哀]. 근심할 척[憂]. 戚·慼과 같음.

謝 물러갈 사[退]. 말씀 사[辭]. 사례할 사[拜謝]. 끊을 사[絶]. 고할 사[告].

歡 기쁠 환[惚]. 기꺼울 환, 좋아할 환[喜樂]. 친할 환[親]. 술이름 환. 懽·驩과 통함.

招 부를 초, 불러올 초[來之]. 손짓할 초[手呼]. 들 교[擧].

渠 도랑 거, 개천 거[溝]. 클 거[大]. 낄껄웃을 거[笑貌]. 저 거[彼]. 무엇 거[何]. 詎·遽와 통함.

荷 연꽃 하[蓮花]. 질 하[負]. 멜 하[擔]. 더할 하[加].

的 과녁 적[射板]. 밝을 적[明]. 꼭그러할 적, 적실할 적[實]. 표할 적, 표준 적, 목표 적[標準]. 의 적, 것 적[形容助辭].

歷 지날 력, 겪을 력[過]. 다닐 력[行]. 역력할 력[明]. 적력(的歷)은 또렷또렷하게 분명하다는 말임.

園 동산 원[圃樊]. 능 원[寢園]. 울타리 원[樊].

莽 풀 망[草深貌]. 추솔할 망[粗率]. 추솔할 무[鹵莽]. 묵은풀 모[宿草].

抽 뽑을 추, 뺄 추[拔]. 거둘 추[收]. 당길 추[引].

條 가지 조[小枝]. 조리 조, 가닥 조[條理]. 조목 조[條目]. 노끈 조[繩].

枇 비파나무 비[枇杷]. 주걱 비[所以載牲]. 참빗 비[紕櫛].

杷 비파나무 파[枇杷]. 써레 파[鈀]. 칼자루 파[刀柄]. 악기이름 파[琵琶].

晚 늦을 만, 저물 만[暮]. 뒤질 만[後]. 저녁 만[夕]. 끝날 만[末].

翠 푸를 취[翠色]. 비취 취[青羽雀]. 비취석 취[翡翠石].

梧 오동나무 오, 머귀나무 오[梧桐]. 허울찰 오[魁梧].

桐 오동나무 동, 머귀나무 동[梧桐].

早 이를 조, 일찍 조, 새벽 조[晨]. 먼저 조[先].

凋 시들 조[凋落]. 느른할 조[力盡貌]. 여윌 조[悴傷]. 彫와 통함.

陳 묵을 진[故]. 오렐 진[久]. 벌릴 진[布]. 베풀 진[張]. 섬돌 진[堂途]. 나라이름 진[國名]. 성 진[姓]. 진 진[行伍之列].

根 뿌리 근[柢]. 밑 근, 밑동 근[本]. 그루 근[木株]. 별이름 근[星名].

委 맡길 위[任]. 버릴 위[棄]. 시들어질 위[萎]. 쌓을 위[積]. 자세할 위[精細]. 쇠할 위[委靡].

翳 가릴 예[蔽]. 새이름 예[似鳳]. 어조사 예.

落 떨어질 락[零]. 기결할 락[磊落]. 논마지기 락[斗落]. 헤어질 락[落落].

葉 잎 엽[花之對]. 세대 엽[世代]. 성 엽[姓]. 고을이름 섭[縣名].

飄 나부낄 표. 떨어질 표[落]. 회오리바람 표[回風吹].

飇 나부낄 요. 날릴 요[風動物].

遊 놀 유[遨]. 벗사귈 유[交遊]. 여행 유[旅行]. 유세할 유[遊說].

鯤 큰고기 곤, 고니 곤, 곤어 곤[鯤鵬].

獨 홀로 독[單]. 외로울 독[孤]. 독짐승 독[獸名].

運 움직일 운[動]. 운전할 운[轉]. 옮길 운[徙]. 운수 운[運祚]. 땅길이 운[土地南北].

凌 뛰어넘을 릉. 업신여길 릉[輕視]. 떨 릉[戰慄]. 지날 릉[歷]. 빙고 릉[氷室]. 얼음 릉[氷].

摩 문지를 마. 갈 마[研]. 닦을 마[揩]. 멸할 마[滅]. 만질 마[摩挲]. 헤아릴 마[揣摩].

絳 붉을 강. 깊게붉을 강[大赤色]. 강초 강[染草].

霄 하늘 소[雲霄]. 진눈깨비 소.

耽 즐길 탐[樂]. 그릇될 탐[耽誤]. 깊고멀 탐[深遠]. 웅크리고볼 탐[虎視貌].

讀 읽을 독[讀書]. 풍류이름 독[樂名]. 구절 두, 토 두[句讀].

翫 갖고놀 완. 구경할 완[遊觀]. 싫을 완[厭]. 탐할 완[貪]. 익숙할 완.

市 저자 시, 장 시[場市]. 흥정할 시[賣買]. 집이많은동리 시[城市].

寓 붙일 우[寄]. 살 우[居]. 부탁할 우[托]. 빙자할 우[寓言].

目 눈 목[眼]. 조목 목[條件]. 당장 목[目下]. 두목 목[首魁]. 명색 목[名目].

囊 주머니 낭. 자루 낭[袋]. 쌀 낭[包藏]. 지갑 낭[財布].

箱 상자 상[篋]. 곳집 상[廩].

易 쉬울 이[不難]. 다스릴 이[治]. 쉽게여길 이[忽]. 편할 이[安]. 변할 역[變易]. 바꿀 역[換]. 역서 역[易經].

輶 가벼울 유[輕]. 가벼운수레 유[輕車].

攸 바유. 곳 유[所]. 어조사유[語肋辭]. 아득할 유[遠貌].

畏 두려울 외[懼]. 겁낼 외[怯]. 놀랄 외[驚]. 꺼릴 외[忌].

屬 붙일 속. 좇을 속[從]. 붙이 속[親眷]. 부탁할 촉[托]. 이을 촉[續]. 붙일 촉[附著]. 돌볼 촉[恤].

耳 귀 이[主聽]. 말그칠 이, 뿐 이[語決辭]. 여덟대손자 이[八代孫].

垣 담 원[卑墻]. 보호하는사람 원[護衛者]. 별이름 원[星名].

墻 담 장[垣蔽]. 옥 장[獄]. 사모할 장[追慕]. 장(牆)과 같음.

具 갖출 구[備]. 함께 구, 다 구[俱]. 만족할 구[足]. 설비할 구[設備]. 그릇 구, 가구 구[器].

膳 찬 선[具食美羞]. 먹을 선[食].

飧 밥말 손. 밥손[飯]. 물만밥 손[水澆飯].

飯 밥 반[餐]. 먹을 반[食]. 칠 반[飼].

適 맞을 적. 마침 적[適然]. 맞갖을 적, 편안할 적[自得安便]. 갈 적[往]. 시집갈 적[嫁]. 좇을 적[從].

口 입 구[人所以言食]. 인구 구[人口]. 어귀

구[洞口]. 말할 구[辯舌]. 구멍 구[孔穴]. 실마리 구[緖].

充 채울 충. 가득찰 충[滿]. 막을 충[塞]. 아름다울 충[美]. 번거로울 충[煩]. 어찌할 줄모를 충[度失]. 궁축할 충[窮急].

腸 창자 장[水穀道]. 마음 장[腸心]. 나라이름 장[無腸].

飽 배부를 포[食充滿]. 먹기싫을 포, 물릴 포[飫厭]. 흡족할 포[飽和·飽滿].

飫 배부를 어[飽]. 먹기싫을 어.

烹 삶을 팽[煮]. 요리 팽[料理].

宰 재상 재[大臣]. 주관할 재[主]. 다스릴 재[治]. 으뜸 재[首]. 잡을 재[屠]. 삶을 재[烹].

飢 주릴 기, 굶을 기[餓]. 흉년들 기[五穀不成].

厭 싫을 염[嫌]. 편할 염[安]. 만족할 염[足]. 게으를 염[倦]. 막힐 암[閉]. 업신여길 염[侮].

糟 술지게미 조, 재강 조[糟粕·酒滓].

糠 겨 강[穀皮]. 번쇄할 강[粃糠·煩碎].

親 친할 친[近]. 사랑할 친[愛]. 몸소 친[躬]. 겨레 친, 일가 친[親戚九族]. 육친 친[父母兄弟妻子]. 친정 친[親庭].

戚 겨레 척[親]. 분낼 척[憤]. 슬플 척[哀]. 근심할 척[憂]. 도끼 척[斧].

故 연고 고[緣故]. 옛 고[舊]. 죽을 고[物故]. 변사 고[變事]. 까닭 고[理由]. 그러므로 고[承下起下語]. 짐짓 고[固爲之]. 과실 고[過失]. 초상날 고[大故喪事].

舊 옛 구[昔]. 늙은이 구[老宿]. 친구 구[故

舊]. 고구(故舊)는 친구를 뜻함.

老 늙을 로[年高]. 늙은이 로, 늙으신네 로 [尊稱]. 어른 로[老父]. 익숙할 로[老練].

少 젊을 소[老之對]. 조금 소[僅]. 적을 소[不多]. 작게여길 소[短之]. 버금 소[副貳].

異 다를 이[不同]. 괴이할 이[怪]. 나눌 이 [分].

糧 양식 량, 먹이 량[穀食].

妾 첩 첩[側室不聘]. 작은집 첩[小室]. 처녀 계집 첩[童女]. 나 첩[女自卑稱].

御 모실 어[侍]. 거느릴 어[統]. 주장할 어 [主]. 마부 어[使馬]. 부인을사랑할 어[寵愛]. 임금에대한경칭 어[敬稱].

績 길쌈 적[絹麻]. 공 적[功業]. 이룰 적[成]. 이을 적[繼]. 일 적[事].

紡 길쌈 방[紡績].

侍 모실 시[陪側]. 모시는사람 시[侍人]. 가 까울 시[近]. 좇을 시[從].

巾 수건 건[帨]. 머리건 건[首飾蒙]. 건 건[男子冠]. 덮을 건[幭].

帷 장막 유[幕]. 휘장 유[幔].

房 방 방[室在旁]. 별이름 방[星名]. 궁이름 방[阿房]. 제기 방[俎].

紈 흰깁 환[素].

扇 부채 선. 부칠 선[吹揚]. 부채질할 선[扇涼].

圓 둥글 원[方之對]. 원만할 원[豐滿]. 둘레 원[周]. 온전할 원[全].

潔 깨끗할 결. 맑을 결, 정결할 결[淸·淨]. 조촐할 결[厚志隱行].

銀 은 은[白金]. 돈 은[金錢].

燭 촛불 촉[蠟炬]. 비칠 촉[照]. 밝을 촉[明]. 약이름 촉[藥]. 풀이름 촉[草明].

煒 빛날 위. 환할 위[光明]. 불그레할 위[盛赤].

煌 빛날 황[輝]. 환히밝을 황[光明]. 성할 황 [盛]. 위황(煒煌)은 요란스레 번쩍이며 환하게 빛난다는 뜻임.

晝 낮 주[與夜爲界]. 대낮 주, 한낮 주[日中]. 땅이름 주[地名].

眠 졸 면. 졸음 면[翁目]. 잘 면[寐]. 지각없을 면[無知]. 어지러울 면[亂].

夕 저녁 석[朝之對]. 저물 석[暮]. 서녘 석[西方]. 한움큼 사[一握].

寐 잘 매[寢]. 쉴 매[息].

藍 쪽 람[染靑草]. 옷해질 람, 걸레 람[藍縷]. 절 람[伽藍]. 성 람[姓].

筍 죽순 순, 대싹순[竹芽].

象 코끼리 상. 형상할 상[形]. 상춤 상[舞]. 망상이 상[罔象].

床 평상 상[臥榻]. 우물난간 상[井幹]. 마루 상[人所座臥]. 걸상 상[跨床].

絃 줄 현. 줄풍류 현[管絃].

歌 노래 가[聲音]. 읊조릴 가[詠]. 장단맞출 가[曲合樂].

酒 술 주[米麴所釀]. 냉수 주[玄酒]. 벼슬이 름 주[官名].

讌 잔치 연[會飮]. 모여말할 연[讌坐合語].

接 접할 접. 사귈 접[交]. 합할 접[合]. 모을 접[會]. 이을 접[承]. 연할 접, 잇닿을 접

[接續].

杯 잔 배[飮酒器]. 국바리 배[羹盂]. 배(盃)와 같음.

擧 들 거[扛]. 받들 거[擎]. 온통 거, 모두 거[皆]. 일으킬 거[起]. 날 거[飛]. 일컬을 거[稱].

觴 잔 상[酒卮]. 잔질할 상, 술마실 상[濫觴].

矯 바로잡을 교. 들 교[擧]. 거짓 교[詐]. 핑계할 교[妄托]. 굳셀 교[强].

手 손 수[肢]. 잡을 수[執]. 칠 수[擊].

頓 두드릴 돈. 꾸벅거릴 돈, 졸 돈[下首至地]. 무너질 돈[委頓]. 배부를 돈[頓服]. 무딜 둔[固鈍]. 오랑캐이름 돌[單于太子冒頓].

足 발 족[趾]. 흡족할 족[滿], 넉넉할 족[無缺]. 더할 주[添物益]. 아당할 주[足恭].

悅 기쁠 열[喜]. 즐거울 열[樂]. 복종할 열[服]. 성 열[姓].

豫 미리 예, 먼저 예[早·先]. 기쁠 예[悅]. 참며할 예[參與]. 머뭇거릴 예[猶豫]. 놀 예[遊]. 괘이름 예[卦名].

且 또 차[又]. 그위에 차[加之]. 바야흐로 차[將次]. 거의 차[幾]. 어조사 차. 공손할 저[恭]. 나아가지않을 저[不進].

康 편안할 강[安]. 즐거울 강[樂]. 화할 강[和]. 풍년들 강[年豊]. 헛될 강[空]. 성 강[姓].

嫡 정실 적, 큰마누라 적[正室]. 맏아들 적[本妻所生子].

後 뒤 후[前之對]. 아들 후[嗣]. 뒤질 후[後之]. 시대가지날 후[經].

嗣 이을 사[續]. 자손 사[子孫]. 익힐 사[習].

續 이을 속[繼].

祭 제사 제, 기고 제[祀]. 성 채[姓]. 읍이름 채[邑名].

祀 제사 사[祭]. 해 사[年].

蒸 찔 증[薰蒸]. 삼대 증[麻中幹]. 무리 증[衆]. 홰 증[炬]. 섶 증[薪]. 증(烝)과 같음.

嘗 맛볼 상[探味]. 일찍 상[曾]. 시험할 상[試]. 가을제사 상[秋祭名].

稽 조아릴 계. 머리숙일 계, 꾸벅거릴 계[下首]. 상고할 계[考]. 계교할 계[計]. 의논할 계[議]. 이를 계[至]. 익살부릴 계[滑稽].

顙 이마 상[額].

再 다시 재. 두번 재[兩]. 거듭 재[重]. 두개 재[二].

拜 절 배, 절할 배. 굴복할 배[服]. 예할 배[禮].

悚 두려울 송[怖]. 송구할 송[悚懼].

懼 두려울 구[恐]. 조심할 구[愼]. 깜짝놀랄 구[驚]. 구(瞿)와 같음.

恐 두려울 공[懼]. 염려할 공[慮]. 의심낼 공[疑]. 겁낼 공.

惶 두려울 황[恐懼]. 혹할 황[惑]. 급할 황[遽].

牋 글 전[文書]. 표 전[表]. 문체이름 전[文體名]. 전(箋)과 같음.

牒 편지 첩[札]. 글씨판 첩[書板]. 족보 첩[譜]. 공문 첩[通牒]. 첩지 첩[牒紙].

簡 대쪽 간. 간략할 간[略]. 분별할 간[分別]. 클 간[大]. 쉬울 간[易]. 정성 간[誠]. 편지

간[札]. 가릴 간[選].

要 종요로울 요[樞]. 구할 요[求]. 살필 요[察]. 허리 요[腰]. 하고자할 요[欲]. 반드시 요[必]. 간요(簡要)는 간단히 요약한다는 말임.

顧 돌아볼 고[旋視]. 돌보아줄 고[眷]. 도리어 고[發語辭].

答 대답 답[對]. 갚을 답[報]. 굵은베 답.

審 살필 심[詳]. 알아낼 심[鞫事]. 심문할 심[審理]. 참으로 심, 과연 심[然].

詳 자세할 상[審]. 다 상[悉]. 거짓 양[詐].

骸 뼈 해[骨]. 여기서는 몸뚱이를 가리키는 말임.

垢 때 구[塵滓]. 더러울 구[汚]. 때가묻을 구. 부끄러울 구[恥].

想 생각할 상, 생각 상[思]. 희망할 상[冀思].

浴 미역감을 욕, 목욕할 욕[灑身]. 깨끗이할 욕[潔]. 물이름 욕[水名].

執 잡을 집[操持]. 지킬 집[守]. 막을 집[塞]. 벗 집[友].

熱 더울 열, 뜨거울 열[溫]. 흥분할 열[激昂]. 쏠릴 열, 하고자할 열[一心]. 정성 열[誠].

願 바랄 원. 원할 원, 하고자할 원[欲]. 바랄 원[望]. 생각할 원[思].

凉 서늘할 량[輕寒].

驢 나귀 려[馬]. 검을 리[黑]. 산이름 리[山名].

騾 노새 라[馬].

犢 송아지 독[牛子].

特 수소 특[牡牛]. 우뚝할 특, 특별할 특, 가장 특[挺立]. 뛰어날 특[格別]. 수컷 특[雄]. 세살먹은짐승 특[獸三歲]. 여기서는 수소로 썼음.

駭 놀랄 해[驚起]. 북울릴 해[駭鼓].

躍 뛸 약[跳].

超 넘을 초[躍過]. 높을 조[超然].

驤 말뛸 양[馬躍]. 날칠 양[遠]. 벼슬이름 양[龍驤].

誅 벨 주[戮]. 꾸지람 주[責]. 벌줄 주[罰]. 갈길 주[剪除].

斬 벨 참, 끊을 참[截]. 목벨 참[斷首]. 죽일 참[殺]. 상복에도련아니할 참[斬衰]. 거상입을 참[居喪].

賊 도적 적[盜]. 해칠 적[殘賊]. 역적 적[逆賊].

盜 도적 도, 훔칠 도[盜賊].

捕 잡을 포[逮捕].

獲 얻을 획[得]. 노비 획, 종 획[奴婢]. 실심할 확[失志]. 더럽힐 확[汚].

叛 배반할 반[背]. 달아날 반[離]. 나뉠 반[叛散].

亡 없을 망. 도망할 망[逃亡]. 죽일 망[殺]. 없어질 망[失]. 죽은사람 망[亡시]. 망할 망[滅]. 없을 무[無].

布 베 포[麻織]. 벌릴 포[陳]. 돈 포[錢]. 베풀 포[施]. 여기서는 여포(呂布)라는 사람의 이름으로 썼음.

射 쏠 사[發矢]. 화살같이빠를 사[速如矢]. 벼슬이름 야[僕射]. 싫을 역[厭].

僚 벗 료[朋]. 동관 료[同官]. 어여쁠 료[好貌]. 희롱할 료[戱]. 여기서는 웅의료(熊宜僚)라는 사람의 이름으로 썼음.

丸 알환. 둥글 환[圓]. 총알 환. 구를 환[轉].

嵇 사람이름 혜[人名]. 혜강[嵇康]을 가리킨 말임.

琴 거문고 금[七絃樂器].

阮 성 완[姓]. 완적(阮籍)을 가리킨 말임.

嘯 휘파람 소. 세게뿜을 소[荒息吐出]. 읊을 소[吟].

恬 편안할 념[安]. 고요할 념[靜]. 태평한모양 념[太平貌]. 여기서는 몽념(蒙恬)을 가리킨 말임.

筆 붓 필[作字述書]. 오랑캐이름 필[木筆].

倫 인륜 륜[人道]. 무리 륜[類]. 의리 륜[理]. 떳떳할 륜[常]. 여기서는 채륜(蔡倫)을 가리킨 말임.

紙 종이 지. 편지 지[書信].

鈞 서른근 균[三十斤]. 천지 균[大鈞]. 풍류이름 균[鈞天]. 높임말 균[敬語]. 여기서는 마균(馬鈞)을 가리킨 말임.

巧 교묘할 교[拙之反]. 훌륭한솜씨 교[巧妙]. 거짓말꾸밀 교[巧言]. 재능 교[技能]. 공교할 교[機巧]. 어여쁠 교[好].

任 맡길 임[以恩相信]. 아이밸 임[姙]. 마음대로 임[所爲]. 맡아서책임질 임[負擔]. 보증할 임[保證]. 여기서는 임공자(壬公子)를 가리킨 말임.

釣 낚시 조[釣魚]. 낚을 조[取]. 구할 조[求].

釋 풀 석. 놓을 석[捨]. 주낼 석[註解]. 내놓을 석[放]. 둘 석[舍]. 풀릴 석[消散]. 부처이름 석[釋迦].

紛 어지러울 분[紛紛]. 분잡할 분[雜]. 많을 분[象].

利 이로울 리, 좋을 리[吉]. 날카로울 리, 날랠 리[銛]. 탐할 리[貪]. 편리할 리[便好]. 이자 리, 변리 리[子金].

俗 세상 속[世上]. 풍속 속[慣]. 속인 속[俗士]. 익을 속[習]. 평범할 속[平凡].

並 아우를 병[倂]. 견줄 병[比]. 함께 병[共]. 병(竝)과 같음.

皆 다 개[俱]. 한가지 개, 같을 개[同].

佳 아름다울 가[美]. 기릴 가[褒]. 착할 개[善]. 좋아할 개[好].

妙 묘할 묘[神化不測]. 신비할 묘[神秘]. 정미할 묘[精微]. 예쁠 묘[美]. 간들거릴 묘[纖]. 젊을 묘[年少].

毛 터럭 모, 털 모[毫]. 나이차례 모[序齒]. 반쯤셀 모[二毛]. 풀 모[草]. 퇴할 모[退]. 떼 모[莎草]. 여기서는 모장(毛嬙)을 가리킨 말임.

施 베풀 시[設]. 쓸 시[用]. 안팎곱사등이 시[戚施]. 벙글거릴 시[施施]. 줄 시[與]. 비뚤어질 이[斜]. 옮길 이[移]. 여기서는 서시(西施)를 가리킨 말임.

淑 맑을 숙[淸湛]. 화할 숙[和]. 착할 숙[善]. 사모할 숙[私淑].

姿 맵시 자[態]. 태도 자. 성품 자[性].

工 바치 공. 장인 공, 공장이 공[匠]. 공교할 공[巧]. 벼슬 공[官]. 만들 공[製作].

嚬 찡그릴 빈. 흉내낼 빈[效]. 눈살찌푸릴 빈[眉蹙].

妍 고울 연[麗]. 사랑스러울 연[媚]. 총명할 연[慧].

笑 웃을 소, 웃음 소.

年 해 년[歲]. 나이 년[齡]. 나아갈 년[進]. 세월 년[歲月].

矢 화살 시[箭]. 곧을 시[直]. 베풀 시[陳]. 똥 시[糞].

每 매양 매, 늘 매, 일상 매[常]. 여러번 매[屢]. 풀더부룩할 매[草盛貌].

催 재촉할 최[促]. 핍박할 최[迫]. 일어날 최[起].

羲 복희 희[伏羲]. 기운 희[氣]. 벼슬이름 희[羲和]. 여기서는 아침이라는 말임.

暉 햇빛 휘[日光].

朗 밝을 랑[明].

曜 빛날 요[光].

璇 옥이름 선[玉名]. 별이름 선[星名]. 선(璿)과 같음.

璣 선기 기[渾天儀]. 잔구슬 기[小珠]. 별이름 기[星名].

懸 매달 현, 매달릴 현[揭]. 멀 현[懸隔].

斡 돌 알[斡旋]. 구를 간[轉]. 옮길 간[運]. 주장할 간[主]. 자루 간[柄].

晦 그믐 회[月終]. 어두울 회[冥]. 늦을 회[晩]. 안개 회[霧]. 얼마못될 회[亡幾].

魄 어두울 백. 넋 백. 넋잃을 탁[落魄]. 달빛 백[月影]. 여기서는 달의 빛 없는 모습을 말함.

環 고리 환[圓端]. 도리옥 환[璧屬]. 두를 환[繞]. 둘레 환[周廻].

照 비칠 조[明所燭]. 빛날 조[光發]. 비교할 조[比較].

指 손가락 지, 발가락 지[手足端]. 가리킬 지[示]. 뜻 지[歸趣]. 아름다울 지[美]. 벼슬이름 지[官名].

薪 장작 신. 섶 신. 땔나무 신[柴]. 월급 신[薪水]. 풀 신[草].

修 닦을 수[飭]. 옳게할 수[正]. 정리할 수[整]. 꾸밀 수[修飾]. 엮을 수[編纂]. 다스릴 수[葺理]. 키높이 수[身長].

祐 복 우[福]. 도울 우[神助]. 다행할 우[幸].

永 길 영[長]. 오랠 영[久]. 멀 영[遠].

綏 편안할 수[安]. 물러갈 수[退軍]. 깃발늘어질 유, 기드림 유[旗旄下垂].

吉 길할 길[嘉祥]. 즐거울 길[慶]. 초하룻날 길[朔日]. 착한 길[善].

邵 높을 소[高]. 성 소[姓].

矩 법 구[法]. 곡척 구[正方器]. 모질 구[隅]. 거동 구[儀].

步 걸음 보. 다닐 보[徒行]. 두발자취 보[倍跬]. 하나 보, 독보 보[人才特出]. 운수 보[運]. 머리치장할 보[步搖].

引 이끌 인[相牽]. 인도할 인[引導]. 활당길 인[開弓]. 기운들이마실 인[道引服氣法]. 열길 인[十丈]. 노래곡조 인[歌曲].

領 옷깃 령[衣體]. 고개 령[項]. 거느릴 령[統理]. 종요로울 령[要領]. 차지할 령[占領]. 받을 령[受].

俯 구부릴 부[俛]. 머리숙일 부[垂]. 굽을 부[曲].

仰 우러러볼 앙, 쳐다볼 앙[舉首望]. 사모할

앙[敬慕]. 임금의분부 앙[王命]. 믿을 앙[恃]. 자뢰할 앙[資].

廊 행랑 랑, 곁채 랑[東西序廡]. 묘당 랑[巖廊].

廟 사당 묘[宗廟]. 묘당 묘[前殿]. 대청 묘[廳事]. 모양 묘[貌].

束 묶을 속, 동일 속, 얽을 속[縛]. 단나무 속[束薪]. 언약할 속[言約]. 비단다섯끗 속[錦五疋爲束].

帶 띠 대[紳]. 찰 대[佩]. 데릴 대[隨行]. 쪽 대[邊]. 풀이름 대[草名]. 가질 대[持].

矜 자랑할 긍[自賢]. 공경할 긍[敬]. 민망할 긍[愍]. 높일 긍[尙]. 불쌍할 긍[哀]. 꾸밀 긍[飾]. 교만할 긍[驕]. 창자루 긍[矛柄]. 홀아비 환[老無妻].

莊 씩씩할 장[嚴]. 단정할 장[端]. 농막 장, 농가 장[田舍].

徘 어정거릴 배[低]. 배회할 배[彷徨].

徊 어정거릴 회. 배회할 회.

瞻 볼 첨, 우러러볼 첨[仰視].

眺 바리볼 조[望]. 멀리볼 조[遠視].

孤 외로울 고[獨]. 아비없을 고[無父]. 우뚝할 고[特]. 나 고[王侯之謙稱]. 벼슬이름 고[三孤].

陋 더러울 루[疎惡]. 고루할 루[孤陋]. 좁을 루[狹].

寡 적을 과[少]. 드물 과[罕]. 과부 과[喪夫者]. 나 과[諸侯自稱].

聞 들을 문[聽]. 들릴 문[聲徹]. 이름날 문[令聞]. 소문 문[風聞].

愚 어리석을 우[癡]. 고지식할 우[愚直]. 어두울 우[闇昧]. 우둔할 우[蠢]. 업신여길 우[愚弄].

蒙 어릴 몽[穉]. 몽매할 몽[蒙昧]. 속일 몽[欺]. 덮을 몽[覆]. 무릅쓸 몽[冒]. 나라이름 몽[蒙古].

等 같을 등[均]. 무리 등[類]. 가지런할 등[齊]. 기다릴 등[待]. 등급 등[級].

誚 꾸짖을 초[責].

謂 이를 위[與之言]. 일컬을 위[稱]. 고할 위[告].

語 말씀 어[論難]. 말할 어[告人言].

助 도울 조[輔佐]. 자뢰할 조[藉]. 유익할 조[益].

者 놈 자, 것 자[卽物之辭]. 어조사 자. 이 자[此].

焉 어조사 언. 어찌 언, 어디 언[何]. 이에 언[於是].

哉 어조사 재. 비로소 재[始]. 그런가 재[疑辭].

乎 어조사 호. ～가 호[疑問辭]. 그런가 호[感歎詞]. ～에 호[於·于]. 아호[歎詞].

也 잇기 야. 어조사 야. 이를 야. ～라 야[語肋辭].

가나다순

lover7476	김민경	김창훈	박용순	안세영	윤진삼	이한솔	조은협
강다현	김민재	김춘식	박은경	안수지	윤혜경	이현정	조인하
강메아리	김민지	김치수	박정석	안애실	이강욱	이현진	조인호
강영숙	김민희	김태연	박정옥	안용준	이경수	이형곤	조한정
강요웅	김보영	김태윤	박준용	안종갑	이경일	임도석	주미영
강정훈	김부송	김태현	박준원	안지은	이경희	임선영	주홍대
강지영	김선정	김태현	박진경	안혜준	이규홍	임성식	진애경
강철구	김성환	김태형	박찬웅	양진희	이기철	임수연	진은주
강호균	김세진	김태훈	박창기	양축균	이대우	임윤택	차영주
고경범	김순자	김태희	박한솔	양홍석	이동수	임재혁	채상우
고도희	김승현	김필성	반지운	엄영신	이동준	장민진	채선규
고동숙	김승희	김학용	배병철	여미숙	이동훈	장철원	최대근
고청훈	김신형	김한수	배승환	여준호	이미경	장형배	최동혁
고현준	김여정	김현지	배영훈	염승철	이민재	전민용	최동환
고흥석	김영균	김형준	배운환	오남교	이서일	전상선	최미나
공문선	김영석	김혜숙	배지현	오승민	이선미	전재용	최소영
곽상완	김영선	김효선	배해진	오윤나	이수택	전지영	최인섭
狂猫 이승환	김용일	김흥규	백명기	오은정	이승욱	전현숙	최정아
구필완	김용주	남경표	백승준	오진우	이승진	정관용	최정희
권경모	김용호	남요안	백영환	오창헌	이영수	정광호	최준
권기현	김유란	남지호	백준선	오철우	이영아	정기윤	최희근
권두안	김유석	라성배	백지민	옥영무	이영조	정기일	하경태
권민수	김윤경	류동훈	변장섭	왕선식	이용희	정동훈	하종범
권순환	김윤희	문보경	서경원	우민정	이윤경	정미경	한기주
권오현	김은경	문예지	서경원	우선주	이은숙	정부균	한민수
길홍제	김은아	문흥철	서로	우소연	이일규	정세현	한병규
김가현	김은주	민동섭	서소희	우영진	이재욱	정수영	한승모
김강	김의재	박경미	서은교	우정훈	이재현	정순영	한정현
김거형	김일신	박경웅	서종구	유광현	이정미	정용진	한지수
김건동	김자경	박명화	성흥석	유득종	이정민	정우성	허남희
김경민	김재명	박미정	소용준	유병철	이정아	정일우	허인애
김경태	김재엽	박서연	손기원	유성희	이정철	정종덕	홍성창
김경택	김재오	박성근	손원천	유세은	이종권	정진우	홍의수
김광선	김재학	박성열	손진희	유연경	이종우	정현정	황보종환
김남용	김정대	박성익	송민경	유정민	이종진	정호광	황서영
김남준	김정래	박성준	신동현	유지원	이종진	조광진	황언배
김노현	김종명	박성진	신여울	유지혜	이주원	조명래	황은진
김대광	김주현	박성희	신일근	유진	이준수	조미정	
김덕중	김지영	박소윤	신정근	윤순식	이지혜	조성열	
김동강	김지영	박순민	신종화	윤정호	이진아	조수영	
김동하	김진근	박순복	신효철	윤준식	이진우	조영성	
김동휘	김진황	박영효	안명석	윤중현	이찬호	조윤신	

그 밖에 이름을 밝히지 않은 분들까지 총 422분께서 참여해주셨습니다.

감사합니다.